Eileen DeRolf

Jan van Helsing

„Wir töten die halbe Menschheit

– und es wird ganz schnell gehen"

Der Plan der Elite, „minderwertige Völker" über Krankheiten und Seuchen loszuwerden.
Der Rest erlebt die grün-sozialistische Neue Weltordnung!

amadeus-verlag.com

zweite Auflage

Copyright © 2020 by
Amadeus Verlag GmbH & Co. KG
Birkenweg 4
74576 Fichtenau
Fax: 07962-710263
www.amadeus-verlag.com
E-Mail: amadeus@amadeus-verlag.com

Druck:
CPI – Ebner & Spiegel, Ulm
Satz und Layout:
Jan Udo Holey
Herausgabe und Übersetzung:
Andreas Ungerer
Umschlag- und Grafikgestaltung:
Amadeus Holey

ISBN 978-3-938656-53-2

Inhaltsverzeichnis

Einleitung von Jan van Helsing.................................... S. 6
Vorwort des Mitherausgebers und Übersetzers.................... S. 25

Die Videoansprache von George Hunt.......................... S. 31
Tonbandaufnahmen vom Vierten World Wilderness Congress. S. 46

AGENDA 21 – Eine Einführung in zehn Teilen.................. S. 49

Kapitel 1: Einführung in die Agenda 21........................ S. 49
Zusatzinformationen zu Kapitel 1................................ S. 57
    1. *Schlüsselereignisse bei der Einführung der Agenda 21*......... S. 57
    2. *Die ethische Dimension der Nachhaltigkeit*................... S. 59

Kapitel 2: Wie Amerika den Betrug durch die Agenda 21 kaufte.. S. 61
Zusatzinformationen zu Kapitel 2................................ S. 67
    1. *Wie sie laut ihrer eigenen Worte die Menschheit betrachten* ... S. 67
    2. *Was sie laut ihrer eigenen Worte für uns planen*.............. S. 69

Kapitel 3: Das Wildland-Projekt................................ S. 73
Zusatzinformationen zu Kapitel 3................................ S. 82
    1. *Der Vancouver Aktionsplan*.................................. S. 82
    2. *US-Landwirtschaftsminister bestätigt Agenda 21:*
       „ländlicher Raum verliert zunehmend an Bedeutung"...... S. 84
    3. *Wesentliches zum Wildland-Projekt*......................... S. 85
    4. *Wölfe in unseren Gärten*................................... S. 85
    5. *Naturschutzgebiete: Das Hauptinstrument der Regierung zur Aneignung ländlichen Raums*........................... S. 85
    6. *Entspricht der „Rat des Weißen Hauses über den ländlichen Raum" der Agenda 21?*......................... S. 90
    7. *Biodiversitäts-Karte*.. S. 91

Kapitel 4: Intelligentes Wachstum.................................. S. 92

Zusatzinformationen zu Kapitel 4.................................. S. 100
1. *Betrug durch Intelligentes Wachstum*......................... S. 100
2. *Star Communities*... S. 107
3. *Nahrungsmittelmanifeste – solange eine gute Idee, bis sie sich als schlecht erweist.* .... S. 111
4. *Guardian UK 10:10 – ein abscheuliches Terrorvideo*.......... S. 118
5. *Die Wahrheit über Smart Meter (Video).* .... S. 118

Kapitel 5: Public Private Partnerships........................... S. 120

Zusatzinformationen zu Kapitel 5.................................. S. 127
1. *Das Problem mit Private Public Partnerships (PPP)*......... S. 127
2. *Fünf Mythen über das bundesweite Glühbirnenverbot*......... S. 127
3. *Gesundheitssystem in Deutschland – Was wirklich passiert*... S. 131

Kapitel 6: Subventionen sind das Hauptinstrument zur Einführung der Agenda 21 .... S. 144

Zusatzinformationen zu Kapitel 6.................................. S. 148
   Umweltbehörden und Umweltstiftungen....................... S. 148

Kapitel 7: Wie Bezirksregierungen die uns vertretenden Kommunalregierungen zerstören.. S. 149

Zusatzinformationen zu Kapitel 7.................................. S. 156
1. *Obamas Pläne für Ohio*...................................... S. 156
2. *Regionalisierung – eine Blaupause für Ihre Knechtschaft*..... S. 164

Kapitel 8: Das Bildungssystem und die Nachhaltige Entwicklung. S. 170

Zusatzinformationen zu Kapitel 8 .... S. 181
1. *Sollte das Weiße Haus Lerninhalte Ihrer Kinder bestimmen?*.. S. 181
2. *Willkommen im weltweiten Schulsystem des 21. Jahrhunderts.* S. 186

Kapitel 8: NGOs und die Delphi-Methode.......................... S. 190

Zusatzinformationen zu Kapitel 9................................. S. 198
    1. *Anmerkungen zu Henry Lambs dreiteiligem Videovortrag*.... S. 198
    2. *Strategien zur Beendigung des Konsens-Prozesses (ein Muss)*.. S. 201
    3. *Strategien zur Verwendung nach Abschluss der Ideenfindung und während des Entwurfs des Gesamtplans*................. S. 201
    4. *Nach der Verabschiedung des Flächennutzungsplans*.......... S. 202
    Das Erreichen von Konsens durch die Delphi-Methode........... S. 203

Kapitel 10: Die Verhinderung der Agenda 21 .... S. 210

Zusatzinformationen zu Kapitel 10................................ S. 220
    1. *Gute Nachrichten, Gott sei Dank!* .... S. 220
    2. *„Ein Merkblatt" zur Verhinderung der Agenda 21*............ S. 221
    3. *Wie gegen die Nachhaltige Entwicklung vorzugehen ist*....... S. 225

Anhang 1 – Das geheime Dokument mit dem Plan zur Dezimierung der Menschen – George Hunt..................................... S. 237

Anhang 2 – James Corbett.. S. 254

Anhang 3 – Der Handel mit der Geburtsurkunde..................... S. 264

Anhang 4 – Interview mit Jan van Helsing und Hannes Berger ... S. 279

Anhang 5 – Zitate zur NWO .... S. 313

Quellenverzeichnis.. S. 319
Bildquellen... S. 325

Einleitung von Jan van Helsing

Liebe Leserinnen und Leser,

2019 machte die Friedrich-Ebert-Stiftung eine Umfrage, um herauszufinden, wie weit Verschwörungstheorien in Deutschland verbreitet sind und kam zu dem Ergebnis, dass *„fast die Hälfte der Deutschen glaubt, dass geheime Organisationen großen Einfluss auf politische Entscheidungen haben. Für 33 Prozent sind Politiker Marionetten dahinterstehender Mächte."*[1]

Dieses Umfrageergebnis wurde von mehreren Journalisten der Mainstreampresse aufgegriffen und diese sieht sich besorgt darüber, denn geheime Mächte gibt es deren Meinung nach nicht, daher sind logischerweise all diese Verschwörungsgläubigen nicht ganz bei Trost bzw. eine Gefahr für die Öffentlichkeit – potentielle Gewalttäter usw… Das Übliche eben.

Dass unsere linksverstrahlten Systemschreiberlinge nicht wahrhaben wollen, was wahr ist, hat wohl eben mit deren ideologischer Verblendung zu tun. Helfen wir ihnen etwas auf die Sprünge und widmen uns kurz dem US-amerikanischen Historiker **Carroll Quigley** (1910-1977). Dieser lehrte in Harvard und Princeton sowie an der Georgetown Universität und zählte zu seinen bekanntesten Schülern den US-Präsidenten Bill Clinton. Quigley war zudem als Berater für amerikanische Institutionen wie das Verteidigungsministerium, die US-Marine, das *Smithsonian Institute* und den Vorläufer der NASA tätig. Quigley beschäftigte sich auch mit den Zusammenhängen von Finanzwelt und Politik, wobei er sein Augenmerk auch auf Eliten, wie zum Beispiel das *Royal Institute of International Affairs* und den *Council on Foreign Relations*, richtete.

1966 schrieb er das Buch „Tragedy and Hope". Dieses Werk mit über 1.000 Seiten fasst die Weltgeschichte von 1913 bis 1964 zusammen. Quigley zeichnet darin sehr präzise ein Bild unserer Welt in Bezug auf die wechselseitige Beeinflussung verschiedener wirtschaftlicher und geopolitischer Interessen. Und er erklärt, wie eine geheime Machtelite die Entwicklung der Welt von heute beeinflusst hat. Carroll Quigley beschreibt auch, mit welchen Methoden die „geheime Weltregierung" immer mehr Einfluss gewann. Und diese Kenntnisse hatte er nicht aus irgendwelchen Büchern oder sich zusammengesponnen, nein, er gehörte über zwei Jahrzehnte zum Umfeld dieser Elite und erhielt dabei auch Einblick in deren geheime Unterlagen. Es muss hier auch betont werden, dass er kein „Whistleblower" war oder ein Kritiker derselben. Mitnichten, er war ein großer Fan und war stolz darauf, sich in diesen Kreisen zu bewegen. Zudem unterstützte er die meisten ihrer Ziele.

Von Quigley stammen folgende Worte:

„Dieses radikale rechte Märchen, das heute in vielen Gruppen Amerikas als Volksmythos anerkannt ist, stellte die jüngste Geschichte der Vereinigten Staaten in Bezug auf Innenreformen und Außenpolitik als eine gut organisierte Verschwörung extrem linker Elemente dar ... Dieser Mythos hat, wie alle Fabeln, tatsächlich ein Minimum an Wahrheit. Es gibt und existiert seit einer Generation ein internationales anglophiles Netzwerk, das in gewissem Maße so funktioniert, wie das radikale Recht glaubt, dass die Kommunisten handeln. Tatsächlich hat dieses Netzwerk, das wir als Round-Table-Gruppen bezeichnen können, keine Abneigung gegen die Zusammenarbeit mit den Kommunisten oder einer anderen Gruppe und tut dies häufig. Ich kenne die Funktionsweise dieses Netzwerks, weil ich es zwanzig Jahre lang studiert habe und Anfang der 1960er-Jahre zwei Jahre lang die Erlaubnis hatte, seine Papiere und geheimen Aufzeichnungen zu prüfen. Ich habe keine Abneigung dagegen oder gegen die meisten seiner Ziele und war für einen Großteil meines Lebens in der Nähe davon und von vielen seiner Instrumente. Ich habe sowohl in der Vergangenheit als auch in jüngster Zeit Einwände gegen einige seiner Richtlinien erhoben ... aber im Allgemeinen besteht meine Hauptmeinung darin, dass es unbekannt bleiben möchte, und ich glaube, dass seine Rolle in der Geschichte bedeutend genug ist, um bekannt zu sein...
Zusätzlich zu diesen pragmatischen Zielen hatten die Mächte des Finanzkapitalismus ein weiteres weitreichendes Ziel, nicht weniger als die Schaffung eines weltweiten Finanzkontrollsystems in privater Hand,

welches das politische System jedes Landes und die Wirtschaft der Welt insgesamt beherrschen kann...
Dieses System sollte feudalistisch von den Zentralbanken der Welt kontrolliert werden, die gemeinsam handelten, und zwar durch geheime Vereinbarungen, die in häufigen Sitzungen und Konferenzen getroffen wurden...
Die Spitze der Systeme sollte die Bank für Internationalen Zahlungsausgleich in Basel, Schweiz, sein, eine Privatbank, die den Zentralbanken der Welt gehört und von diesen kontrolliert wird, die selbst Privatunternehmen waren. Jede Zentralbank ... versuchte, ihre Regierung durch ihre Fähigkeit zu dominieren, Staatsanleihen zu kontrollieren, Devisen zu manipulieren, das Niveau der Wirtschaftstätigkeit im Land zu beeinflussen und Genossenschaftspolitiker durch nachfolgende wirtschaftliche Belohnungen in der Geschäftswelt zu beeinflussen."[2]

Zum US-amerikanischen Zwei-Parteien-System der Demokraten und Republikaner meinte er:

„Das Argument, dass die beiden Parteien gegensätzliche Ideale und Richtlinien vertreten sollten, ist eine dumme Idee. Stattdessen sollten die beiden Parteien nahezu identisch sein, damit das amerikanische Volk die Schlingel bei jeder Wahl rauswerfen kann, ohne zu tiefgreifenden oder umfassenden politischen Veränderungen zu führen. Dann sollte es möglich sein, es gegebenenfalls alle vier Jahre durch die andere Partei zu ersetzen, die keines dieser Dinge sein wird, aber dennoch mit neuer Kraft ungefähr die gleiche Grundpolitik verfolgt."[3]

In meinen inzwischen 16 Büchern habe ich diese „Verschwörer" und ihr Netzwerk aus Logen, Thinktanks und Militärstrukturen immer wieder genannt, hatte Interviews mit Freimaurern geführt und Whistleblower aus diesen Strukturen zu Wort kommen lassen und deren Ansichten und Ziele beschrieben. Wir sprechen von den reichsten Familiendynastien der Welt in Verbindung mit alten Adelshäusern, Privatbankiers wie Rothschild, Warburg und Schiff sowie Strukturen wie Jesuiten, Freimaurer und dem Vatikan.

Leider blieb es mir versagt, Carroll Quigley persönlich kennenzulernen, denn das war alles vor meiner Zeit. Doch gelang es Stefan Erdmann und mir, einen der „ihren" zu treffen und uns mit ihm auszutauschen. Ich spreche von Ben Morgenstern... Unsere Interviews mit ihm – insgesamt 34 Buchseiten – wurden im Buch „Whistleblower" veröffentlicht. Daraus möchte ich ein paar Abschnitte entnehmen, um Ihnen aufzuzeigen, wie diese Leute ticken bzw. dass sich deren Weltbild völlig von dem unterscheidet, das wir kennen.

Kurz zu seiner Person: Ben Morgensterns Vater ist Inhaber eines großen Wirtschaftsimperiums in Südafrika und ist auch im internationalen Bankwesen tätig. Er stammt aus einer sehr mächtigen Familie Afrikas. Sein Urgroßvater industrialisierte zusammen mit seinem Freund Samuel „Sammy" Marks Südafrika und war auch parallel im Bankgewerbe tätig. So ist seine Familie auch heute noch zweigleisig tätig – Industrie und Privatbankenwesen –, aber das nicht nur in Südafrika. Wie die Familie Marks ist auch Ben Morgensterns Familie jüdisch, doch im Gegensatz zu Sammy Marks, der aus Litauen stammt, kamen Morgensterns Vorfahren aus Deutschland. Deswegen mag er auch Deutschland, mit dem er emotional sehr verbunden ist. Laut Morgenstern gibt es Rivalitäten zwischen den elitären Familien: Die einen wollen Deutschland und die weiße deutsche Bevölkerung von der Weltkarte verschwinden sehen – oder zumindest in der Bedeutungslosigkeit –, die anderen sehen in Deutschland die Führungsrolle in der *Neuen Weltordnung*, also der globalen Weltidee der Zukunft. Deswegen siedeln auch viele jüdische Familienclans wieder nach Deutschland um und/oder investieren im großen Stil in deutsche Immobilien.

> *„Es gibt innerhalb der Familien Rivalitäten, die weltpolitisch von größter Tragweite sein können. Dabei geht es sicherlich auch um die Behandlung Europas und Deutschlands, aber auch um noch gewichtigere Dinge in Bezug auf die Umsetzung der Zentralen Weltregierung. Ein anderer Streitpunkt ist die Manipulation des Wetters und die politische Einflussnahme durch moderne ‚Wetterwaffen' – und nicht zu vergessen ist die weltweite Bedrohung durch den stetig wachsenden Islam. Auch*

hier gibt es sehr unterschiedliche Vorstellungen, wie man diese Problematik in Zukunft lösen will."

Die Familie Morgenstern ist sehr einflussreich auf dem afrikanischen Kontinent, auch wenn das auf den ersten Blick so nicht zu erkennen sein mag. Das hat zum Teil natürlich mit dem Firmenvermögen zu tun, mehr aber mit den Verbindungen, die Herrn Morgensterns Vorväter aufgebaut haben. Da sind Kontakte zu elitären Kreisen, überwiegend Bankiers und Rohstoffhändler. Dass nur wenige Familienimperien über den größten Teil des Weltkapitals verfügen und damit über Krieg und Frieden entscheiden, ist schon lange kein Geheimnis mehr. Das kann man eine „Verschwörung" nennen, ist aber tatsächlich eine Folge von Ereignissen, also von wirtschaftlichen Verbindungen und pragmatischem Denken. Kapitalstarke Dynastien sind durchweg geistig gebildet und haben Zugang zu Militär, Technik, Industrie und Medien. Wer kein Geld hat, hat kaum Bildung und wenn doch, dann aber dennoch keinen Kontakt zu den anderen Bereichen. Die Kombination der genannten Zweige ist der Schlüssel!

Für Ben Morgenstern ist der Begriff „Illuminaten" nichts weiter als ein abgedroschener Begriff, schlichtweg esoterische Spielerei. Er beschreibt es als einen Oberbegriff für ein weltweites Netzwerk von ein paar tausend Männern und den dazugehörigen Familien – den reichsten logischerweise. Dieses Familien-Netzwerk kontrolliert alle entscheidenden Organisationen, wie die *Freimaurerei*, die *UNO*, die *WTO*, den *IWF*, die *Bilderberger*, die *Trilaterale Kommission*, das *Komitee der 300* u.v.a., so Morgenstern.

Ben Morgenstern sagt ganz offen, dass die Geschichte, wie sie uns an den Schulen gelehrt wird, so nicht korrekt ist. Damit meint er mehr die jüngere Geschichtsschreibung der letzten 100 bis 200 Jahre und wie es gelingen konnte, dass so wenige Menschen innerhalb so weniger Jahrzehnte den Großteil des Geldes steuern konnten und damit die Weltgeschicke lenken. Um das genau zu erörtern, muss ich an dieser Stelle etwas weiter ausholen und auf die Umstände eingehen, die dazu geführt haben, dass Deutschland den Ersten Weltkrieg noch verloren hat. Ben Morgensterns Urgroßvater war – wenn auch nur passiv – in Versailles anwesend. Aber er war mit Paul Warburg bekannt, welcher der Gründer der amerikanischen Zentralbank (FED) im Jahre 1913 war. Dieser war der Kopf einer Gruppe von Bankiers, die dieses Vorhaben – den USA eine Zentralbank zu verpassen – vorantrieben. Diese Bankiersfamilien geben vor, wie die Politik in den USA gemacht wird, da sie über das Geld bestimmen. Sie sind die wirklichen Monarchen der Vereinigten Staaten. Sie waren die eigentlichen Wegbereiter des Ersten und Zweiten Weltkriegs und der Russischen Revolution, weil sie das Geld zur Verfügung gestellt haben.

Interessant wäre noch zu erwähnen, dass er in diesem Zusammenhang auch auf das Thema „Wetterwaffe" zu sprechen kam. Nach Morgenstern ist das ein Grund, warum die Macht der Familien so weltumspannend ist. Moderne Wetterwaffen sind heute eines der größten politischen Druckmittel, mit denen man zum Beispiel gezielt Erdbeben hervorrufen oder gezielt ganze Städte oder Landstriche überfluten kann, wie das ja häufig passiert. Hinter alldem steckt immer System. Es ist das beste politische Druckmittel, die wirksamste und zugleich modernste Kriegsform, um Regierungen „zur Vernunft" zu bringen, weil sie unsichtbar und kaum nachzuweisen ist. Dann wird in den Medien zwar von „Klimawandel" und „Erderwärmung" gesprochen, aber niemals dringen die wirklichen Gründe ans Tageslicht. *„Und selbst wenn das jemand aus unseren Reihen tun würde, die Masse der Menschen würde so etwas niemals glauben."*

Was mir nun wichtig ist, ist seine Art, wie er seine Sichtweise erklärt, wie er die Welt sieht – eben konträr zu der Art, wie wir erzogen wurden und werden:

„Wissen Sie..., worüber wir hier sprechen, kann man mit einem der Computerspiele vergleichen, die unsere Kinder spielen. Man ist zum Beispiel ein Kämpfer in einem Abenteuerspiel und hat dort Gegner und Freunde. Man führt Kriege, verbündet sich, schafft etwas Neues. Am

Ende des Spiels ist man dann erschöpft, weil man seine Lebenszeit durch sinnfreies Spielen vertan hat, und geändert hat es generell nichts an der Realität. Die Realität ist nämlich derjenige, der das Spiel entwickelt hat. Können Sie mir folgen? Und nun schauen wir uns unsere Welt an. Wir haben Staaten mit Diktatoren, mit Demokratien oder mit Monarchien. Die bekämpfen sich, die schließen Frieden, die verbünden sich und treiben Handel. Über die letzten Jahrhunderte haben wir das erlebt, nämlich dass sich die Welt in vielen Kriegen befunden hat, Herrscher und Könige gingen, sich Grenzen verschoben haben und sich Allianzen zwischen einzelnen Ländern und auch Kontinenten bildeten. Aber eines ist immer gleich geblieben: Die reichsten Familienclans dieser Welt sind immer die gleichen geblieben, bis zum heutigen Tag. Egal, welche Regierung in einem Land an dessen Spitze war, ob in dem Land eine Demokratie, ein König, ein Diktator oder der Kommunismus herrschte, diese Familien haben immer die Rohstoffe kontrolliert und das Bankwesen betrieben. Ob es sich um Gold, Diamanten, Silber usw. handelt, das sind seit Jahrhunderten Monopole. Ist Ihnen das bewusst? Und das wird auch so bleiben, verstehen Sie?

Wir können uns Tage darüber unterhalten, wann wo ein Krieg ausbrechen wird, welcher Politiker käuflicher ist als der andere usw. Das ist vertane Zeit. Wenn Sie wirklich wissen wollen, was hier abläuft, was auf diesem Erdball gespielt wird, müssen Sie die Sichtweise verändern und das Computerspiel verlassen. Alles, was da draußen geschieht, ist ein gigantisches Ablenkungsmanöver und eine Beschäftigungstherapie für die Massen. Wie man es bezeichnet, bleibt einem selbst überlassen. Politiker innerhalb eines Landes oder die Länder der Erde werden immer gegeneinander ausgespielt, um die Menschen zu beschäftigen und davon abzulenken, dass sie eben das eine nicht erkennen, nämlich dass ein paar Familien alles besitzen, was wichtig ist. Und das ist der eigentliche Plan: Die meisten Minen und Rohstoffförderanlagen gehören ohnehin schon diesen Familien – meine bedingt mit eingeschlossen. Aber jetzt wollen sie alles haben, den kompletten Grund und Boden, die totale Kontrolle über das Geld – über einen bargeldlosen Zahlungsverkehr. Und wem gehören die Computer, die den monetären Welthandel

betreiben? Denselben Familienclans, denen auch die Rohstoffe und auch der Rest der physischen Welt gehören. Ja, sogar die Pflanzen werden inzwischen patentiert usw.
Die wesentliche Voraussetzung dafür, dass das den Bewohnern dieses Planeten nicht bewusst wird und sie diesen Familien nicht gefährlich werden können, ist Dummheit – also fehlende Intelligenz. Zu diesem Ziel führen zwei Wege: Der erste geht über die Erziehung und die Art und Weise, wie die Kinder in den Schulen und die Erwachsenen innerhalb des Systems geschult werden (Schul- und Geschichtsbücher, Magazine, Zeitungen...) – plus die Verblödung durch das Fernsehen. Und der zweite Weg ist die genetische Verdummung. Wie geht das? Es gibt intelligente Völker auf Erden und weniger intelligente. Das ist kein Geheimnis, das ist auch kein Rassismus, das ist einfach so aufgrund genetischer, aber vor allem auch sozialer Umstände. Beim IQ-ranking finden wir ganz oben asiatische Länder wie Südkorea und Japan, uns askenasische Juden, aber auch Deutschland, Österreich oder Holland. Es gibt aber Länder, bei denen der IQ wesentlich geringer ist, wobei wir hier überwiegend von afrikanischen Ländern sprechen. Das hat auch mit den Verwandtenehen zu tun, also mit der Inzucht. Das ist auch kein Geheimnis. Darüber hinaus liegt es auch an den klimatischen, soziologischen und anderen Faktoren. Sprich, diese Völker haben sich über die letzten 1.000 Jahre aufgrund verschiedener Umstände und Einflüsse anders entwickelt. Und Armut ist ein wesentlicher Faktor, was eine miserable Schulbildung mit einschließt. Fakt ist, dass die Völker Europas einen höheren IQ haben als die Völker Afrikas.
Was geschieht nun, wenn man einen hohen IQ mit einem niedrigeren mischt? Er pendelt sich irgendwo in der Mitte ein. Auf jeden Fall wird der höhere sinken – also bei den Kindern."

„Die Menschen müssen begreifen, dass die alten Elite-Familien in den letzten 100, 200 Jahren immer nach dem gleichen Muster verfahren sind. Egal ob wir eine Diktatur haben, Kommunismus oder Demokratie – sie haben das Kapital und die Monopole, die wirtschaftlichen Ressourcen auf diesem Planeten zu kontrollieren. Sie entscheiden über Krieg und Frieden.

Die Menschen merken nur nicht oder wollen einfach nicht wahrhaben, dass sie schon längst in der so viel zitierten Neuen Weltordnung leben und sie ein fester, sehr produktiver(!) Bestandteil ihrer sind. Seit Jahrzehnten werden weltweit zahlreiche Buchtitel dazu veröffentlicht, wer denn die Mächtigen sind, die hinter der Politik der Nationen die Fäden ziehen, wer die Drahtzieher von Revolutionen und Kriegen sind, von Terroranschlägen, dem Sturz von Monarchien und Regierungen. Und als Familienmitglied kann ich Ihnen versichern, dass vieles von dem, was in den letzten Jahrzehnten zu diesem Thema publiziert wurde, der Wahrheit entspricht. Etwa 2 Prozent der Menschen besitzen über 95 Prozent des gesamten Kapitals auf der Welt, und das sind ein paar hundert Familien, mehr nicht."[4]

Bei einem Gespräch 2019, bei dem es auch um die Flüchtlingsinvasion nach Europa ging, erklärte Ben Morgenstern, dass die afrikanische Flüchtlings- und Islamproblematik in Zukunft von Israel gelöst werde. Der Mossad habe nämlich schon vor Jahren sogenannte Ethnowaffen bzw. genetische Kampfstoffe entwickelt, die speziell auf Araber und Schwarzafrikaner ansprechen. Diese sollen nun eingesetzt werden, hat er aus dem Kreis seiner Familie erfahren. Man müsse die IQ-schwachen Menschen zügig loswerden, weil sie den Intelligenten und Fleißigen Land sowie Nahrungsmittel wegnehmen. Auch Morgenstern nannte den Begriff des „Nutzlosen Essers". Diese seien das Problem, nicht die intelligenten Völker. Ich habe nur mal zum Test verschiedenen Menschen von diesen Ansichten berichtet. Anstatt entsetzt zu sein, wie ich es erwartete, fragten die meisten: *„Und, wann fangen die endlich damit an?"* Das ist die Stimmung im Volk…

Für Ben Morgenstern und sein „elitäres" Umfeld ist die Überbevölkerung das schlimmste Szenarium. Er kennt natürlich die Georgia Guide Stones, auf denen dem Menschen nahegelegt wird, die Gesamtbevölkerung des Planeten auf 500 Millionen zu reduzieren – also um 95 Prozent. Morgenstern glaubt, dass die Weltbevölkerung im Jahre 2050 zehn Milliarden erreicht haben wird und dass besonders die Geburtenraten der Muslime die Eliten beunruhigen. Da weltweite Kriege mit

Millionen Toten angesichts der Vernichtungskraft heutiger Waffensysteme eigentlich undurchführbar geworden sind – man will nicht den ganzen Planeten riskieren –, sei man dazu übergegangen, tödliche Krankheitserreger, Viren, radiologische und biologische Waffen auf die Bevölkerung loszulassen. Die Menschen hätten keinen blassen Schimmer, was in diesem Forschungsbereich alles auf der Welt erprobt und angewendet wird, erklärte er. Das betrifft insbesondere auch die fortgeschrittenen Möglichkeiten in den Bereichen Ernährung, Medizin und Pharmakologie. Am besten sei aus der Sicht seiner Kreise eine Kombination von beidem: Ein Land erst niederbomben, dann mit Krankheitserregern verseuchen, einige Jahre warten und schließlich die Rohstoffe herausholen.

Abb. 1: Die *Georgia Guidestones* bilden ein großes Monument, das sich in Elbert County im US-Bundesstaat Georgia befindet.

Nun gibt es Menschen, die der Meinung sind, dass es keine verschiedenen Rassen gibt, keine Rassenunterschiede, da wir alle eine Menschheit und mehr oder weniger alle miteinander verwandt sind. Daher würden solche genetischen Waffen gar nicht funktionieren… Das mag in manchen politisch korrekten Hirnen so herumspuken, hat aber mit der Realität nichts zu tun. Es gibt klare genetische, auch von außen erkennbare Unterschiede zwischen den Menschen. Ein genetisches Merkmal ist zum Beispiel das bei verschiedenen Völkern fehlende Verdauungsenzym Laktase, weswegen diese keine Milch vertragen. Genau da können genetische Waffen ansetzen. Es gibt zahlreiche Artikel zu lesen, die diese Thematik behandeln, an deren Ende die Autoren aber immer abwinken und meinen: *„Ist ja eine spannende Idee, lässt sich aber nicht umsetzen usw."* Pfeifendeckel. Ist bereits fertig entwickelt und wird nun auch eingesetzt – dazu kommen wir gleich.

Wem diese zwei Insider an Gewichtigkeit nicht genügen sollten, der findet in Anhang 5 noch eine Reihe an Zitaten zum Thema „Neue Weltordnung" und „Mächte im Hintergrund" (Seite 313).

Fakt ist nun, dass es eine oder mehrere Verschwörungen gibt, weswegen – um wieder auf die eingangs zitierte Umfrage zurückzukommen – die Hälfte der Deutschen an geheime Mächte im Hintergrund des Weltgeschehens glaubt. Weil offenbar eine Menge Menschen – und das überall auf der Welt – überwiegend über das Internet ihre Meinung bilden, geht der Verkauf der großen Tageszeitungen zurück, deswegen schaut kaum ein junger Mensch die Tagesschau oder Politik-Magazine wie *Kontraste* oder *Frontal 21* an. Weil dem so ist, wählen immer mehr Menschen rechts-konservativ – und die linken Medien schlagen wie wild um sich, weil ihnen keiner mehr glauben will.

In diesem Buch wollen wir aber nicht zum xten Mal anschauen, wer die „bösen" Verschwörer sind, das ist nämlich nicht wirklich relevant, sondern wir wollen uns anschauen, wie ihre Pläne aussehen, wie sie nach und nach die NWO einführen – leise und effizient. Man merkt es kaum. Früher waren beispielsweise die Kirchen Orte, in denen das Evangelium verkündet wurde, die christliche Lehre. Heute sind es Orte der „sozialen Gerechtigkeit" und sie werden zunehmend politisch – links-grün versteht sich. Die Lehrer an unseren Schulen vertreten nur mehr selten konservative Standpunkte. Auch sie sind Verkünder linker Vorstellungen und Ideologien – demzufolge sind die Studenten ähnlich gestrickt. Weiter geht es mit den Richtern. Man fasst sich an den Kopf, dass Schwerstkriminelle (meist Ausländer) auf freien Fuß gesetzt werden, wohingegen vermeintlich „Rechte" für Jahre hinter Gitter kommen – wegen Meinungsverbrechen. Tja, und unsere westlichen Journalisten sind die Krönung: vollkommen linksverblödet und absolut ahnungslos, was die Islamisierung angeht und den hinzukommenden Austausch heimischer Völker gegen kulturfremde.

Am allerschärfsten sind sog. „emanzipierten Frauen" und die gesamte Gendewahn-Bewegung, da fehlen einem die Worte. Um zu verstehen, woher die Emanzipationsbewegung kommt, muss man etwas tiefer graben. Spätestens beim Treffen des *Club of Rome* im Jahre 1968, der Publikation des Dokuments „Grenzen des Wachstums" (1971) sowie dem „Global-2000-Report" (1979) wurde den Nationen der Welt erklärt, dass sie ihr Geburtenproblem in den Griff bekommen müssen. Das klar fixierte Ziel war es, die weltweiten Geburtenraten zu senken und die Sterberaten zu erhöhen – sprich **Bevölkerungsreduktion**. Wie bekommt man das hin?

Dies war der Beginn zweier neuer Bewegungen – die Schwulenbewegung und die Emanzipation (Frauenbewegung). Der ehemalige Filmemacher Aaron Russo berichtete in einem Interview mit Alex Jones von einem Treffen mit Nicholas Rockefeller – der sich selbst zur „Elite" zählte – im Jahre 2000, und der ihm Folgendes berichtete:

> *„Der Feminismus ist unsere Erfindung aus zwei Gründen. Vorher zahlte nur die Hälfte der Bevölkerung Steuern, jetzt fast alle, weil die Frauen arbeiten gehen. Außerdem wurde damit die Familie zerstört und wir haben dadurch die Macht über die Kinder erhalten. Sie sind unter unserer Kontrolle mit unseren Medien und bekommen unsere Botschaft eingetrichtert, stehen nicht mehr unter dem Einfluss der intakten Familie. Indem wir die Frauen gegen die Männer aufhetzen und die Partnerschaft und die Gemeinschaft der Familie zerstören, haben wir eine kaputte Gesellschaft aus Egoisten geschaffen, die arbeiten, konsumieren, dadurch unsere Sklaven sind und es dann auch noch gut finden."*[5]

Emanzipierte Frauen möchten Karriere machen, ihre Sexualität ausleben, frei sein – und keine Kinder haben. Tja, und Homosexuelle vermehren sich auch nicht...

Und wenn wir diesen Aaron Russo schon auf dem Tablett haben... Durch eine Unvorsichtigkeit oder vielleicht sogar durch Hochmut erklärte der eben genannte Nicholas Rockefeller gegenüber Aaron Russo, dass der „Krieg gegen den Terror" ein Riesenschwindel sei, künstlich geschaffen, um Angst und Panik zu erzeugen.

> *„Ich kam mit Nick Rockefeller in Kontakt über eine Anwältin, die ich kannte. Sie rief mich eines Tages an und sagte: ‚Einer der Rockefellers*

möchte Dich treffen.' Ich hatte ein Video namens ‚Mad as Hell' produziert, er hat es gesehen und wollte sich mit mir treffen. Er wusste auch, dass ich für das Gouverneursamt in Nevada antrat. Ich sagte: ‚Sicher, ich würde mich gerne mit ihm treffen.' Wir trafen uns und ich mochte ihn. Er war ein sehr, sehr intelligenter Mann und wir pflegten uns zu unterhalten, Ideen und Gedanken auszutauschen.
Er war derjenige, der mir elf Monate, bevor 9/11 geschah, gesagt hatte, es würde ein Ereignis geben. Er sagte mir nie, was dieses Ereignis sein würde. Aber auf dieses Ereignis sollte eine Invasion Afghanistans durch Amerika folgen, um Pipelines vom Kaspischen Meer zu bauen. Wir würden im Irak einmarschieren, um die Ölfelder einzunehmen und Militärbasen im Mittleren Osten zu etablieren – um alles zu einem Teil der Neuen Weltordnung zu machen. Dann würden wir noch Chávez in Venezuela loswerden. 9/11 geschah dann natürlich später und ich erinnere mich, wie er mir erzählte, dass wir Soldaten sehen werden, welche in Höhlen in Afghanistan und Pakistan nach Leuten suchen. Es wird diesen Krieg gegen den Terror geben, bei dem es keinen echten Feind gibt. Das Ganze wird ein gigantischer Schwindel sein, ein Vorwand für die Regierung, das amerikanische Volk zu kontrollieren."[6]

„9/11 wurde von Leuten in unserer eigenen Regierung, in unserem eigenen Bankensystem verübt, um die Furcht des amerikanischen Volkes weiter zu schüren. Damit die Leute all das tun, was die Regierung will. Darum geht es: Diesen endlosen Krieg gegen den Terror zu schaffen. Das war die erste Lüge. Die nächste Lüge war der Einmarsch in den Irak, um Saddam und seine Massenvernichtungswaffen loszuwerden. Ein endloser Krieg gegen den Terror, ohne einen echten Feind, so dass man nie einen Sieger festlegen kann. Es gibt niemanden, den man besiegen kann, also geht die Sache immer weiter. Die können tun, was immer sie wollen, und sie jagen der amerikanischen Bevölkerung eine Höllenangst ein. Dieser ganze Krieg gegen den Terror ist ein Betrug, es ist eine Farce. Es ist sehr schwer, das laut zu sagen, weil Leute eingeschüchtert werden, es nicht auszusprechen. Wenn man es sagt, nennt man Dich einen Spinner. Die Wahrheit muss herauskommen, deshalb mache ich dieses Interview. Bis wir zu den Wurzeln der Wahrheit über

9/11 vordringen, werden wir den Krieg gegen den Terror nicht begreifen."(7)

Und dieser Nicholas Rockefeller hatte Aaron Russo gegenüber auch erwähnt, dass es zweierlei Mikro-Chips geben würde – einen für die „blöde Masse" und einen für die „Elite", der dann ähnlich einem Diplomatenpass funktionieren soll.

Russo meinte zu Nick Rockefeller: *„Sie haben alles Geld der Welt, mehr als Sie benötigen oder jemals ausgeben können. Sie haben alle Macht der Welt, worum geht es also, was ist das Endziel?"* Woraufhin Rockefeller antwortete: *„Das Endziel ist es, die gesamte Weltbevölkerung mit einem Chip zu versehen, die ganze Gesellschaft zu beherrschen und zu kontrollieren, dafür zu sorgen, dass die Bankiers und die Mitglieder der Elite die Weltherrschaft übernehmen."* Außerdem sagte Rockefeller: *„Die Reduzierung der Weltbevölkerung um mindestens die Hälfte ist unverzichtbar."*(6)

Eine Frage werden wir uns später stellen müssen, nämlich, ob die Illuminaten mit ihren Plänen der Neuen Weltordnung und der massiven Dezimierung der Menschheit wirklich die Bösen sind...

Und was wir auch verstehen müssen: Die Neue Weltordnung ist bereits da, sie hat uns längst infiltriert. Die Agenda 21 ist mitten unter uns und hat die Menschen weltweit hirngewaschen. Sie merken nicht, wie sich das Denken in eine Richtung entwickelt hat, die wir nie angenommen hätten – früher. Doch wir wurden „gemindfucked", langsam aber stetig. Das, was wir heute Emanzipation nennen, grüne Politik, Klimaneutrales Leben usw., das sind die Konzepte aus den Denkfabriken der Illuminati. Sie glauben das nicht? In diesem Buch finden Sie den Beweis dafür. Eine Greta Thunberg ist nicht vom Himmel gefallen. Das, was sie von sich gibt, ist genau das, was auf der Agenda 21 bereits 1992 festgelegt worden ist. Und es werden noch mehr Gretas kommen, weil das deren Plan ist! Die Menschen müssen umerzogen werden, sie müssen ihre Schlächter willkommen heißen, sie müssen sich darüber freuen, dass man ihnen die Autos wegnimmt, ihnen verbietet, schnell zu fahren, am Wochenende zu grillen, durch die Welt zu fliegen usw. Vielleicht verzichten wir sogar freiwillig auf unser Bargeld, weil an den Scheinen ja „Viren" hängen könnten... Die bekannten „grünen Verbote" sind das, was die Illuminaten wollen, das wir glauben!

Ja, es wird uns der Grundbesitz genommen werden, der Mittelstand wird vernichtet, Waldbesitzer enteignet usw. All das ist geplant und wird umgesetzt – weil sich auch keiner wehrt. Es wird uns ja gesagt, dass es für ein gutes Ziel ist... Aber ich möchte hier nicht zuviel vorwegnehmen.

Ganz wichtig ist aber zu realisieren, dass man die Menschen in gigantischer Zahl ermordet. Man wird sie nicht erschießen – ja, einen Teil nur durch diverse Kriege beispielsweise. Nein, das werden Genwaffen und Seuchen erledigen. Und man wird ganz bestimmte Bevölkerungsgruppen ausmerzen, die sog. „Nutzlosen Esser" zuerst, also diejenigen, die kaum oder gar nichts zum Weltgeschehen beitragen – Schwarzafrikaner, Nordafrikaner und die große Konkurrenz der Amerikaner: Asiaten.

Sie glauben das nicht? Aaach, Sie werden Augen machen, wenn Sie gleich lesen, was britische Hochgradfreimaurer – nicht die bösen Nazis! – diesbezüglich vor wenigen Jahren von sich gegeben haben und was sie allen Ernstes vorhaben. Und zwar hatte mein Bekannter und gleichzeitige Betreiber der Whistleblower-Plattform *Project Camelot*, Bill Ryan, mehrere Begegnungen mit einem britischen Freimaurer. Dieser Mann war zunächst einige Jahre im britischen Militär tätig, und als er vom Militärdienst zurücktrat, arbeitete er in einer führenden Position in der „Londoner City". Die City of London ist die reichste Quadratmeile der Welt mit den größten Bankenimperien – und gehört nicht zum Britischen Königreich. Sie ist wie der Vatikan in Italien ein Privatstaat und wird von Freimaurern und anderen Logenleuten dominiert. Der Insider, den Bill Ryan interviewte, wohnte mehreren Sitzungen mit älteren Logenmitgliedern bei, und während viele davon inhaltlich interessant waren, waren sie doch Routine nach den Standards der Londoner City. Es ging überwiegend um Finanz-Angelegenheiten. Im Juni 2005 nahm er an einer weiteren Sitzung teil, von welcher er annahm, dass auch diese eine alltägliche Sitzung sein würde. Das war sie jedoch nicht, und er realisierte, dass er dort offenbar aus Versehen eingeladen worden war. Deshalb verhielt er sich ruhig und defensiv. Es war ein Treffen von 25 bis 30 hochrangigen Freimaurern aus England, teilweise bekannt aus Politik, Militär, Polizei und Kirche. Es ging um einen Plan, der mit Sicherheit vor sehr langer Zeit erstellt worden war, und man besprach die Umsetzung dieses Plans, den die Freimaurer selbst die „Angelsächsische Mission" nannten. Die Freimaurer unterhielten sich darüber, wie *„die Dinge gingen"* und ob sie wie geplant verliefen oder nicht. Einer der behandelten Punkte war, dass es nicht danach aussah, als ob Israel bald den Iran angreifen würde (das wurde in den letzten Jahren immer wieder versucht). Das war aus deren Sicht ein Problem. Es verlief offenbar nicht so, wie es auf deren Zeitachse vorgesehen war. Dann sprach man über China, wie mächtig China geworden sei – militärisch wie auch finanziell. Die Schnelligkeit, wie das vonstatten ging, war offenbar nicht erwünscht, und die Japaner taten wohl nicht das, was ihr *„Auftrag"* gewesen wäre, nämlich sich irgendwie in Chinas Finanzsystem einzumischen. Andere Dinge, die debattiert wurden, waren zum Beispiel der kommende Finanzcrash, die Zentralisierung der Vermögen – all das, was im Oktober 2008 dann eingetreten ist und als „Lehman-Pleite" bekannt wurde. Es war von langer Hand geplant gewesen!

Diesen mächtigen Leuten geht es nach den Aussagen des Insiders darum, den Iran oder China derart zu provozieren, dass eines der beiden Länder einen Vergeltungsschlag ausführt. Danach soll es einen begrenzten Schlagabtausch mit Atomwaffen im Mittleren Osten geben, gefolgt von einem Waffenstillstand. Während dieser Zeit sollen andere Mechanismen installiert werden, um die Bevölkerung unter strenger Kontrolle zu halten: Kriegsrecht, die Erweiterung von Befugnissen der Sicherheitskräfte, die nicht nur der Armee oder Polizei angehören. Danach wollen sie eine biologische Waffe in China einsetzen und auf diese

Abb. 2: Jan van Helsing mit Bill Ryan in Quenca, Ecuador, 2019

Weise einen großen Teil des chinesischen Volkes auslöschen. Die bei dieser Sitzung Anwesenden lachten darüber und spotteten: *„China wird sich erkälten."* Diese Epidemie soll sich dann über die ganze Welt ausbreiten – entweder als Rache der Chinesen oder weil der Virus mutiert ist – und die Menschen generell dezimieren, um zirka 50 Prozent! Erst danach würde man mit dem beginnen, was man den „Dritten Weltkrieg" bezeichnet – mit Atomwaffen. Sie selbst, die Mächtigen und ihre Familienclans, hätten damit aber kein Problem, so der Insider, denn sie hätten über die Jahrzehnte hinweg für hunderte Milliarden Dollar unterirdische Anlagen bauen lassen, in denen sie auch einen Atomkrieg überstehen können.

Bill und der Informant sprachen dann über die geplante Bevölkerungsreduktion und vermuten folgenden Hintergrund hinter diesem Plan und der Eile bzw. der Ungeduld der Verschwörer: Diese Freimaurer sprachen über ein geophysikalisches Ereignis und darüber, ob und wann dieses eintrifft. Es scheint ein von *„den Illuminati bewahrtes Geheimwissen"* zu sein. Und dieses Ereignis soll sich alle 11.500 Jahre wiederholen (Sintflut und Untergang von Atlantis). Ob es sich um die Hin- und Rückbewegung unseres Sonnensystems zum Zentrum unserer Galaxis, eine Verschiebung der Pole, einen Himmelskörper, der die Erde treffen soll oder ein anderes Phänomen handelt, ist nicht bekannt.

Bill und sein Informant gehen dann von folgendem Ablauf aus: Die westliche Welt scheint nach dem genannten Szenarium (Krieg im Mittleren Osten und Dezimierung der chinesischen Bevölkerung) am besten in der Lage zu sein, nach dem geophysikalischen Ereignis die neue Welt wieder aufzubauen – sie hatten sich ja Jahrzehnte darauf vorbereitet. Und Bill meint, dass der Name „Angelsächsische Mission" darauf hindeutet, dass die Rasse der Zukunft weiß dominiert sein wird! Man geht davon aus, dass die anderen asiatischen Länder sowie Südamerika und Afrika weder die Strukturen oder Möglichkeiten haben werden, sich zu erholen und demzufolge mehr oder minder verschwinden.

Sie sind schockiert? Das sollten Sie auch sein. Ich habe nun mehrere Quellen aufgeführt, die klar davon sprechen, dass die Menschen massiv reduziert werden sollen. Ob das nun mit dem Corona-Virus der Anfang war oder nur ein Testballon, werden die kommenden Jahre zeigen. Aber das Ziel ist klar definiert!

In diesem Buch betrachten wir uns also den Weg dahin, den Weg in die von langer Hand geplante Neue Weltordnung, und die wurde durch die Agenda 21 und durch andere Zusammenkünfte ausformuliert und wird nun Schritt für Schritt umgesetzt. Eileen DeRolf hat dies akribisch recherchiert und in Teil 1 des Buches fantastisch aufbereitet. Ich muss dazu sagen, dass ihr Text sich auf die USA bezieht – dort ist sie als Aktivistin tätig –, doch sind wir in Europa genauso betroffen. Es sind deshalb vom Übersetzer Andreas Ungerer, der auch gleich persönlich zu Wort kommt, immer wieder Kommentare in Eileens Text eingebaut, die Hinweise geben auf die Entwicklung bei uns. Aber unabhängig davon kann Eileens Recherche mehr oder minder 1:1 übernommen werden, weil wir alle – also alle Länder dieses Planeten –, in die Neue Weltordnung über- bzw. eingehen werden.

Für uns Europäer wird es in Anhang 4 interessanter werden. Dort führe ich mit Insider Hannes Berger ein langes Interview zur heutigen Situation in Deutschland und in Europa, und wir besprechen auch ganz andere Themen wie QAnon, die Rolle Donald Trumps oder des Deep State. (Mit Hannes Berger hatte ich mehrere Audio-Interview geführt, die Sie kostenlos auf *youtube* oder bei *dieunbestechlichen.com* anhören können.[8])

Nun gebe ich den Stab weiter an Andreas Ungerer, der die englischsprachigen Texte übersetzt hat. Er kam ursprünglich durch ein anderes Buchprojekt zu mir, das allerdings für den deutschsprachigen Raum zu „heiß" gewesen wäre. In Deutschland hat man ruckzuck ein Verfahren wegen angeblicher „Volksverhetzung" an der Backe. Die Saat der Illuminaten scheint langsam aufzugehen und wir streben einer links-grünen (Öko-)Diktatur entgegen, in der alles, was nicht dem naiven Gutmenschenweltbild entspricht, niedergemacht wird. Aber die Menschen wachen auf. Nicht umsonst müssen die Etablierten die rasant wachsende Zahl an Aufmüpfigen durch Facebook-Sperrungen, Youtube-Löschungen und mediale Hetze gegen Andersdenkende zum Schweigen bringen. Aber Freunde, was sagt uns das? Die haben Angst vor UNS! Nicht wir vor denen. Sie verbieten UNS den Mund, nicht wir ihnen. Das zeigt, wie der Wind weht – und wir können sicher sein, dass die kommenden Jahre spannend werden. ☺

Nun denn, lassen Sie uns beginnen…

Ihr *Jan van Helsing*

Vorwort des Mitherausgebers und Übersetzers

Dass Sie dieses Buch in ihren Händen halten, beruht auf zunächst verdrießlichen Umständen, die sich in einen außergewöhnlich glücklichen „Zufall" verwandelt haben, den ich Ihnen nicht vorenthalten will.

Von Ende September 2018 bis Ende März 2019 habe ich den 3. Band eines im Jahr 2018 erschienenen religions- und geschichtswissenschaftlichen Werkes übersetzt, das ich für dermaßen aufschlussreich und bedeutsam halte, dass ich mir sicher war, bald einen Verleger für eine deutschsprachige Ausgabe zu finden. Zumal es sich um eine Thematik dreht, die in den Vereinigten Staaten Gegenstand der wissenschaftlichen Diskussion ist, und es sich bei dem Autor um einen schwarzamerikanischen Philosophen und Mathematiker handelt, der in Südkorea Mathematik lehrt und dessen Hauptinteresse als namhafter Autor anspruchsvoller geopolitischer Analysen, neben diesbezüglichen Fakten, dem israelisch-palästinensischen Konflikt gilt.

Doch ich sollte mich irren. Keiner der acht von mir angeschriebenen Verlage im deutschsprachigen Raum war zur Veröffentlichung dieses so spannend geschriebenen wie ausgezeichnet recherchierten Werkes bereit. Nachdem ich mein Vorhaben zunächst enttäuscht auf Eis gelegt hatte, wurde ich über die Website *DieUnbestechlichen.com* auf Jan van Helsings Amadeus Verlag aufmerksam und habe auch ihm mein Manuskript vorgelegt, von dessen Inhalt er ebenso begeistert war wie ich. Aufgrund der besonderen rechtlichen Gegebenheiten bezüglich der deutschen Geschichte lehnte er am Ende – wenn auch mit freundlichen Worten – ab, es zu veröffentlichen. Da ich über mehr als 1.000 Übersetzungen geopolitischer und historischer Analysen der letzten sechs Jahre aus einem, wegen öffentlichen Desinteresses, von mir selbst vom Netz genommenen diesbezüglichen Blogs verfüge, bot ich Jan die diesem Buch zu Grunde liegende Übersetzung einer Unterrichtsreihe über die *Agenda 21* an, die ich bereits vor sechs Jahren mit Erlaubnis der Autorin Eileen DeRolf im Internet veröffentlicht hatte. Was daraufhin geschah, lesen Sie jetzt.

Der Inhalt des hier vorliegenden Buches wird die meisten Leser vermutlich mehr als überraschen, und manche werden die hier vorgestellten Fakten vermutlich zunächst als völlig abwegig betrachten. Das Buch befasst sich im Wesentlichen mit den Ursprüngen und Absichten der *Agenda 21*, dem Vorgänger der im September 2015 auf dem damaligen Umweltgipfel der Vereinten Nationen in Paris beschlossenen und derzeit aktuellen *Agenda 2030 für Nachhaltige Entwicklung*.

Wer sich für weltweiten Umweltschutz interessiert, wird in dem hier vorliegenden dreigliedrigen Buch auf zunächst unglaubliche, jedoch hinreichend recherchierte und erstaunliche Fakten stoßen, die, obwohl mittlerweile zunehmend mehr Bereiche unseres täglichen Lebens davon betroffen sind und bestimmt werden, dem Großteil der Leser vermutlich völlig unbekannt sind.

Wie ich vielfach und wiederholt selbst festgestellt habe, wissen selbst viele Bedienstete in Stadtverwaltungen, die dort zumindest über die Lokale *Agenda 21* ihrer jeweiligen Gemeinden informieren können sollten, nicht ansatzweise, welches bereits im Jahr 1992 auf dem Umweltgipfel der Vereinten Nationen im brasilianischen Rio de Janeiro von 178 Staatsführern beschlossenes, globale Umweltschutzprogramm sie dort vertreten und aufgerufen sind, in Zusammenarbeit mit den Bürgern in ihren Gemeinden umzusetzen. Die meisten von ihnen haben das über 350 Seiten umfassende diesbezügliche Dokument vermutlich niemals selbst gelesen.

Auch kennen wohl nur die wenigsten Menschen die wahre Bedeutung des unter dem wohlklingenden Begriff „Nachhaltigkeit" zusammengefassten Konzepts der weltweiten „sozialen, wirtschaftlichen und ökologischen Gerechtigkeit" und wissen, dass es sich hierbei in Wahrheit um die Blaupause für eine sozialistische Weltdiktatur im grünen Gewand unter der Schirmherrschaft der Vereinten Nationen handelt, welche die totale Kontrolle und Vereinheitlichung sämtlicher Lebensbereiche zum Ziel hat, aus der letztlich der Verlust aller bürgerlichen Freiheiten und Rechte resultiert.

Ich selbst begann mich im Jahr 2013 intensiv mit den historischen Wurzeln und Absichten der Agenda 21 zu beschäftigen, nachdem ich auf den gleich im Anschluss folgenden, spannenden Videovortrag von George Hunt gestoßen war, der als damaliger Dozent fürs Management von Kleinunternehmen und Inhaber eines mittelständischen Entsorgungsunternehmens Gastgeber einer der zahlreichen Vorbereitungskonferenzen für den Umweltgipfel der Vereinten Nationen in Rio de Janeiro gewesen ist. Hunt hat seine Mitmenschen mit diesem, einen Monat vor dem Gipfel veröffentlichten Vortrag vor der Umsetzung der Agenda 21 und ihren fatalen, weltweiten Folgen gewarnt. Der nun gleich folgende, erste Buchteil umfasst die Übersetzung ebendieses wachrüttelnden Vortrags.

Der zweite Buchteil enthält eine hervorragende zehnteilige Unterrichtsreihe der in Ohio lebenden pensionierten Lehrerin Eileen DeRolf, in der sie die wichtigsten Begriffe und Pläne der Agenda 21 erklärt sowie einen Überblick über das umfangreiche Netzwerk der Autoren und der zahlreichen, oft von Steuergeldern finanzierten, namhaften Nichtregierungsorganisationen gibt, welche sich unter dem Deckmantel des Umweltschutzes aktiv an der Umsetzung dieser tatsächlich finsteren Pläne beteiligen.

Auch wenn die meisten der dort angegebenen Beispiele sich auf die Entwicklung in den Vereinigten Staaten beziehen, wird den Lesern schnell klar, dass es sich hier um eine weltweite Agenda handelt, die in Europa mit ähnlichen Mitteln und zumeist hinter dem Rücken der Öffentlichkeit und ohne deren Zustimmung, dafür jedoch mit ihren Steuergeldern finanziert und vorangetrieben wird.

Wer diese auf Fakten basierende Unterrichtsreihe und das dort hinzugefügte Zusatzmaterial aufmerksam studiert, wird schließlich genügend stichhaltige Informationen gesammelt haben, um zu erkennen, wie weit diese Agenda bereits vorangeschritten ist, und in der Lage sein, seine Mitmenschen auf die wahren Absichten der vermeintlich umweltpolitischen Maßnahmen und Forderungen der Vereinten Nationen und unserer Regierungen hinzuweisen und davor zu warnen. **Im letzten**

Kapitel der Unterrichtsreihe von Eileen DeRolf werden den Lesern praktikable Wege und Instrumente vorgestellt, was die effektive Aufklärung und ebensolchen Widerstand zur Verhinderung der, in der Tat, schwer zu vermittelnden finsteren Pläne der Globalisten ermöglicht.

Im dritten Buchteil wird der Bogen zur Gegenwart gespannt. Es beinhaltet die Zusammenfassung einer als „Corbett Report" bekannten und im Jahr 2018 ausgestrahlten Sendung des kanadischstämmigen und in Japan lebenden Philosophen, Sprachwissenschaftlers und unabhängigen Journalisten James Corbett und trägt den Titel „Bezahlen Sie jetzt, oder es ist um die Erde geschehen!".

Hier erfahren Sie viele Daten, Fakten und Hintergründe zu dem im Oktober 2018 vom *Weltklimarat der Vereinten Nationen* (IPCC) veröffentlichten Sonderbericht über die Begrenzung der sogenannten Klimaerwärmung auf 1,5° C. über dem Wert des vorindustriellen Zeitalters. Die Übersetzung enthält viele Verweise auf Dokumente, die verdeutlichen, wie nicht nur der Weltklimarat der Vereinten Nationen die Weltbevölkerung mit vermeintlich wissenschaftlichen, jedoch tatsächlich unhaltbaren oder auch erfundenen Daten zum Narren hält.

Der vierte Buchteil überschreitet die Grenzen der zuvor beschriebenen Blaupause zur Errichtung einer sozialistischen Weltdiktatur, der sogenannten *Neuen Weltordnung*. Das Thema ist dermaßen bedeutsam, dass der Verleger und ich beschlossen haben, diese Thematik ins Buch mit aufzunehmen. Es geht um den Handel der Geburtsurkunde als Wertpapier an der Börse – eine Thematik, die so gut wie keiner kennt.

Hier kommt einführend Robert-LeRoy Horton zu Wort, ein ehemaliges Mitglied des als Green Berets bekannten *United Stetes Army Special Forces Command (Airborne), des Luftlande-Sondereinsatzkommandos des Heeres der Vereinigten Staaten*. Er beschreibt in einem Vortrag über die Wiederherstellung der US-Verfassung die eigentliche Rechtsstellung des Menschen innerhalb der auf See- und Handelsrecht basierenden Machtstrukturen auf unserem Planeten.

Im Anschluss daran finden Sie die Übersetzung eines Interviews des unabhängigen TV-Kanals *Net News Network* mit der mutigen Whistleblowerin und ehemaligen Rechtsanwältin der *Weltbank*, Karen Hudes, in dem diese die Zuschauer über die völlig korrupten Verhältnisse in dieser weltweit agierenden Bankengruppe aufklärt und über eine geheime Verfassung der Vereinigten Staaten und deren Hintergründe berichtet, die bereits im Jahr 1871 verabschiedet worden ist und alle zwei Jahre neu in Kraft tritt. Auch sie berichtet in diesem Interview von der „Geschäftswerdung der Welt" und der Rechtsstellung der Menschen innerhalb eines weltweiten Handelskonstrukts, dessen Jurisdiktion wie ein dunkler Schatten über sämtlichen Nationen und deren Verfassungen auf diesem Planeten liegt und diese außer Kraft setzt.

Den Abschluss des Buches bildet ein Interview, das Jan van Helsing mit mir und dem vielen Lesern seiner Bücher bekannten Whistleblower Hannes Berger geführt hat. In diesem Gespräch unterhalten wir uns über die den meisten Menschen unbekannten übergeordneten Machtstrukturen und die von deren Akteuren angewandten Mittel zum Erhalt einer Weltherrschaft, die diese wohl schon seit vielen Tausend Jahren innehaben, ohne dass eine sich in freiheitlich demokratischen Rechtsstaaten wähnende Menschheit sich dessen bewusst ist. Man hat nicht alle Tage die Gelegenheit, sich mit Menschen auszutauschen, die über so fundiertes, den meisten Menschen unbekanntes Faktenwissen verfügen, und so war diese Unterhaltung für mich ein echter Genuss.

Die Absicht dieses Buches ist es, die Leser für die hierin beschriebenen Fakten zu sensibilisieren und sie zur Eigenrecherche zu ermutigen, um dann selbst zur Aufklärung beizutragen und sich gemeinsam mit anderen und mit den im Inhalt bereitgestellten friedlichen Mitteln der Argumentation an der effektiven Verhinderung der weiteren Umsetzung der hier beschriebenen Pläne zu beteiligen.

Mein besonderer Dank gilt neben Jan von Helsing, der sich erfreulicherweise spontan zur Veröffentlichung dieses, meines Erachtens wichtigen Buches entschlossen hat, und sämtlichen anderen in diesem Buch erwähnten Autoren, insbesondere Eileen DeRolf, die mit ihrer zehnteiligen Unterrichtsreihe *Agenda 21 Course* entscheidend zur Veröffentlichung dieses spannenden Nachschlagewerks beigetragen hat.

Allen Lesern des Buches wünsche ich eine interessante und lehrreiche Zeit während seiner Lektüre und hoffe bei vielen von ihnen Interesse an der Eigenrecherche zu erstaunlichen historischen und geopolitischen Sachverhalten zu wecken, die ihnen vorher verborgen waren.

Andreas Ungerer

Die Videoansprache von George Hunt

Die UNCED-Konferenz der Vereinten Nationen über Umwelt und Entwicklung – Rio de Janeiro, Brasilien, 1.-12. Juni 1992

Wir schreiben den 1. Mai 1992. Das Thema dieser Videobotschaft ist das „UNCED Earth Summit Meeting", das am 1. Juni in Rio de Janeiro beginnt. Die Abkürzung UNCED steht für „Konferenz der Vereinten Nationen über Umwelt und Entwicklung". Es wird „UNCED" (im Englischen wie „unsaid" = ungesagt bzw. unausgesprochen) ausgesprochen – und deutet möglicherweise auf das geheime Ziel dieser Konferenz hin.

Dies ist das Logo der Konferenz (Abb. 3). Es ist stellt keine Taube dar, sondern eine Hand. Und in ihr befindet sich die Welt mit dem Slogan darunter: *„In unseren Händen."* In wessen Händen? Was bedeutet das „WIR" in diesem Slogan? Die Hände der Welt-Ordnung! Diese Elite setzt diese Konferenz auf Platz eins – und zwar in schlechter Absicht. Dieses Video liefert stichhaltige Beweise dafür, dass die Personen, die diese Konferenz betreiben, uns in Wirklichkeit etwas vorspielen, um die Macht über den Planeten und seine Völker in ihre Hände zu bringen.

Es sind baldige, tüchtige und mutige Anstrengungen aus der Bevölkerung nötig! Sobald die Regierungen ihre Verträge unterzeichnet haben, befinden sich ihre Bürger de jure in den Händen der Welt-Ordnung.

Hier noch einmal das Motto: **„In unseren Händen."** In wessen Händen? In denen derselben Welt-Ordnung-Familien, die den Ersten und Zweiten Weltkrieg geplant und die

Abb. 3: Logo der Konferenz

Länder der Dritten Welt überredet haben, sich Kapital zu leihen und sich enorm zu verschulden. Dieselbe Welt-Ordnung, die viel von dem Geld, das sie afrikanischen und anderen Nationen geliehen hat, in Genfer Banken versteckte. Sie waren es, die Hitler finanziert, den Holocaust ermöglicht und es arrangiert haben, diese schreckliche Schande dem deutschen Volk aufzubürden. Ihnen können die manipulierten Hungersnöte in Äthiopien und anderswo sowie das absichtliche Herbeiführen von Krieg und Tod, um Gesellschaften unter ihre Kontrolle zu bringen, zugeschrieben werden. Die Welt-Ordnung-Sippschaft sind keine netten Menschen.

Mein Name ist George Hunt. Ich spreche zu Ihnen aus einem Video-Studio in Boulder, Colorado. Ich habe einige der Treffen und Sitzungen im Vorfeld des Earth Summit besucht. Ich bin Unternehmensberater und College-Lehrer für das Management kleiner Betriebe. Auch besitze ich ein Entsorgungsunternehmen und bin sehr vertraut mit der Umwelt-Heuchelei, mit der die Welt-Ordnung-Sippschaft die Umweltbewegung übernommen hat. Ich bin mir ihrer Pläne bewusst.

Verzeihen Sie, dass ich meine Skripte vorlese, da ich kein professioneller Schauspieler bin, und ich die Dinge, die ich vortragen möchte, nicht alle im Gedächtnis habe.

Die globale Umweltbewegung wird sich bald in den Händen der Welt-Ordnung befinden, wenn Sie und andere nicht handeln, nachdem Sie dieses Video gesehen haben. „Handeln" kann bedeuten, es fünf anderen oder auch einem Ihnen bekannten Richter oder Stadtverordneten ihres Wohnorts zu zeigen. Entscheiden Sie selbst – in der Hoffnung, dass Ihr Handeln den Keim zu etwas Gutem legt! Irgend jemand wird den Funken entzünden. Ich fühle wirklich, dass es noch nicht zu spät ist.

Als ich 1987 als offizieller Gastgeber eines Schlüssel-Treffens für Umweltfragen in Denver/Colorado diente, war ich erstaunt, David Rockefeller, Edmond de Rothschild, den damaligen Außenminister Baker, der später Finanzminister war, Maurice Strong sowie den

Vorsitzenden eines Entsorgungsunternehmens und Verwalter der Umweltschutzbehörde, William Ruckleshaus, den UN-Generaldirektor in Genf, Eric Suy und verschiedene Funktionäre von IWF und Weltbank dort zu sehen. Was taten Welt-Elite und -Banker auf einem Umweltkongress?

Hören Sie aufmerksam zu! Ich werde nun versuchen, Ihnen zu zeigen, wie deren Verfügungen gegen Sie arbeiten werden. Konzern- und Stiftungseinkommen sind die Ecksteine der Welt-Ordnung. Sie gebieten Politikern, nach ihrer Pfeife zu tanzen und zwingen Richter und Gesetzgeber, ihre Stiefel zu lecken. Ihre geschwollenen Egos und Bäuche werden niemals satt und ihre Gier nach mehr ist unstillbar. Nun haben die Mächtigen und Autoritäten die Welt in ihrem Griff. Werden wir sie ihnen widerstandslos überlassen? Oder werden sie es wie mit den Deutschen tun? Werden sie Ihnen den Holocaust an der Umwelt vorwerfen – und damit durchkommen?

Was ist das „Earth Summit Meeting" und wer verbirgt sich dahinter?

Die unausgesprochene (unsaid) Weltkonferenz, diese „UNCED-Weltkonferenz", ist eine Schlüsselveranstaltung in einer Serie von Umweltkonferenzen, die seit 1972 stattgefunden haben. Maurice Strong, ein UN-Funktionär und Angestellter von Rockefellers und Rothschilds Konzernen und Projekten, berief 1972 die erste Konferenz im schwedischen Stockholm ein. Zwanzig Jahre später war Maurice Strong der Vorsitzende der „UNCED". In den 1970er- und 1980er-Jahren fand eine Vielzahl von Umweltkonferenzen statt – möglicherweise, um zum „UNCED" Earth Summit zu führen. Ich nahm an zwei dieser Treffen in Colorado in den Jahren 1987 und 1991 teil. Freunde von mir besuchten andere in Los Angeles, San Francisco und Des Moines.

Nachfolgend lesen Sie einen kurzen Auszug aus einem Schriftstück, welches auf einem UNCED-Treffen unter der Leitung von Maurice Strong im Jahre 1991 in Des Moines, Iowa, unter den Teilnehmern verteilt wurde. Die Telefonnummer des Abgeordneten Richard Gephardt erscheint auf den Dokumenten des Treffens (siehe das Originaldokument im Anhang 1, Seite XV). Der Inhalt des Dokuments, welches vom Cobden Club, Secretariat for World Order verfasst worden ist, ist bezeichnend...

> *„Wir sind die lebenden Förderer des Willen des großen Cecil Rhodes von 1877, in dem er bekannte, sein Geschick dem Folgenden zu widmen: Der Ausweitung der britischen Herrschaft über die Welt und die Kolonisation des gesamten afrikanischen Kontinents, des heiligen Landes, des Tals des Euphrat, der Inseln Zypern und Kreta, gesamt Südamerikas, der pazifischen Inseln, die noch nicht durch Großbritannien besetzt waren, des Malaiischen Archipels und der Küsten von China und Japan, sowie die endgültige Wiederherstellung der Vereinigten Staaten von Amerika als integraler Bestandteil des Britischen Weltreichs durch britische Untertanen (Staatsangehörige).*
> *Wir stehen zu Lord Milners Credo. Auch wir sind Patrioten der Britischen Rasse, und unser Patriotismus besteht aus der Sprache, den Traditionen, den Prinzipien und den Ansprüchen der Britischen Rasse. Fürchten Sie sich davor, bis zum letzten Moment durchzustehen, an dem dieses Ziel verwirklicht werden kann? Sehen Sie nicht, dass jetzt zu versagen bedeutet, von den Milliarden Liliputanern niederer Rassen herabgezogen zu werden, die für das angelsächsische System wenig oder gar keine Sorge tragen."*[9]

Das komplette Dokument finden Sie im Original sowie in der deutschen Übersetzung in Anhang 1 (Seite 237).

Auf dem Vierte-Welt-Kongress im Jahr 1987 wurden einige weitere, abwertende Äußerungen über gewöhnliche Menschen getätigt. Beispielsweise die von David Lang, einem internationalen Investment-

Banker aus Montreal – und er ist einer dieses Packs. Er regt an, diese Umwelt- und Wirtschaftsaktivitäten der Welt-Ordnung der Öffentlichkeit vorzuenthalten. Er nennt uns „Kanonenfutter". Hören Sie sich das an!

> *„Ich schlage vor, dies hier einem demokratischen Prozess vorzuenthalten. Es würde zu lange dauern und viel zu viel Kapital beanspruchen, um das Kanonenfutter, das unglücklicherweise die Erde bevölkert, zu unterrichten. Wir müssen ein beinahe behauptendes Programm aufstellen, dass wir in die* (unverständlich) *Täler in zeitlichen Rahmen und Resultaten blicken können. Aber es kann, bei aller Aufrichtigkeit, selbst mit einer aufs simpelste herunter reduzierten Definition nicht ohne Weiteres verstanden werden."* (Das Video hat eine schlechte Tonqualität.)

Fühlen Sie sich nicht unwohl bei dem Gedanken, dass die arroganten Reichen nahe daran sind, die Herrschaft über die gesamten Vereinigten Staaten, Kanada und andere Staaten zu erlangen?

Hier ist noch mehr davon:
Die „Krise", die zum Earth Summit führt, wurde ohne Debatte oder die Möglichkeit zum Widerspruch diktiert. Die Verträge, die die Welt-Ordnung bei UNCED abschließt, werden die nationale Gesetzgebung ersetzen. Ich sah sogar, wie die Existenz der „bedeutsamen Krise" auf dem Vierte-Welt-Kongress von Edmond de Rothschild diktiert worden ist. Auch sie können ihn hören – hören sie ihn diktieren. Rothschild brachte diese „bedeutende Krise" ohne Debatte oder Widerspruch in die UN-Resolutionen ein:

> *„...das auf dieser Konferenz vielleicht mehr über den Marshallplan nachgedacht werden sollte, der gedämpft und mit großer Spannung auf der Agenda-Konferenz nach vorn gebracht worden ist. Und das mag vielleicht das Hauptmotiv dessen sein, was Sie heute gehört haben und was ihnen möglicherweise gefällt. In einer vielleicht aufsummierten Form. Ein weiterer Schritt dieser Konferenz, welche die*

Erfordernisse unseres ökonomischen und ökologischen Erbes innerhalb des World-Wilderness-Kongress, des WWF und anderer, dem Erhalt des Lebens auf unserem Planeten eingebundenen Körperschaften anerkennt. Ich bat die Ministerpräsidentin Norwegens, Gro Harlem Brundtland, die momentan den Vorsitz (der World Commission on Environment and Development) hat, als eine der Anführer einer weltweit hochgeachteten Gemeinschaft, Promotor des Welterbekomitees zu sein. Ihrem Brundtland-Report, der unter Staatsführern weit verbreitet ist, könnte sie diesen Bericht als Normenempfehlung eines zweiten Marshallplans für einen Dritte-Welt-Schuldenerlass und die Finanzierung einer stabilen Entwicklung bewerben."

Niemand hatte bei diesem Gremium einen Marshallplan für die Zweite Welt oder die Einrichtung eines neuen Währungssystems zur Finanzierung einer stabilen Entwicklung erwähnt. Das Welterbe-Komitee hatte darüber überhaupt nicht debattiert.

Mir wurde vom Präsidenten des Welterbekomitees und Vorsitzenden des Treffens, Michael Sweatman, die Möglichkeit verwehrt, Rothschilds Ausführungen in dem Ausschuss öffentlich in Frage zu stellen.

Die Erste, Zweite, Dritte und die Vierte Welt

In der Weltpolitik werden die Begriffe Erste-, Zweite-, Dritte- und Vierte Welt benutzt, um politische Gebilde zu beschreiben. Die **Erste Welt** sind die kapitalistischen Länder von Europa und Nordamerika. Sie sind industrialisiert und sind daher die größten Umweltverschmutzer der Welt. Die **Zweite Welt** ist die Sowjetunion und die Ostblockländer.

Erinnern Sie sich an Rothschilds Verweis auf einen „Marshallplan für die Zweite Welt"? Er sprach von den Sowjet-Block-Ländern. Nicht von einem zweiten Marshallplan. Er sprach davon, dass die Sowjet-Block-Länder mit Geld der Ersten Welt gerettet werden. Europa erhielt mit dem Marshallplan von 1949 einen sehr hohen Geldbetrag, und die Zweite Welt wird bei dieser Wiederholungsveranstaltung Milliarden nordamerikanischen Geldes erhalten. Und raten Sie, welche Banker-Familie als Hauptgeldwechsler für den Rubel agieren wird und möglicherweise Milliarden dabei abschöpft. Selbstverständlich die Rothschild-Gruppe. Rothschild machte diese Äußerung im Jahr 1987, zwei Jahre vor dem Fall der Berliner Mauer. Er prahlte vor uns mit seinem Wissen über den Zusammenbruch des Sowjet-Regimes.

Hier einige Zeitungsartikel vom April 1992 über den Fortschritt von Rothschilds Marshallplan für die Zweite Welt. Sie stammen aus der *New York Times*. Die Welt-Ordnung befindet sich im Zeitrahmen. Nachfolgend eine Überschrift aus der *New York Times* vom 15. April 1992:

„LAUT IWF WERDEN 44 MILLIARDEN DOLLAR IM JAHR 1992 FÜR EX-SOWJET HILFE BENÖTIGT / FÜR DEN WANDEL ZUM FREIEN MARKT

Der Großteil der Hilfe wird für Lebensmittel und Ersatzteile in den 15 Republiken benötigt"

Meine Antwort darauf lautet: *„Ganz bestimmt!"*

Ein weiterer Artikel aus der internationalen Ausgabe der *New York Times* vom Mittwoch dem 29. April 1992 schreibt Folgendes über Rothschilds Marschall Plan:

„Obwohl viel über die Errichtung einer neuen politischen Ordnung in der Welt nach dem kalten Krieg gesprochen wird, machen die Ereignisse hier in den vergangen Tagen klar, dass auch eine neue Wirtschaftsordnung entsteht..."

„...Washington kann keinen Marshallplan für die früheren Sowjet-Republiken finanzieren, da die Aufgabe so gewaltig ist und die ame-

rikanische Wirtschaft hochverschuldet und nicht mehr so dominant ist. Aus diesem Grund hat Washington den IWF darum gebeten, die Rettungsoperation durchzuführen, deren Kosten sich in diesem Jahr auf 44 Milliarden Dollar belaufen."[10]

Nun, Rothschild hat es beim Namen genannt, oder nicht?

Kurz vor diesen Äußerungen haben die Rothschilds die Rothschild-Bank in Frankfurt wiedereröffnet, die zuvor 50 Jahre lang geschlossen war. Sie sind nun bequemerweise in der Lage, den russischen Rubel mit Geld aus dem Westen zu stabilisieren.
Frage: Wollen wir wirklich nordamerikanisches Geld überall hin schicken, für Rothschilds Multimilliarden-Geldregen im Währungshandel?

Lassen Sie uns nun über die Dritte Welt reden!
Die **Dritte Welt** besteht aus jenen Ländern, die seit dem Zweiten Weltkrieg emporstreben. Jung und einfach zu betrügen, spielte die Weltbank ihnen, unter Robert S. McNamara böse Streiche, indem er Milliarden Dollars aus Darlehen über fiktive afrikanische Adressen zurück auf Schweizer Banken zauberte. Es befinden sich nun 1,5 Billionen Dollar im Weltbanksystem, deren Gegenwert aus Armut und grausamen Sammlungen von Darlehen besteht.
Maurice Strong hat auf dem UNCED-Treffen ein vorhersehendes Szenario angedeutet, das ausbrechen könnte, wenn seine Worte glaubwürdig sind. Er sagt in diesem Artikel des *WEST Magazine*[11], dass ein Kampf zwischen den Umweltverschmutzern der Ersten Welt und den Armen der Dritten Welt ausbrechen könnte und beschreibt dies während einer Autofahrt mit ihm wie folgt:

„Jedes Jahr versammelt sich das Weltwirtschaftsforum in Davos in der Schweiz. Über tausend Geschäftsführer, Premierminister, Finanzminister und führende Akademiker treffen sich im Februar, um Tagungen beizuwohnen und die wirtschaftlichen Strategien für das kommende Jahr zu vereinbaren." Vor diesem Hintergrund sagt er

dann: *„Was wäre, wenn eine kleine Gruppe dieser Weltführer übereinkäme, dass die Hauptrisiken für die Erde von den reichen Nationen ausgingen. Und diese reichen Länder zur Verringerung ihres Schadstoffausstoßes übereinkommen müssten, um das Überleben des Planeten zu sichern. Würden sie das tun?"*[11]

Strong, der das Auto fährt, während ich mir Notizen mache, schaut mich an. Dann schweifen seine Augen zurück auf den Highway 17 (auf seinem Abschnitt von Alamosa/Colorado zu seiner New-Age-Ranch in Crestone, Colorado). Der Mann, der das Umweltprogramm der Vereinten Nationen gegründet hat sowie Teile des Brundtland-Reports verfasste, und der 1992 versuchen wird, die Regierenden der Welt in Brasilien zusammenzubringen, um ein solches Übereinkommen zu unterzeichnen, genießt es, Fragen im Raum hängen zu lassen.

„Werden sie es tun? Werden die reichen Länder einer Reduzierung ihres Schadstoffausstoßes zur Rettung der Erde zustimmen?"

Strong fährt fort: *„Das Fazit der Gruppe ist: Nein! Die reichen Länder werden das nicht tun, sie werden sich nicht ändern. Also entscheidet die Gruppe in der Absicht, den Planeten zu retten. Besteht nicht die einzige Hoffnung für den Planeten im Zusammenbruch der industriellen Zivilisationen? Liegt es nicht an uns, diesen herbeizuführen?"*

„Diese Gruppe von Weltführern", fährt er fort: *„bilden eine Geheimgesellschaft, die einen wirtschaftlichen Zusammenbruch herbeiführen will. Es ist Februar. Sie sind alle in Davos. Es sind keine Terroristen, es sind Weltführer. Sie haben sich in der Gesellschaft und an den Börsen positioniert. Mit Hilfe ihres Zugangs zu Aktienmärkten, Computern und Goldbeständen schaffen sie eine Panik. Dann verhindern sie das Schließen der Börsen. Sie blockieren das Getriebe. Sie heuern Söldner an, um den Rest der Regierenden als Geiseln zu nehmen. Die Märkte können nicht schließen. Die reichen Länder..."*

Und Strong macht eine gleitende Bewegung mit den Fingern, als würde er eine Zigarette aus dem Fenster schnippen. Ich sitze fasziniert da. Das erzählt nicht irgendein Märchenonkel – es ist Maurice Strong! Er kennt diese Weltführer. Er ist wahrhaftig der Vorsitzende im Rat des Weltwirtschaftsforums. Er sitzt am Schalthebel der Macht. Er ist in der Lage, das zu tun!

„Vermutlich sollte ich solche Dinge nicht sagen.", sagt er.

Highway 17 durchschneidet, auf dem Weg ins Land der Träume, die Wüste. Als die Wahrheit schließlich gesagt ist, befürchten Maurice und Hanne Strong folgenden Verlauf: Keine Geheimgesellschaften, keine Geiselnahmen in Davos, aber das Ergebnis wird dasselbe sein. Die durch Kredite, Anleihen und Umweltkatastrophen ausgelaugte Weltwirtschaft wird einfach stecken bleiben. Nichts, nicht mal die Inspiration von Baca (Maurice Strongs New-Age-Ranch), kann die Menschheit vor sich selber schützen. Sie sehen das Ringen und die Probleme in Baca als Spiegelbild der Bedrohungen für den Planeten. Sie fürchten, dass Baca bestenfalls eine Oase in der Wüste der Zukunft sein wird – und schlimmstenfalls ein Ort, wo Träume sterben.

Warum weist Strong, selbst wenn seine Worte Visionen und Vorstellungen sind, überhaupt auf solche Dinge hin? Der Grund ist, dass etwas Wichtiges auf dem UNCED Earth Summit geschehen wird.

Die Vierte Welt

Der Grund, warum über die **Vierte Welt** bislang nicht gesprochen wird, ist, dass wir ihre Entstehung noch nicht beobachtet haben. Der Begriff, „Vierte Welt" erschien im Titel des Kongresses. Er lautete: „Der Vierte-Welt-Wildnis-Kongress." Maurice Strong sagte, dass es Vierte Welt lautete, weil es sich um die vierte von Edmond de Rothschild geschaffenen Umwelt-Konferenzen handelte. Ich lernte später, dass sich die Welt-Ordnung auf die kommende Eine-Welt-

Regierung als „Die Vierte Welt" bezieht – die Kontrolle der Welt, in der es keine Erste, Zweite und Dritte Welt mehr gibt, durch die Welt-Ordnung. Ein Planet ohne Grenzen, der „Die Vierte-Welt-Wildnis" genannt wird.

Yogis und Schamanen bezeichnen die „Vierte Welt Wildnis" auch als die „Verlorenheit des Geistes" (engl. = mind). Die „Verlorenheit des Geistes" wird dem kollektiven Bewusstsein zugeordnet. Menschen werden durch Lügen, Drogen, Furcht und Schmerz dazu gebracht, sich selbst, ihr Ego, dem kollektiven Bewusstsein zu unterwerfen. Die Vierte Welt wird eine Rückkehr zu jener Gesellschaftsform der Cäsaren, der von Babylon oder des Vierten Reichs darstellen – im Rahmen der Gesellschaften, die Aldous Huxley in *„Brave New World"* und *„Brave New World Revisited"*, oder Orwell in seinem Klassiker *„1984"* so anschaulich beschrieben haben. Unter Wimmern werden wir gedeihen.

Die Welt-Ordnung will aus der Asche des Chaos eine neue Gesellschaft schaffen. Eine komplett kollektive Vierte Welt mit kollektiver Religion, kollektivem Finanzsystem und unkontrolliertem Welt-Nationalsozialismus. Die Welt-Ordnung wird den Massen Gaja, Mutter Erde, als Abbild des Großen Bruders anbieten, das in der Vierten Welt angebetet wird.

Maurice Strong hat in Crestone/Colorado bereits ein 56.656 Hektar großes Gelände für das Projekt hergerichtet, um das Religionssystem zu entwickeln. Das Projekt wird unter anderen von der Rockefeller-Stiftung finanziert.

Und das Earth Summit wird die Umwelt mit der Industrie verbinden. Die Herren der UNCED-Konferenz werden das Sagen darüber haben, wer etwas besitzen und verdienen darf, wenn wir nicht bald etwas dagegen unternehmen.

Die Chef-Etage der Welt-Ordnung

Wer leitet die Umweltbewegung?

Maurice Strong, der das Earth Summit einberief, bezeichnet Baron Edmond de Rothschild als Schöpfer der Umweltbewegung. Hier seine eigenen Worte, die Rothschild als die positive Synthese von der Umwelt auf der einen Seite und Wachstum und Entwicklung auf der anderen beschreiben.

Hören Sie aufmerksam zu, wie Maurice Strong Baron de Rothschild vorstellt:

> *„...Es gibt also keine bessere Person, die diese positive Synthese von Ökologie auf der einen Seite und Ökonomie auf der anderen in seinem eigenen Leben vereint, und ich bin hocherfreut, die Gelegenheit zu haben, Ihnen Edmond de Rothschild vorzustellen!..."*

Rothschild ist die positive Synthese von der Umwelt auf der einen Seite, das ist die These, und Wachstum und Entwicklung auf der anderen, das ist die Antithese. Er gesteht klar ein, dass die Rothschild-Kombination – einschließlich der Rockefellers und den meisten Kapitalisten der Welt – die Kontrolle über die Umwelt- und Entwicklungsbewegung als Synthese anstreben. Die Macht wird durch die Konferenz von Rio in ihren Händen zusammenlaufen. Die Synthese, die Spitze der Macht, verschmilzt im Hause Rothschild.

Politiker und Bürokraten bloßgestellt

Ein anderer Redner auf der Vierte-Welt-Konferenz war David Rockefeller, ein Welt-Energie-Kapitalist und Bankier. Er wurde auf dem Treffen „Mr. Development" genannt. Sein Gegenüber, William Ruckleshaus, Organisator der EPEA (Environmental Protection Encouragement Agency) (Umweltschutzbehörde) und Gestalter ihrer Gesetze unter den Präsidenten Ford und Reagan, nannte man „Mr. Environment".

Mr. Environment-Ruckleshaus ist der Vorstandsvorsitzende bei *Browning Ferris Industries* (BFI), einem der größten privaten Entsorgungsunternehmen der Welt. Die Heuchelei ist, dass Ruckleshaus als EPEA-Chef genau jene Gesetze schuf, die das Abfallunternehmen BFI reich gemacht haben.

Heuchelei Nummer 2 ist, dass Ruckleshaus und Maurice Strong Schlüsselinvestoren von *American Water Development Inc.*[12] waren. Dieses Unternehmen versuchte die amerikanischen Wasserschutzgesetze zu umgehen und die Kontrolle über eines der größten unterirdischen Wasservorkommen der Welt zu erlangen.

Hier ist ein Auszug aus einem Interview, in dem ich erkläre, was sie taten:

> *„Und ich machte im vergangenen Dezember eine Briefumfrage unter den Bewohnern des San Luis Valley, in der ich fragte: „Was wird geschehen, wenn Maurice Strong, William Ruckleshaus und andere 247 Mio. Kubikmeter Wasser aus dem San Luis Valley pumpen? Ausnahmslos allen war klar, dass sich ihr Land in eine Wüste verwandeln würde.*
>
> *Hier nehmen also Menschen an einer Umweltkonferenz in Estes Park teil, die das Wasservorkommen des 200 Meilen nördlich gelegenen San Luis Valleys abpumpen und es in eine Wüste verwandeln wollen. Die Heuchelei ist so gewaltig!"*

Sie scheiterten bei ihrem Vorhaben, weil die Menschen begriffen, was sie vorhatten und ihren Plan vereitelten.

Erfahren wir ein wenig mehr von Maurice Strong und Edmond de Rothschild und betrachten uns etwas genauer, um welche Art von Menschen es sich bei den Organisatoren der UNCED-Konferenz handelt. Es gibt einen Ausschnitt, in dem Rothschild sagt, dass Projekte, die zum Schutz der Umwelt gestartet werden, wirkungslos sind. Er sagt es schnell, er sagt „unwirksam" (inoperative). Das bedeutet: Sie werden nicht funktionieren!

Und hören Sie Rothschilds beiläufige Anmerkung, dass wir Trockeneismaschinen bauen und das Trockeneis zum Nord- und Südpol schiffen werden, um sie am Schmelzen zu hindern:

> *„...wird es vielleicht möglich sein, CO_2, eine der Hauptursachen (des Klimawandels), zu verwenden, um Trockeneis herzustellen und die aktuellen Temperaturen der Polkappen und des Polareises zu erhalten. Wirkungslose (?), moderne Technologie wird den Abfall sammeln und vielleicht in vulkanischen Regionen verbrennen oder sehr tief in der Erde vergraben, in den Wüstengegenden der Wildnis der Erde, wie mitten in der Sahara oder dem leeren Viertel von Saudi Arabien oder in der Wüste Gobi. Aber all diese Ideen und Visionen, von denen einige weit hergeholt sind, und das ist vor allem die Überlegung dieses Kongresses, benötigen Geld."*

Im Anschluss an das Video[13] werde ich die gesamte Rede anhängen, und Sie werden ihn sagen hören, dass die Welt-Ordnung folgende Probleme hat: ihre eingeborenen Völker und ihre Wildtiere. Eingeborene Völker und wild lebende Tiere sind Probleme? Von welcher Art des Wahnsinns sind diese Welt-Ordnungs-Cäsaren besessen?

Ich hoffe Ihnen genügend Informationen gegeben zu haben, um die Beschaffenheit der Welt-Ordnung-Sippschaft hervorzuheben. Sie hofft, das Leben künftiger Generationen zu gestalten. Es ist die selbe Sippschaft, die einen Hitler geschaffen, die Ermordung von Lincoln und Kennedy arrangiert und anderswo darauf hingewiesen hat (u.a. Georgia Guide Stones) die Weltbevölkerung drastisch reduzieren zu wollen, um Umwelt und Entwicklung „nachhaltiger" zu gestalten. Bitte verbreiten Sie diese Wahrheit so schnell wie möglich!

Das Recht auf Freiheit erlischt weltweit! Sie wissen nun, wer die Verantwortlichen sind. Es mag noch nicht zu spät sein, Schlüsselpersonen, die sie aufhalten können, darüber zu unterrichten. Und Sie, die Sie dieses Video[13] sehen, sind einer der Funken, die in ländlichen Gegenden die Flammen der Entrüstung gegen diese Leute entzünden können. Möglicherweise wird die Gesellschaft einige Schritte auf den Stufen der Leiter herabsteigen müssen.

Auf Wiedersehen und Gott schütze Sie!

Tonbandaufnahmen vom Vierten World Wilderness Congress 1987

Vorab kündigt Michael Sweatman Maurice Strong als nächsten Sprecher des folgenden Beitrags an:

Maurice Strong

„Vielen Dank, und Sie haben bereits möglicherweise zu viel von mir gehört. So denke ich an den Punkt, an dem wir Sie alle von Ihnen in den nächsten Schritt dieser Konferenz einbinden wollen, der tatsächlich den Griff nach den grundsätzlichen, aktionsorientierten Aspekten und der eines der bedeutsamsten Themen darstellt, die hier für ihre Überlegungen geöffnet sind – das Umweltschutz-Kredit-Programm, welches wir heute Morgen erwähnten.

Glücklicherweise ist unser Vorsitzender, von dem dieses wirklich sehr bedeutsame Konzept stammt, persönlich anwesend. Er… ist einer der Treuhänder der ‚International Wilderness Foundation' (Internationale Wildnis Stiftung), die diese Konferenz finanziert hat. Er hielt schon die erste dieser Konferenzen ab. Daher war seine Umsetzung der Beziehung zwischen Umweltschutz und wirtschaftlicher Entwicklung… zukunftsweisend. Er arbeitet an vielen Wehren.

Er ist – wissen Sie, ich bin ja selbst gewohnt, ein Teil des Geschäfts mit der Elektrizitätsgewinnung aus Wasserkraft zu sein – und die Vielfalt der Entwicklungen der Energiegewinnung, die wir gesehen haben, entstammen seinem frühen Vorgriff auf unsere diesbezüglichen Bedürfnisse sowie seiner Unterstützung und seinem unternehmerischen Umgang mit diesen Bedürfnissen. Es gibt also keine bessere Person, die diese positive Synthese von Ökologie auf der einen Seite und Ökonomie auf der anderen in seinem eigenen Leben vereint, und ich bin hocherfreut, die Gelegenheit zu haben, Ihnen Edmond de Rothschild vorzustellen!"[14]

Edmond de Rothschild

„Vielen Dank Maurice, für alles, was Sie über mich sagten, und ich möchte die Zuhörer bitten, all das, was er über mich gesagt hat, mit Vorsicht zu betrachten.
Ich möchte zu Beginn meiner kurzen Rede an Sie eine nuancierte Richtung geben. Sehen Sie, um die Ideale des World Wilderness Konzepts voranzubringen und zu vermeiden, dass dieses Konzept als reines Ideal erhalten bleibt, ist es von höchster Wichtigkeit, Mittel und Wege zu finden, es rational zu finden und zu bewerben. Es gibt diese Mittel und Wege, um dieses Konzept in die Tat umzusetzen, und wie einige Probleme hierbei zu überwinden oder zu minimieren sind, wurde von den Rednern dieses Kongresses gesagt. Es sind Umweltverschmutzung, die Vermeidung von saurem Regen und Mülldeponien.
Es gibt alternative Methoden, oder unschädliche, veränderte Methoden oder Energie, und sie sind verfügbar. Die alternative Nutzung von Wasserressourcen, ohne die Schädigung großer Landflächen oder der Umsiedlung von Menschen und Wildtieren. Nutzbare Wellenenergie, Solarenergie und Windparks, um nur einige zu nennen.
Um die abschreckenden Untergangsprognosen von Dr. E. Windsors Treibhauseffekt zu überwinden, wird es vielleicht möglich sein, CO_2, eine der Hauptursachen (des Klimawandels), zu verwenden, um Trockeneis herzustellen und die aktuellen Temperaturen der Polkappen und des Polareises zu erhalten.
Innovative, moderne Technologie wird den Abfall sammeln und vielleicht in vulkanischen Regionen verbrennen oder sehr tief in der Erde vergraben, in den Wüstengegenden der Wildnis der Erde, wie mitten in der Sahara oder dem leeren Viertel von Saudi Arabien oder in der Wüste Gobi. Aber all diese Ideen und Visionen, von denen einige weit hergeholt sind, und das ist vor allem die Überlegung dieses Kongresses, benötigen Geld.
Ein Anfang wurde durch die Gedanken und die Umsicht eines Mannes gemacht: Michael Sweatman. Zu seinen Ideen haben einige der Redner hier während der Denver Konferenz Lippenbekenntnisse abgelegt. Das jetzige Treffen über das Konzept eines internationalen Erhaltungs-

Banken-Programms umfasst alle Bereiche der menschlichen Gemeinschaft. Staatliche und internationale Behörden, die öffentlichen und privaten Behörden, große wohltätige Stiftungen ebenso wie gewöhnliche Menschen weltweit.
Michael Sweatman hat das Vorwort für dieses Konzept geschrieben. Seine endgültige Form wird zweifellos verändert werden, verkleinert oder vergrößert. Aber dieses Treffen muss diese Charta weiterbringen. Und mit der kollektiven Weisheit, die hier heute zur Verfügung steht, kann jene willkommen heißen, die ihre Gedanken in das öffentliche Denver Forum eingebracht haben, welche die Charta weiterentwickeln werden. Beim Weiterdenken ... rufen wir jede unternehmerische Organisation in aller Welt auf, ihren Blick auf einen Teil ihres Gewinns zu werfen, um unseren ökologischen Umweltschutz, hoffentlich steuerfrei, zu finanzieren.
Meine Damen und Herren, alle Länder haben ihre eigenen Probleme, ihre eingeborenen Völker und ihre wild lebenden Tiere. Diese internationale Erhaltungs-Bank darf keine Grenzen und Beschränkungen kennen. Ihre Gelder müssen konstruktiv genutzt werden und dürfen nicht in habgierige Hände fallen oder zu Vernichtungswaffen werden. Ich zögere, diese Bank mit dem Begriff „World Wilderness" zu verbinden, aber ich würde sie gerne mit unserem Überleben als menschliche Rasse verbinden. Diese, unsere Generation darf von unseren Nachkommen, falls wir welche haben, nicht als die der größten Zerstörer und Verschwender der Weltressourcen verflucht werden.

Der große Philosoph... Pierre Teilhard de Chardin schrieb, und ich zitiere: „*Der Mensch kann die Kraft des Windes, der Wellen und der Gezeiten nutzen, aber wenn er sich die Kraft der Liebe zunutze macht, wird es sein, als habe der Mensch zum zweiten Mal in der Weltgeschichte das Feuer entdeckt.*"

Michael Sweatman..., Ihre Liebe für das World-Wilderness-Konzept hat das nötige Feuer in Ihrem Herz entfacht, um den Samen für künftige Anforderungen an dieses Konzepts zu legen, und ich habe das große Vergnügen, Sie darum zu bitten, es voranzutreiben..."[14]

AGENDA 21 –
Eine Einführung in zehn Teilen *von Eileen DeRolf*

Kapitel 1: Einführung in die Agenda 21

Die Definition der Agenda 21: Ein kurzer geschichtlicher Abriss und die drei E

Was also ist die Agenda 21, die auch „Nachhaltige Entwicklung" genannt wird? Es IST KEINE Umweltbewegung. Es IST EINE politische Bewegung, die bemüht ist, die Weltwirtschaft zu kontrollieren, ihre Entwicklung zu diktieren und den Reichtum der Welt auf der nationalen, der bundesstaatlichen und der lokalen Ebene an sich zu reißen und umzuverteilen. Dieser Prozess verbietet die Nutzung von Grund und Boden sowie von Rohstoffen durch dessen Bewohner und plant eine zentralisierte Wirtschaft, während er die Wirtschaft, die Logistik, die Nahrungsmittelproduktion, die Wassergewinnung sowie das Wachstum, die Größe und den Lebensraum der Bevölkerung kontrolliert. Kurz gesagt ist die Agenda 21 eine von mehreren Plänen, die entworfen wurden, um eine Koalition aus Regierungen, Unternehmen und Nichtregierungsorganisationen (NGOs) unter der Schirmherrschaft der Vereinten Nationen (UN) zu bilden. Um die totale Kontrolle über sämtliche menschliche Aktivitäten und Güter der Welt zu erlangen, wird dieses System einer globalen Regierung über einen Verbund aus einem „Eine-Welt-Gericht", einer „Eine-Welt-Armee", „Eine-Welt-Medien" etc. alles kontrollieren.

Schwer zu glauben, dass sich so etwas Finsteres vor unseren Augen ereignen könnte. Jedoch ist es einfacher zu begreifen, wenn Sie lernen, wie die Agenda 21 seit vielen Jahrzehnten langsam aber stetig umgesetzt wird. Während der zweiten Hälfte des zwanzigsten Jahrhunderts haben die Mächte der Vereinten Nationen Dokumente und Verträge entworfen, die sie in die Lage versetzt haben, die Agenda 21 zu realisieren. Diese ersten Bemühungen führten 1992 auf dem United Nations Summit in Rio de Janeiro zur Verabschiedung von fünf Schlüssel-Dokumenten.

Diese fünf Dokumente enthalten:

- Die **Konvention zum Klimawandel**[15], der Vorläufer des später verabschiedeten Kyoto-Protokolls von 1997.

- Das zweite Dokument ist die **Biodiversitäts-Konvention**[16], die der Menschheit die Nutzung großflächiger Landgebiete verbot.

- Das dritte Dokument wurde als **Rio-Deklaration**[17] bezeichnet, welche die weltweite Beseitigung der Armut durch Umverteilung des Reichtums verlangte.

- Das vierte Dokument war die **Konvention über den Schutz des Waldes**[18] die, im Rahmen eines internationalen Forstmanagements besonders nach der Abschaffung der Holzindustrie oder ihrer massiven Einschränkung verlangte.

- Das fünfte Dokument war die **Agenda 21 für das 21. Jahrhundert**[19], die nun allgemein als *Agenda 21* bekannt ist.

Die Agenda 21 ist ein 300 Seiten starkes Dokument[20], das nahezu alle Aspekte menschlichen Lebens betrifft und sehr detailliert beschreibt, wie das Konzept der *Nachhaltigen Entwicklung* auf allen Regierungsebenen durchzusetzen ist. Die Agenda 21 ist das „Handbuch" für Nachhaltige Entwicklung. Es war beim Rio Summit, wo Präsident H. W. Bush, gemeinsam mit weiteren 171 Regierungschefs, seine Zustimmung zur Agenda 21 gab. Ein Jahr später unterzeichnete der neu gewählte Präsident Bill Clinton die Executive Order 12852[21], um einen Präsidentschafts-Rat für Nachhaltige Entwicklung zu gründen. Dieser Rat bestand aus 12 Ministern des Kabinetts. Sechs von ihnen gehörten den folgenden Organisationen an:

- Nature Conservancy (www.nature.org)
- The Sierra Club (www.sierraclub.org)
- World Resources Institute (www.wri.org)
- National Wildlife Federation (www.nwf.org)

Dieselben sog. Nicht-Regierungs-Organisationen (NGOs), welche die Agenda 21 zuvor direkt mit den Vereinten Nationen erarbeitet hatten, besaßen nun Schlüssel-Positionen, um die Agenda 21 in jede einzelne Bundesbehörde zu tragen. Das bedeutet, dass jede bundesstaatliche Behörde, wie Erziehungsbehörden, Sicherheitsbehörden und Naturschutzbehörden, gegenwärtig unsere Steuergelder dazu benutzt, um unsere Souveränität zu untergraben und uns Stück für Stück unserer Eigentumsrechte zu berauben.

Die Vereinten Nationen und die NGOs, die diese Aufgabe für die UN „bewältigen" waren sehr clever bei der Wahl der Mittel, mit denen sie die Bevölkerung der Welt und der USA dazu brachten, die Verträge über die Nachhaltige Entwicklung zu akzeptieren.

Zunächst schufen die Vereinten Nationen die **drei E** (social **e**gality, **e**conomic justice, and **e**nvironmental justice: **soziale, ökonomische** und **Ökologische Gerechtigkeit**.

Das folgende Diagramm erläutert das Dogma der Nachhaltigen Entwicklung:

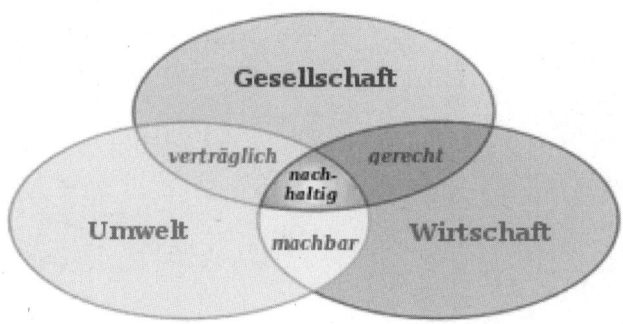

Abb. 4: Diagramm der Nachhaltigen Entwicklung

Bei der Auswahl der drei E verhielten sich die Erfinder der Nachhaltigkeit äußerst klug. Sie sehen, dass die Erfinder der Nachhaltigkeit sehr geschickt in der Auswahl positiv klingender Begriffe sind, die sich selbst zu erklären scheinen. „Soziale Gleichheit/Gerechtigkeit", „Ökonomische Gerechtigkeit" und „Ökologische Gerechtigkeit" sind drei Beispiele dafür. Die meisten Menschen, die diese Begriffe zum ersten Mal hören, denken, sie verstünden ihre Bedeutung und halten sie mit den ihnen beigefügten Worten wie „Gleichheit" und „Gerechtigkeit" wahrscheinlich für eine gute Sache. Die Wirklichkeit sieht aus verschiedenen Gründen jedoch anders aus.

Zum einen werden die Begriffe verschiedentlich verwendet. Manchmal wird für „Soziale Gleichheit" auch der Begriff „Soziale Gerechtigkeit" verwendet, und so verhält es sich auch mit den anderen beiden Begriffen. Das Austauschen der Bedeutung von Begriffen ist sehr verwirrend. Zum anderen ist es sehr anspruchsvoll, sich auf die allgemeingültige Definition eines Begriffes zu einigen. Von den dreien gibt es nur für den Begriff der „Sozialen Gleichheit/Gerechtigkeit" eine annähernd allgemeingültige Definition, und selbst dann werden Sie bei der Suche nach der Definition für den zitierten Begriff der „Ökonomischen Gerechtigkeit" finden, dass er den Beispielen für den Begriff der „Sozialen Gerechtigkeit" ähnlich klingt. Hierbei handelt es sich um Absicht. Der präzise Gebrauch von Worten erlaubt jedermann, ihre wahre Bedeutung zu verstehen. Die Agenda 21 bemüht sich um Täuschung. Je weniger der gewöhnliche Bürger weiß und versteht, umso besser ist es.

Wie also begreifen wir die tatsächlichen Bedeutungen der drei E? Indem wir das Pferd von hinten aufzäumen! Zunächst müssen wir Beispiele für die drei E finden. Bedenken wir dabei: *„Taten sagen mehr als Worte."*

Beispielsweise ist es – gemäß den Erfindern der Nachhaltigkeit – eine Form sozialer **Ungleichheit** wenn...

- ...sich eine Person nicht frei bewegen kann, um ihre Bedürfnisse zu befriedigen (sprich: sie erhält keinen Zugang zu Transportmitteln oder Grenzen verhindern die Einwanderung in ein anderes Land).
- ...eine Person keinen Zugang zu einer angemessenen Unterkunft erhält.
- ...eine Person keinen Zugang zu Qualitätsnahrung erhält.

Bei der Anwendung dieser Beispiele kann **Soziale Gleichheit** als das Recht und die Chance aller Menschen auf „Gleichstellung" bei der Nutzung der von Gesellschaft und Umwelt bereitgestellten Mitteln definiert werden.

Weil sie „Soziale Gerechtigkeit" schaffen, fällt es bei der Betrachtung dieser vier Beispiele nicht schwer zu erkennen, warum Massenverkehrsmittel, offene Grenzen, Obama Care, Unterkünfte für Geringverdiener, Essensmarken und Programme für kostenlose Mahlzeiten in den Schulen alle Teil der Gleichung für Nachhaltige Entwicklung sind.

Wirtschaftliche Ungerechtigkeit wiederum geschieht, wenn...

- ...das Geschlecht einer Person, ihre Volkszugehörigkeit, Religionszugehörigkeit oder eine Behinderung ihre Erfolgsaussichten am Arbeitsplatz einschränken.
- ...die wirtschaftlichen Verhältnisse einer Person diese vom Genuss höherer Bildung abhalten.
- ...die wirtschaftlichen Verhältnisse einer Person ihren beruflichen Aufstieg verhindern.
- ...wenn bestimmte Länder, durch ihren Reichtum an natürlichen Rohstoffen im Vergleich zu weniger begüterten Ländern gedeihen.

Bei der Verwendung dieser Beispiele kann „wirtschaftliche Gerechtigkeit" als die ebenbürtige Möglichkeit, von Individuen oder Ländern, Wohlstand zu erlangen definiert werden.

Auch hier sehen wir, wie Quoten am Arbeitsplatz, Stipendien für einkommensschwache Studenten und die Umverteilung des Reichtums von wohlhabenderen zu ärmeren Ländern, die manchmal durch unverblümte Schenkungen und manchmal durch Verträge und Übereinkünfte zum Nachteil der USA gereichen, Teil der sogenannten Nachhaltigen Entwicklung sind, weil sie „ökonomische Gerechtigkeit/Gleichheit" schaffen.

Beispiele für Vergehen an der Umwelt sind, wenn...

- ...der Mensch Luft, Boden oder Wasser verunreinigt.
- ...der Mensch Artensterben verursacht
- ...der Mensch Sumpfgebiete verfüllt.
- ...der Mensch, unabhängig von den aktuellen Behauptungen von Umweltschützern, eine Erwärmung des Klimas oder dessen Wandel verursacht.

Anhand dieser Beispiele fällt es nicht schwer, den Begriff der ökologischen Gerechtigkeit zu definieren. **Ökologische Gerechtigkeit** bedeutet, dass der Mensch für alle Leiden der Natur verantwortlich ist. Daher ist es konsequenterweise entscheidend, dass zum Schutz der Umwelt alle menschlichen Aktivitäten selbstverständlich von der Regierung streng überwacht werden.

Oder wie vom ***Club of Rome*** (dem führenden ökologischen Think Tank und Berater der Vereinten Nationen) bekundet...

„Der gewöhnliche Feind der Menschheit ist der Mensch. Auf der Suche nach einem neuen Feind entstand bei uns die Idee, dass die Umweltverschmutzung, die Bedrohung der globalen Erwärmung, Wasserman-

gel, Hunger und Ähnliches diese Anforderungen erfüllen. All diese Gefahren werden durch menschliche Eingriffe verursacht und können nur durch die Veränderung der Gesinnung und des Verhaltens überwunden werden. Der wirkliche Feind ist die Menschheit selbst."[22]

Seit die Amerikaner die Umwelt wertschätzen, erlaubt das den Erfindern der Nachhaltigkeit überdies die Amerikaner zum Schutz der Umwelt von der Notwendigkeit der Abgabe ihrer individuellen Rechte zu Gunsten der Gemeinschaft zu überzeugen.

Mit anderen Worten: Die drei E sind ein Weg, um sicher zu stellen, dass niemand mehr besitzt als irgendwer sonst (außer sie sind Mitglied der Elite), selbst wenn Sie klüger sind, härter gearbeitet haben, mehr Risiken eingegangen sind, alle richtigen Entscheidungen getroffen haben und zu Opfern bereit waren. Ihr eigentlicher Erfolg ist die soziale Ungerechtigkeit. Weiterhin: Gott mag dem Menschen die Herrschaft über die Erde gegeben haben, aber offenbar verspürt die große Regierung die Macht des Vetos über Gott zu besitzen.

Für Protagonisten der Nachhaltigkeit ist die Verordnung oder das Konzept einer nachhaltigen Entwicklung, der es auf einen Schlag gelingt, soziale Gleichheit sowie ökonomische und ökologische Gerechtigkeit herzustellen, die ideale Verordnung oder Strategie. Man sagt, dass eine solche Verordnung den dreifachen Gewinn erzielt (=Nachhaltigkeit).

Wenn wir das Diagramm der Agenda 21 betrachten (Abb. 4, Seite 51), sehen wir die drei überlappenden Kreise, einen für jedes der drei E. Die Fläche genau in der Mitte der drei Kreise, wo alle drei sich überlappen, repräsentiert den dreifachen Gewinn und repräsentiert somit „Nachhaltigkeit".

Es ist das „Vorsorgeprinzip"[23] („Prinzip 15" der Erklärung von Rio), das der Regierung erlaubt, die Umwelt als Hammer einzusetzen. Dieses Prinzip sagt, dass jede menschliche Aktivität, die den geringsten

Verdacht einer möglichen Umweltgefährdung vermuten lässt, gestoppt werden muss. Die *Keystone Pipeline*[24] ist hierfür ein perfektes Beispiel.

Sie halten das für ein Hirngespinst? Während Sie sicherlich recht haben, bedeutet das nicht, dass Millionen von Amerikanern nicht daran glauben oder die drei E nicht akzeptieren. Sie fragen, warum dann so viele Amerikaner die Nachhaltige Entwicklung einfach geschluckt haben? Wie Ihnen Lektion 2 zeigen wird, gelang dies durch Indoktrination, Verordnungen, Einschüchterung und der vollständigen Zerstörung unserer Kultur.

Es wird dringend empfohlen, die bereitgestellten Zusatzinformationen der ersten Lektion zu nutzen, bevor sie mit der Lektüre von Lektion 2 fortfahren.

Zusatzinformationen zu Kapitel 1

1. Schlüsselereignisse bei der Einführung der Agenda 21 / Nachhaltige Entwicklung

1974: Die Vereinten Nationen verabschieden die Erklärung „New International Economic Order", wonach Regierungen die Wirtschaft kontrollieren sollen.

1976: Auf der U.N. Conference on Human Settlements (Habitat I) wird beschlossen, dass Grund und Boden nicht durch Einzelpersonen kontrolliert werden darf. Grund und Boden repräsentiert Vermögen und es ist eine Form sozialer Ungerechtigkeit, wenn er sich im Besitz von Einzelpersonen befindet.

1987: Der Begriff „Nachhaltige Entwicklung" taucht zum ersten Mal in dem von der (auch als *Brundtland-Kommission* bekannten) Weltkommission für Umwelt und Entwicklung der Vereinten Nationen unter dem Titel „Unsere gemeinsame Zukunft" herausgegebenen Bericht auf. Diese Kommission legte den Grundstein für die Kontrolle der Weltwirtschaft und die Umverteilung des Reichtums.

1990: Die Gründung des Internationalen Rates für kommunale Umweltinitiativen (ICLEI), (auch bekannt unter dem Begriff „Kommunalregierungen für nachhaltige Entwicklung") auf dem Welt-Kongress für Kommunalregierungen für nachhaltige Entwicklung bei den Vereinten Nationen in New York.

1992: Bei der (auch als Rio-Umweltgipfel bekannten) Konferenz über Umwelt und Entwicklung der Vereinten Nationen in Rio de Janeiro wird die (später zu „Agenda 21" gekürzte) „Agenda für das 21. Jahrhundert", das Handbuch zur Einführung der Nachhaltigen Entwicklung, vorgestellt. Hier haben sie durch die Ratifizierung des UN-Vertrages über die biologische Vielfalt den aus ökonomischer und sozialer Gerechtigkeit bereits bestehenden Säulen, die dritte Säule hinzugefügt. Von nun an würde die Menschheit für alle Formen der Umweltzerstörung verantwortlich gemacht werden können. Auf ebendieser Konferenz der Vereinten Nationen werden noch drei weitere Abkommen ratifiziert:

- die Konvention über den Klimawandel (der Vorläufer des im Jahr 1997 verabschiedeten Kyoto-Protokolls)
- die Rio-Erklärung über Umwelt und Entwicklung
- die Konvention über den Schutz der Wälder

1993: Präsident Bill Clinton erlässt die Executive Order 12852, mit der der Präsidialrat für nachhaltige Entwicklung geschaffen wurde. Damit können die Ziele der Agenda 21 in allen Bundesbehörden umgesetzt werden.

1993: Präsident Clinton gründet das Amt für Umweltpolitik (Office of Environmental Policy), um eine angemessene Einbeziehung von Umweltbelangen in die Verwaltungspolitik sicherzustellen.

1996: Der Rat für nachhaltige Entwicklung des Präsidenten legt das Strategiepapier *„Sustainable America: A New Consensus for Prosperity, Opportunity, and a Healthy Environment"* (Nachhaltiges Amerika: Ein neuer Konsens für Wohlstand, Chancen und eine gesunde Umwelt) vor. Sein Ziel besteht darin, einen Konsens zwischen den vielen Gruppen zu schaffen, die versuchen, die Weltwirtschaft mit Hilfe der Agenda 21 zu übernehmen.

1997: Im Jahr 1997 ist die US-Bundesregierung im Besitz von 33% allen Landes in den Vereinigten Staaten, während die staatlichen und kommunalen Regierungen weitere 10% des Landes besitzen.

1997: Auf der Konferenz der Bürgermeister wird das Gemeinsame Zentrum für Nachhaltige Entwicklung gegründet.

2001: Die Vereinigung der Gouverneure der US-Bundesstaaten bekennt sich zur Unterstützung des Intelligenten Wachstums (Smart Growth)

2001: Beim UN-Gipfel in Johannesburg bestätigt Colin Powell den Beitritt der Vereinigten Staaten zur Agenda 21.

2011: Präsident Obama unterzeichnet die Executive Order 13575, mit der der Rat für den ländlichen Raum von ihm im Weißen Haus geschaffen wird. Diese Verfügung des Präsidenten verpflichtet jede Bundesbehörde in den Vereinigten Staaten, den gesamten Bedarf an Nahrungsmitteln, Fasern und Energie für alle nachhaltigen ländlichen Gemeinden in den Bundesstaaten zu überwachen, wovon 16% des Gebietes der Vereinigten Staaten betroffen sind.

2012: Präsident Obama unterzeichnet die Executive Order 13602, die dem Ministerium für Wohnungsbau und Stadtentwicklung die Befugnis erteilt, Vorschriften zur Durchsetzung der lokalen und regionalen Planung zu erlassen, welche die Bundesregierung als vorteilhaft für die fiskalische Verantwortung der USA erachtet.

2015: Am 27. September verabschiedet Präsident Obama die **Agenda 2030** für Nachhaltige Entwicklung, die von nun an die Agenda 21 für die nächsten 15 Jahre ablösen wird und den weiteren Weg bei der Umsetzung ihrer Ziele diktiert.

2. Die ethische Dimension der Nachhaltigkeit

Dieses Unterkapitel verweist die Leser auf die gleichnamige Lektion eines englischsprachigen Einführungskurses[25] im Fach Umweltethik am Markkula Center für angewandte Ethik der Santa Clara Universität in Kalifornien, in dem die Studenten davon überzeugen werden sollen, wie wichtig es angeblich ist, die drei E zu unterstützen.
So wichtig es ist, ihre Argumente zu kennen, so wichtig ist es auch, darüber nachzudenken. Laut dieser Lektion des oben genannten Hoch-

schulkurses lässt sich Nachhaltigkeit nur durch die Verwirklichung sozialer Gerechtigkeit erreichen, die von wohlhabenden Menschen und Ländern verlangt, ihren Reichtum an die ärmeren Menschen und Länder abgeben, was für sie selbst jedoch weniger Wohlstand zur Folge hat. Mit anderen Worten muss jedes Land der Welt den Sozialismus einführen. Der Sozialismus hat noch nie funktioniert, und die Leute, die ihn vorantreiben, glauben, dass er diesmal funktionieren kann. Das ist in der Tat sehr beängstigend. Wenn wir uns durch sämtliche Kapitel dieses Buches arbeiten, werden Sie außerdem feststellen, dass es bei dem Betrug mit der Agenda 21 nicht darum geht „unseren Nachbarn hier und im Ausland zu helfen", sondern vielmehr um totale Kontrolle und das wahrscheinlich hierdurch verursachte Leid.

Kapitel 2: Wie Amerika den Betrug durch die Agenda 21 kaufte

Wie amerikanische Staatsbürger, durch Indoktrination weich gespült, empfänglich werden für die Transformation einer freien Welt in die sozialistische Welt der Nachhaltigen Entwicklung

Wenn Sie an all die kommerzielle Werbung und Naturfilme im Fernsehen denken, haben Sie Werbung für die grüne Agenda gesehen. Denken Sie an all die Artikel unserer abhängigen Medien, welche die grüne Agenda vorantreiben, und selbst verschiedene Kirchen arbeiten mit den drei E (egality, ecology, economy).

Vergessen wir nicht die Schulen und Universitäten, deren Lehrpläne, in die die Ideen der Agenda 21 eingebettet sind, entworfen werden, um zum Schutz der Umwelt gute Weltbürger zu schaffen, die bereit sind ihre individuellen Grundrechte für das Gemeinwohl aufzugeben, um die Umwelt zu schützen. Wenn Sie all diese Strategien mit dem allzu großzügigen und vertrauensvollen Charakter der meisten Amerikaner verbinden und mit deren Desinteresse an Politik, verstehen Sie, warum das Regelwerk der Nachhaltigen Entwicklung, das auf der Oberfläche harmlos scheint, die Fasern des amerikanischen Denkens durchdrungen haben. Gewöhnliche Amerikaner denken, durch die Akzeptanz der Ideen der Nachhaltigen Entwicklung die Umwelt ihrer Nachkommen zu schützen. Sie begreifen nicht, dass die Protagonisten der Agenda 21 einen völlig anderen Standpunkt vertreten.

Maurice Strong (Vorsitzender des Earth Summit in Rio 1992) erklärte:

„Besteht nicht die einzige Hoffnung für den Planeten im Zusammenbruch der Industrienationen? Liegt es nicht in unserer Verantwortung, das herbeizuführen?"

Oder das Zitat von Judi Bari von *Earth First:*

„Wenn wir den Kapitalismus nicht stürzen, haben wir keine Chance, die Umwelt zu retten. Ich denke, dass eine ökologisch geprägte Gesellschaft unter dem Sozialismus möglich ist. Ich denke nicht, dass sie unter dem Kapitalismus möglich ist." [26]

Die Protagonisten der Agenda 21 mögen über die Umwelt besorgt sein oder nicht, jedoch stimmen sie alle darin überein, dass der Kapitalismus und der *Amerikanische Traum* zerstört werden muss. Meinen Sie wirklich, dass Durchschnittsamerikaner annehmen, mit der Zustimmung zu Richtlinien, die der Umwelt zu nutzen scheinen, ihrem eigenen Lebensstil und Wohlstand und dem ihrer Kinder zu schaden?

Sobald genügend Amerikaner indoktriniert sind, ist es für die Regierung viel einfacher, ebendiese Amerikaner dazu zu bringen, die schwere Last, die für die gänzliche Durchsetzung der Agenda 21 notwendig ist, auf sich zu nehmen. **Die abertausenden Regeln der Nachhaltigen Entwicklung sind der Beweis dafür, dass sich die Agenda 21 nicht freiwillig durchsetzen lässt.**

Die schriftlichen Regeln wurden 1993 eingeführt, als Präsident Clinton den Präsidialrat für Nachhaltige Entwicklung ins Leben rief. Durch die Empfehlungen dieses Rates wurde das Konzept der Nachhaltigen Entwicklung in jede einzelne Bundesbehörde getragen. Unglücklicherweise erstrecken sich die Bemühungen zu unserer Kontrolle weit über die Bundesregierung hinaus. Empfehlungen der Bundesregierung helfen dabei, die Politik der Nachhaltigen Entwicklung in die staatlichen und kommunalen Regierungsebenen zu bringen. Gegenwärtig setzt nahezu jede bundesstaatliche Regierung oder kommunale Verwaltung die Nachhaltige Entwicklung in irgendeiner Form um.

Die *Amortisation vom Flächennutzungsplan abweichender Liegenschaften* (eine baurechtliche Vorschrift) ist eine besonders bösartige Vorschrift. Wenn die Neuregelung für grünen Wohnraum auf alte Häuser angewendet wird (anstatt diese von ihr auszunehmen), sind die Eigentümer der älteren Häuser gezwungen, zu modernisieren, um den Vorschriften zu genügen. Solche Modernisierungen sind in der Lage, ein Haus, nach heutigem Sprachgebrauch, unter Wasser zu setzen. Allerdings besteht auch immer die Möglichkeit, dass der Hauseigentümer sich die Modernisierung nicht leisten kann. In diesem Fall kann das Haus konfisziert werden.

Und noch eine weitere erschreckende Verordnung kommt auf uns zu. Es ist die Abwasserverordnung, die Hausbesitzer dazu zwingt, Steuern auf die auf ihren Grundstücken gelegenen versiegelten Oberflächen zu entrichten. Diese Verordnung basiert auf der Idee, dass eine versiegelte Oberfläche, wie beispielsweise ein Dach oder eine betonierte Einfahrt, das Versickern von Regenwasser in den Boden verhindert. Durch die Anwendung des in Lektion 1 erwähnten Vorsorgeprinzips genügt schon die MÖGLICHKEIT der Entstehung von Umweltschäden durch nicht in den Boden gelangtes Wasser, für den Vorwand, eine Verordnung zu schaffen, die das verhindert.

Was die Situation noch verschlimmert, ist, dass es Aktivisten unter Richtern gibt, die mehr als gewillt sind, alle Herausforderungen dieser Verordnungen der Nachhaltigen Entwicklung zu unterstützen.

Des Weiteren sind unsere Verfassung, Kultur und Religion schon seit sehr langer Zeit unter Angriff geraten. Das ist kein Zufall! **Alles, was Amerikas moralisches Geflecht oder ihre Finanzen schwächt, wird zu ihrem Untergang und dem Fortschritt einer Einen-Welt-Regierung beitragen.**

Die Debatte über das im zweiten Verfassungszusatz garantierte Waffenbesitzrecht steht nicht über unserem Recht, uns selbst vor Personen oder einer Regierung, die uns schaden will, zu schützen. Religion und Kultur sind miteinander verschlungen. Schädigt man eine, sind beide betroffen.

Die Vereinigten Staaten sind das einzige Land, dessen Verfassung auf von Gott gegebenen Rechten basiert. Je weniger Menschen an Gott glauben, desto weniger Menschen werden die Wichtigkeit von Rechten begreifen, die von Gott gewährt werden, nicht jedoch von Menschen. Wenn wir unsere Rechte von Gott erhalten, kann nur Gott sie uns nehmen. Auch wenn die Religion von unserer Kultur getrennt wird – durch diesen weiteren Schlag auf unsere Verfassung wird kein moralischer Kompass mehr unseren Bürgern ein Wegweiser sein. Das macht es um so wahrscheinlicher, dass die Bürger die Richtungsweisung ihrer Regierung anvertrauen.

Beispielsweise setzten sich heutzutage viele Menschen härter für den Kampf zum Schutz bedrohter Tierarten ein als für den Schutz ungeborenen Lebens. Ein Beweis für die dahin gehende Indoktrination, den Wert von Tieren über den des menschlichen Lebens zu stellen, und sie wurden dazu konditioniert, die Führung einer Regierung zu akzeptieren, die, anstatt Konzepte zu entwerfen, welche ein intaktes Familienleben fördern, vehement für den Fluss von Spendengeldern an *Planned Parenthood* für Schwangerschaftsabbrüche kämpft.

Der Beweis, dass menschliches Leben einen geringen, wenn überhaupt einen Wert hat, ist dieses Zitat vom Co-Gründer von *Earth First*.

„*Unter Umweltexperten ist nach zwei oder drei Bier die Auffassung durchaus üblich, dass, wenn nur irgendeine Katastrophe die menschliche Rasse ausmerzen würde, andere Arten wieder eine Chance bekämen.*"

Addieren Sie hierzu Folgendes: Wenn die Bevölkerung in deren Schulen zu braven Weltbürgern erzogen wurde, die die Vielfältigkeit und das Gemeinwohl schätzen, anstatt zu Menschen, die Wert auf individuellen Rechte und den freien Markt legen, dann geht die Bevölkerung möglicherweise willentlich, und ohne mit der Wimper zu zucken, in eine sozialistische Eine-Welt-Regierung.

Sicherlich ist es ohne die Beseitigung von Grenzen unmöglich, eine Eine-Welt-Regierung zu errichten. Sie mögen sich fragen, ob die europäischen Länder nach der Bildung der Europäischen Union tatsächlich noch souverän sind? Am Ende teilen sie doch jetzt die gleiche Währung, haben die Freizügigkeit innerhalb der EU und teilen viele der selben Verordnungen und sozialistischen Konzepte.

Dann ist da der amerikanische Kontinent, wo Verträge wie das *Nordamerikanische Freihandelsabkommen* unsere äußerst offenen Grenzen und damit die Souveränität der Vereinigten Staaten bedrohen. Sie mögen sich fragen: Wenn Länder sich freiwillig mit anderen zusammenschließen, um ein übergreifendes Regierungsgebilde zu schaffen, wäre es dann nicht viel einfacher, diese Blöcke in einer Eine-Welt-Regierung zusammenzufassen?

Allerdings dürfen wir nicht vergessen, dass die US-Regierung geschaffen worden ist, um auf der kommunalen Ebene am stärksten zu sein. Bundesweite Konzepte führten zu verarmten kommunalen Verwaltungen. Dies macht die Kommunalen Verwaltungen durch die Gewährung großer Geldsummen bestechlich, Geldsummen nicht nur von der Bundes-, sondern auch von den Landesregierungen.

Regionalverwaltungen sprießen mit einer verblüffenden Geschwindigkeit aus dem Boden. Werden diese regionalen Verwaltungen mit ihren nicht gewählten Gremien – unter Verwendung unserer Steuergelder – möglicherweise mit der Zeit unseren Kommunal- und Bezirksregierungen die Souveränität entziehen, dabei unsere 250 Jahre alten politischen Strukturen untergraben, und es dementsprechend vereinfachen, die Vereinigten Staaten in ein Globales Regierungssystem zu manövrieren?

Sicherlich sind Sie der Meinung, dass wir ein starkes Land sind und den Verlust unserer kommunalen Kontrolle und unserer Souveränität niemals zulassen würden.

Ein Land verliert die Kontrolle über sein Geschick, wenn es die Kontrolle über seine Finanzen verliert! Wir werden, wie Griechenland, nach der Pfeife anderer tanzen müssen oder sogar über den finanziellen Abgrund gestoßen werden, wenn wir den Entzug dieser Kontrolle hinnehmen, und wir unsere Schulden bei anderen Ländern nicht zurückzahlen, unser starkes Militär nicht erhalten und unsere enormen Pensionsleistungen nicht bezahlen können. Ist es nicht vorstellbar, dass uns außenstehende Mächte zu einem Zusammenschluss mit ihnen drängen könnten? Oder vielleicht wird unser eigenes Volk in der Annahme, die Vereinten Nationen seien unser Freund, diese Lösung willentlich anstoßen.

So habe ich in dieser 2. Lektion versucht zu erklären, wie das amerikanische Volk dazu gebracht wurde, den Betrug – nichts anderes ist die Agenda 21 – zu kaufen, durch Indoktrination und Verordnungen sowie die weiter andauernden Zerstörung unseres Wertesystems, der Grenzen, der Wirtschaft und der Verfassung, mit dem ultimativen Ziel der Errichtung eines Globalen Regierungssystems, in dem jedes menschliche Verhalten und aller Wohlstand strikter Kontrolle unterliegt.

Im folgenden Kapitel erfahren wir, wie die Nachhaltige Entwicklung unseren Bürgern das Ackerland raubt. Oder, um den Bericht der Habitat Konferenz der Vereinten Nationen von 1976 zu zitieren:

„*Das private Eigentumsrecht ist auch ein Grundsatzinstrument der Anhäufung und Konzentration des Reichtums und trägt deshalb zu sozialer Ungerechtigkeit bei. Die öffentliche Kontrolle der Nutzung des Landes ist deshalb unentbehrlich.*"

Bitte lesen Sie, bevor Sie mit der Lektüre von Kapitel 3 fortfahren, das folgende Zusatzmaterial.

Zusatzinformationen zu Kapitel 2

1. Wie sie laut ihrer eigenen Worte die Menschheit betrachten

Wenn Sie begriffen haben, dass das eigentliche Ziel der Agenda 21 in der totalen Kontrolle aller Menschen und deren Aktivitäten durch eine kleine elitäre Gruppe besteht, dann müssen Sie sich (und andere) davon überzeugen, dass es Menschen gibt, die zu solcherlei Boshaftigkeiten fähig sind. Wenn Sie erst noch von deren Existenz überzeugt werden müssen, lesen Sie bitte einige der folgenden Zitate.

„Es geht nicht um die Wahrheit, sondern um das, was die Menschen für die Wahrheit halten."
Paul Watson – Mitbegründer von Greenpeace

„Wir müssen die Karte der Erderwärmung spielen. Selbst wenn die Theorie der globalen Erwärmung falsch ist, werden wir in der Wirtschafts- und Umweltpolitik das Richtige tun."
Timothy Wirth (Präsident der United Nations Foundation)

„Besteht nicht die einzige Hoffnung für den Planeten im Zusammenbruch der Industrienationen? Ist es nicht unsere Pflicht, diesen herbeizuführen?"
Maurice Strong (Vorsitzender des Umweltgipfels von 1992)

„Sollte ich wiedergeboren werden, wünschte ich, als Killer-Virus auf die Erde zurückzukehren, um die Menschheit zu reduzieren."
Prinz Phillip (von Großbritannien, Leiter des World Wildlife Fund)

„Um die Weltbevölkerung zu stabilisieren, müssen wir 350.000 Menschen täglich eliminieren."
Dr. Jacques Cousteau

„Globale Nachhaltigkeit erfordert das bewusste Streben nach Armut, die Reduzierung des Ressourcenverbrauchs und eine kontrollierte Sterblichkeitsrate."
Professor Maurice King

„Die menschliche Spezies ist nicht mehr Wert als Schnecken."
John Davis (Herausgeber des Earth First Journal)

„Das Aussterben des Homo Sapiens würde das Überleben von Millionen, wenn nicht gar Milliarden anderer Arten auf der Erde bedeuten. Das Aussterben der menschlichen Rasse wird jedes Problem auf der Erde lösen – sowohl soziale und als auch ökologische."
Ingrid Newkirk (Gründerin von PETA)

„Schwangerschaften sollten als Verbrechen gegen die Gesellschaft strafrechtlich verfolgt werden, es sei denn, die Eltern haben eine staatliche Lizenz. Alle potentiellen Eltern sollten verpflichtet werden, Chemikalien zur Verhütung zu verwenden, wobei die Regierung Gegenmittel an jene Bürger ausstellt, die für die Geburt von Kinder ausgewählt wurden."
David Brower (Sierra Club)

„Meine drei wichtigsten Ziele wären die Reduzierung der Menschheit auf weltweit etwa 100 Millionen Menschen sowie die Zerstörung der industriellen Infrastruktur und die Rückkehr der Wildnis mit ihrer ursprünglichen Artenvielfalt auf der ganzen Welt."
Dave Forman (Mitgründer von Earth First)

„Die einheimischen Ökosysteme und die kollektiven Bedürfnisse der nichtmenschlichen Spezies müssen Vorrang vor den Bedürfnissen und Wünschen der Menschen haben."
Reed Noss (einer der Erfinder des Wildland-Projekts)

„Das Ziel besteht jetzt in einer sozialistischen, umverteilenden Gesellschaft, die der richtige Verwalter der Natur und die einzige Hoffnung für die Gesellschaft ist."
David Brower (Gründer von Friends of the Earth)

„Komplexe Technologien jeglicher Art sind ein Angriff auf die Menschenwürde. Bei dem Gedanken daran, was wir damit anstellen könnten, wäre für uns nahezu katastrophal, wenn wir eine saubere, billige und reichlich vorhandene Energiequelle entdeckten."
Amory Lovins (Rocky Mountain Institute)

„Es muss eine umfassende Kampagne zur Entwicklung der Vereinigten Staaten gestartet werden. Entwicklung bedeutet, unser Wirtschaftssystem mit den Realitäten der Ökologie und der weltweiten Ressourcensituation in Einklang zu bringen." „Die Gesellschaft mit billiger, reichlich vorhandener Energie zu versorgen, ist das Schlimmste, was dem Planeten zustoßen kann."

Professor Paul Ehrlich (Professor für Bevölkerungsstudien
an der Stanford University)

2. Was sie laut ihrer eigenen Worten für uns planen

Hier finden Sie einige der ‚Schlagworte', die man benutzt, um uns unserer Rechte zu berauben: Intelligentes Wachstum, Wildlandprojekt, belastbare Städte, regionale Zukunftsprojekte, nachhaltige STAR-Communities (Netzwerk- und Bewertungssysteme für Nachhaltige Stadtentwicklung), grüne Arbeitsplätze, Bauvorschriften, „Going Green", alternative Energien, lokale Visionen, Vermittler, Regionalplanung, Denkmalschutz, Nutzungsrechte zur Erhaltung, Entwicklungsrechte, nachhaltige Landwirtschaft, umfassende Planung, Wachstumsmanagement, Konsens etc.

Im Folgenden finden sich wichtige Zitate, welche die im ersten Kapitel beschriebenen Punkte mit der Realität verbinden.

Sie übernehmen die Kontrolle über jeden einzelnen Menschen:
„Die Agenda 21 beabsichtige, einen Verhaltenscodex einzuführen, der für JEDEN Menschen weltweit verpflichtend ist ... sie fordert präzise Verhaltensänderungen ALLER Menschen ... Die erfolgreiche Umsetzung der Agenda 21 wird einer bisher nie dagewesenen und unbekannten, tiefgreifenden Neuorientierung ALLER Menschen bedürfen."[27]

Agenda 21: The Earth Summit Strategy to Save Our Planet
(Earthpress, 1993)

Sie werden jegliches Privateigentum zugunsten des Allgemeinwohls beschlagnahmen:
„Grund und Boden... kann nicht wie ein gewöhnlicher Vermögenswert behandelt werden, der von Einzelpersonen kontrolliert wird und dem Druck und der Ineffizienz des Marktes ausgesetzt ist. Auch ist privater Grundbesitz ein Hauptinstrument der Anhäufung und Konzentration von Reichtum und trägt daher zu sozialer Ungleichheit bei." (28)
The Local Agenda 21 Planning Guide, herausgegeben vom ICLEI, 1996

„Die Idee von Grundbesitz lehnen wir ab."
Peter Berle (vor der National Audubon Society)

Die Mittelschicht ist zu bequem und muss ebenfalls verarmen:
„Der derzeitige Lebensstil und die Konsumgewohnheiten der wohlhabenden Mittelschicht – mit hohen Fleischkonsum, Verbrauch von fossilen Brennstoffen, Haushaltsgeräten, Klimaanlagen zu Hause und am Arbeitsplatz und Vorstadtwohnungen – sind nicht nachhaltig."
Maurice Strong, Generalsekretär des UN-Umweltgipfels 1992

Sie werden uns unserer Freiheiten berauben:
„Die individuellen Rechte werden gegenüber dem Kollektiv in den Hintergrund treten müssen."
Harvey Ruvin, stellvertretender Vorsitzender des ICLEI[29]

Was ihrer Ansicht nach NICHT nachhaltig ist:
„...Skipisten, das Weiden von Viehs, das Pflügen des Bodens, der Bau von Zäunen, die Industrie, Einfamilienhäuser, gepflasterte und geteerte Straßen, Holzeinschlag, Dämme und Stauseen, der Bau von Stromleitungen und Wirtschaftssysteme, die der Umwelt keinen angemessenen Wert beimessen."
Laut UN-Biodiversitätsbericht

Unser Fortschritt im Vergleich mit anderen Ländern:

„Wir müssen dieses Land zu einem unsicheren und unwirtlichen Ort für die Kapitalisten und ihre Projekte machen – wir müssen die Straßen und die bestellten Äcker zurückerobern, den Bau von Dämmen stoppen, bestehende Dämme niederreißen, begradigte Flüsse entfesseln und in die Wildnis zurückkehren – es geht um Abermillionen Hektar gegenwärtig beackertes oder besiedeltes Land."

Dave Foreman (Earth First)

„Wenn wir den Kapitalismus nicht stürzen, haben wir keine Chance, die Welt ökologisch zu retten. Ich glaube, dass es möglich ist, eine ökologisch gesunde, sozialistische Gesellschaft zu erschaffen. Ich glaube nicht, dass dies im Kapitalismus möglich ist."

Judi Bari (Earth First)

„Unser unersättlicher Drang, tief unter der Erdoberfläche zu wühlen, ist eine vorsätzliche Ausdehnung unserer dysfunktionalen Zivilisation in die Natur."

Al Gore (aus Wege zum Gleichgewicht: Ein Marshallplan für die Erde)

„Die einzige Hoffnung für die Welt besteht darin, sicherzustellen, dass es keine weiteren Vereinigten Staaten gibt. Wir können nicht zulassen, dass andere Länder die gleiche Anzahl von Autos haben, den gleichen Grad an Industrialisierung, wie wir sie in den USA haben. Wir müssen diese Länder der Dritten Welt genau dort stoppen, wo sie sind."

Michael Oppenheimer (Environmental Defense Fund)

„Das Konzept der nationalen Souveränität ist unveränderlich, ja ein heiliges Prinzip der internationalen Beziehungen. Es ist ein Prinzip, das den neuen Imperativen globaler Umweltkooperationen nur langsam und widerwillig nachgeben wird."

UN Commission on Global Governance

„*Die Nationen treten faktisch Teile ihrer Souveränität an die internationale Gemeinschaft ab und beginnen mit der Schaffung eines neuen Systems der internationalen Umweltpolitik als Mittel zur Lösung ansonsten unbeherrschbarer Krisen.*"

Lester Brown (WorldWatchInstitute) [30]

Kapitel 3: Das Wildland-Projekt

Wie die Bürger aus dem ländlichen Raum verdrängt werden

> *„Land kann, wegen seiner einzigartigen Natur und der entscheidenden Rolle, das es bei der Besiedelung durch Menschen spielt, nicht als ein gewöhnlicher Vermögenswert behandelt werden, der von Personen kontrolliert wird und als Wertgegenstand dem Druck und der Ineffizienz des Marktes ausgesetzt ist. Auch ist privater Landbesitz ein Hauptinstrument bei der Anhäufung und Konzentration von Reichtum und trägt deshalb zu sozialer Ungerechtigkeit bei; ungehemmt, kann er ein Haupthindernis bei der Planung und Durchführung von Entwicklungsschemen werden. Soziale Gerechtigkeit, städtische Erneuerung und Entwicklung, die Bestimmung von angemessenem Wohnraum – und gesunde Lebensverhältnisse können für Menschen nur erreicht werden, wenn Land im Interesse der Gesellschaft als Ganzes verwendet wird."*

(aus der Präambel des Vancouver Action Plan und bestätigt auf der Habitat I: „Konferenz der Vereinten Nationen über menschliche Siedlungen" vom 31. Mai bis 11. Juni 1976)[31]

Dieses Zitat ist der schlüssige Beweis für die Absicht der Vereinten Nationen, Privateigentum weltweit abzuschaffen, um es für das „Gemeinwohl" zu verwenden. Der einzige Unterschied zu damals ist das Ausmaß, in welchem den Amerikanern das Land genommen wird und die Anzahl der Wege, die dies ermöglichen.

An vielen Schauplätzen, einschließlich aber nicht begrenzt auf kommunale staatliche und bundesstaatliche Verordnungen und Programme, werden die Eigentümer bäuerlichen Landbesitzes schrittweise ihrer Eigentumsrechte beraubt. Dies geschieht in Übereinstimmung mit dem Biodiversitäts-Konvention (Abkommen über Artenvielfalt), das eines von drei Abkommen ist, welche Amerika auf der Agenda 21 Konferenz in Rio de Janeiro 1992 untergeschoben worden sind.

Der Vertrag wird, trotz mangelnder Ratifizierung, von den Exekutivbehörden der Regierung durchgesetzt. Aus diesem Vertrag entstand das Wildland-Projekt (*The Wildlands Project*). Die Absicht des Wildland-Projekts ist es, die Kontrolle über mindestens 50% der ländlichen Gegenden zu erlangen, um sie dann in einen Zustand zurückzuführen, wie er vor der Besiedelung Amerikas bestand.

Die hier nicht vollständig aufgezählten Mittel, die benutzt werden, um Landeigentümer von ihrem Grund und Boden zu vertreiben, sind:

Landnahme...

- ...durch Verweigerung von Wasser- oder Weiderechten an Farmer und Rancher oder die Einschränkung der Benutzung von Herbiziden und Pestiziden, was in Folge deren Wettbewerbsfähigkeit einschränkt und das Land aus diesem Grund möglicherweise in die Hände der Regierung fällt.
- ...durch die Einrichtung von Nationalparks. Hierdurch entfällt nicht nur die Nutzung der Anbauflächen des Landes, es kann auch von der Nutzung der Rohstoffe im Boden oder die der Wälder für die Entwicklung ausgeschlossen werden.
- ...durch die Erweiterung der gesetzlichen Definition des Begriffes „Feuchtgebiet". Durch die Erklärung jedes Tröpfchens von Wasser oder von Pfützen zu Feuchtgebieten, kann die EPA (Umweltbehörde) die Entwicklung des Landes des umliegenden Gebietes verhindern. Das macht das Land wertlos und erleichtert seinen Erwerb durch verschiedene Entitäten, einschließlich der Regierung.
- ...wenn eine gefährdete Art innerhalb eines Waldes beheimatet ist. Dann werden große Gebiete um diese Gegend von der Entwicklung (Nutzung) ausgeschlossen, und wieder verliert das Land seinen Wert, was es der Regierung ermöglicht, das Land zu erwerben.
- ...über direkte Landnahme durch die übergeordnete Domäne.

- ...durch die Gründung von Road RIP, einer Nichtregierungsorganisation, deren einziger Zweck im Rückbau von Straßen und der Verhinderung des Neubaus von Straßen in Wildgebieten bestünde. Dann wären Menschen von Land, das ehemals über Straßen erreichbar war, ausgeschlossen.

- ...durch die Errichtung städtischer Grenzen, außerhalb derer die Entwicklung ausgeschlossen wird und keine Anlagen zur Erschließung bereitgestellt werden. Das wird den wirtschaftlichen Wert der um die Stadt befindlichen ländlichen Regionen vernichten. Bereits existierende, umfangreiche Landnutzungspläne und ihre Verordnungen schaffen ein solches Szenario.

- ...durch die Erklärung von Regionen zu Überschwemmungsgebieten durch die Regierung, was Hausbesitzer zwingt, ihre Häuser aufzugeben. Die Häuser werden dann abgerissen und die weitere Nutzung des Landes wird untersagt. Wenn das Land an einem Fluss liegt, macht die Regierung ein doppeltes Schnäppchen. Denn nicht nur die Nutzung des Landes ist untersagt, sondern die Regierung hat die totale Kontrolle über das kostenlose Wasser, das der Fluss mit sich führt.

- ...wenn eine Treuhandgesellschaft die privaten Eigentumsrechte einem Landbesitzer gegen dessen Versprechen abkauft, umweltfreundliche Maßnahmen zu ergreifen und ihm und seinen Nachkommen im Gegenzug das unbegrenzte Bleiberecht zusichert. Unglücklicherweise könnte der Treuhänder im Lauf der Zeit mehr und mehr Auflagen machen, die es dem Landbesitzer unmöglich machen, weiterhin seinen Lebensunterhalt von dem Land zu bestreiten. Mit all den Einschränkungen, denen der Boden nun unterläge, wäre möglicherweise nur die Regierung gewillt, ihn zu kaufen. Solche Vereinbarungen nennen sich „Naturschutz abhängiges Nutzungsrecht".

Präsident Obama hat den Niedergang des ländlichen Amerika mit der Executive Order 13575 weit vorangetrieben. Mit der Executive Order 13575, die 2011 unterzeichnet worden ist, wurde der Landwirtschaftsrat des Weißen Hauses, gegründet. Dieses Gremium beauftragt jede US-Bundesbehörde mit der Aufsicht über sämtlichen Bedarf an Nahrung, Fasern und Energie von allen ländlichen, zukunftsfähigen Gemeinden. In den Vereinigten Staaten sind 16% der Bevölkerung von dieser Executive Order betroffen.

Dies ist es wert, etwas Zeit für die Beschäftigung mit den grundlegenden Plänen derer aufzuwenden, welche die Nachhaltigkeits-Agenda vorantreiben, und welche Art der Nutzung sie für das aufgegebene Land vorsehen. Wenn ein sehr großes Gebiet – für gewöhnlich mindestens ca. 2023 ha – der Nutzung durch Menschen entzogen wird, kann dort eine Kernregion geschaffen werden. Dort wurden oder werden große Raubtiere, wie z.B. Wölfe, Pumas, Grizzlybären etc., wieder angesiedelt.

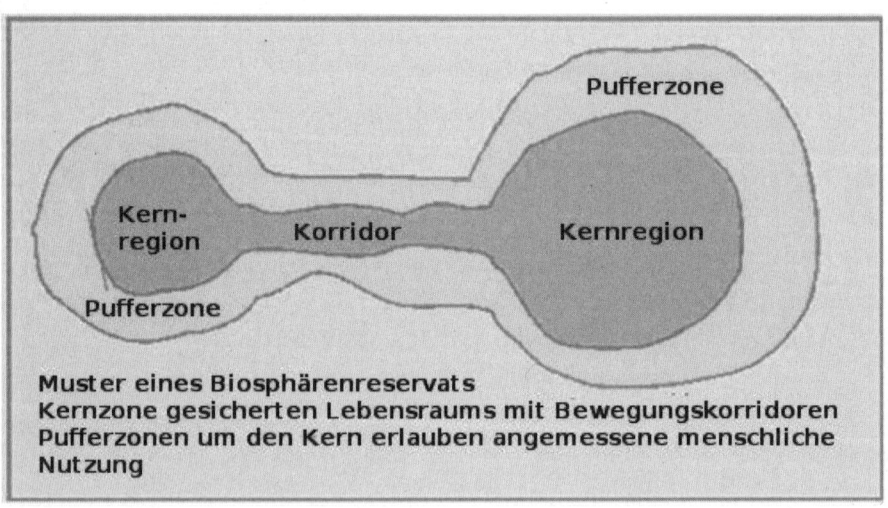

Abb. 5: Beispiel für ein Biosphärenreservat

Das menschenleere Land, das die Kernzonen verbindet, wird als „Korridor" bezeichnet. Das die Korridore und Kerne umgebene Gebiet nennt sich Pufferzone, wo...

„ausschließlich mit dem Schutz der Kernzonen und Korridore zu vereinbarende menschliche Aktivität gestattet wäre."

(aus der Erklärung der Betreiber des Wildland-Projekts) [32]

Wenn sich die Population der Raubtiere vergrößert, könnte es notwendig werden, die Kernzonen zu vergrößern und damit, um den nötigen Abstand von den Raubtieren zu erhalten, konsequenterweise auch die Pufferzonen. Dieser Prozess des Rückzugs der menschlichen Bevölkerung, in der Absicht Lebensraum für Wildtiere zu schaffen, nennt sich Wildland-Projekt.

Die Planung des Rückzugs der Menschen in der Absicht, Kernzonen, Korridore und Pufferzonen zu schaffen, begann in den Vereinigten Staaten vor einigen Jahrzehnten. Wir wissen das, weil der US-Senat 1994 die Ratifizierung der Biodiversitäts-Konvention festgelegt hat. Während dieses Jahres hat Dr. Michael Coffman die Hauptstadt mit E-Mails und Anrufen überflutet, und vor der Ratifizierung des Biodiversitäts-Abkommens zeigte Dr. Coffman seinem Senator eine Kopie der Biodiversitäts-Karte, welcher sie an den Senat weiterleitete. Die Mehrheit im Senat nahm den Vertrag daraufhin aus dem Kalender und er wurde niemals unterzeichnet. Wer sagt, dass eine Person nichts verändern kann?!

Anmerkung für die deutsche Übersetzung:

Die folgende Grafik zeigt die Karte, die der US-Senat verwendete, um die Ratifizierung der Biodiversitäts-Konvention zu verhindern. Da dieses Buch Schwarz/Weiß gedruckt ist, sind die unterschiedlichen Farben hier nicht erkennbar. Bitte schauen Sie sich bitte die farbige Karte im Internet an[33]:

https://giftamhimmel.de/wp-content/uploads/2020/01/Biodiversity-Map.1-1024x743.jpg

Die **roten** Bereiche zeigen die Kernzonen und Korridore, die von der menschlichen Nutzung weitgehend ausgeschlossen sind.

Die **gelben** Bereiche geben die Pufferzonen mit hoch eingeschränkter Nutzung durch Menschen wieder.

Die **orangene** Zone kennzeichnet einen 200 Meilen breiten „internationalen Bereich der Zusammenarbeit" gemäß des „Border21/La Plaz Sidebar Agreement" aus dem nordamerikanischen Freihandelsabkommen (NAFTA).

Die **hellblauen** Flächen waren für die normale menschliche Nutzung vorgesehen.

Die **violetten** Regionen waren für Reservate der indigenen Bevölkerung bestimmt.

Militärische Reservate waren **hellgrau** dargestellt.

Abb. 6: Nachbildung des Reservat- und Korridorsystems zum Schutz der Artenvielfalt

Es ist nun 20 Jahre her, dass die Biodiversitäts-Karte der Öffentlichkeit zum ersten Mal vorgestellt wurde. Seitdem waren die Jünger der Nachhaltigkeit sehr damit beschäftigt, Mittel und Wege zu finden, um die nicht ratifizierte Biodiversitäts-Konvention am Kongress vorbei durchzusetzen und das Wildland-Projekt weiterzuführen. Wenn Sie eine möglicherweise neue Version der Wildland-Karte sehen möchten, geben Sie „America 2050-megaregions" in Ihre Suchmaschine ein, und werfen Sie einen Blick auf die vielleicht aktualisierte Form von „Michael Coffmans Karte aus dem Jahr 1994".

Abb. 7: Korridore für die Wildtierwanderung

Diese Art des Landerwerbs geschieht weltweit, um die Welt auf die von Al Gore so bezeichnete „reißende Transformation der Gesellschaft" vorzubereiten, oder klarer von John Davis, Redakteur des *Wild Earth Magazine*, formuliert...

„Bedeutet das Vorausgegangene, dass Wild Earth und das Wildland-Projekt für das Ende der industriellen Zivilisation eintreten? Ganz bestimmt!"

Kurz gefasst: Seit der Gründung dieses Landes hat sich gezeigt, dass der Mensch ohne die Möglichkeit, Eigentum zu besitzen, nicht frei sein kann.

George Washington hat gesagt: *„Eigentumsrechte und Freiheit sind untrennbar miteinander verbunden."*

Und John Adams war der Meinung: *„Eigentum muss sicher sein, oder Freiheit kann nicht bestehen."*

Die Befürworter der Agenda 21 der Vereinten Nationen wissen sehr wohl, dass Landbesitz denen Wohlstand und Sicherheit bietet, die ihn kontrollieren. Eine Regierung, die ihren Bürgern den Besitz von Land verweigert, reduziert deren Bürgerrechte bewusst auf ein wenig mehr als die von Leibeigenen, die zur Erfüllung ihrer notwendigsten Bedürfnisse von ihrer Regierung abhängig sind.

Vergessen Sie nie, dass die Agenda 21 keine Umweltbewegung ist. Sie ist eine politische Bewegung, die geschaffen wurde, um das gesamte menschliche Verhalten zu kontrollieren, und nur durch die Beseitigung unseres Eigentums kann die Agenda 21 erfolgreich sein.

In der nachfolgenden Lektion werden Sie erfahren, was mit den von ihrem Grund und Boden vertriebenen Menschen geschehen soll und wie die Regierung die Wahl ihres Wohnorts, ihre Lebensbedürfnisse, die Größe ihrer Wohnungen, ihren Energieverbrauch, die Anzahl ihrer Kinder nahezu alle Aspekte ihres Lebens kontrollieren wird.

Allerdings sei Ihnen, bevor Sie mit dem nächsten Kapitel fortfahren, die Lektüre des Zusatzmaterials dieses Kapitels empfohlen. Dies erhalten Sie durch den Besuch folgender Internetseiten:

- **Wölfe in unseren Gärten**
  (https://giftamhimmel.de/woelfe-in-unseren-gaerten)
- **Naturschutzgebiete: Das Hauptinstrument der Regierung zur Aneignung ländlichen Raums**
  (https://giftamhimmel.de/naturschutzgebiete-das-hauptinstrument-der-regierung-zur-aneignung-laendlichen-raums)
- **Ist der „Rat des Weißen Hauses über den ländlichen Raum" identisch mit der Agenda 21?**
  (https://giftamhimmel.de/agenda-21-lektion-3-das-wildland-projekt/)
- **Biodiversitäts-Karte**
  (https://giftamhimmel.de/wp-content/uploads/2020/01/Biodiversity-Map.1-1024x743.jpg)

Zusatzinformationen zu Kapitel 3

1. Der Vancouver Aktionsplan

Die folgenden Informationen stammen aus einer der VIELEN Konferenzen, welche die Vereinten Nationen in den letzten 40 Jahren abgehalten haben, um Pläne zur Erlangung sämtlicher Ressourcen der Erde zu formulieren. Die Sprache in der Präambel verdeutlicht klar, dass dem amerikanischen Volk die privaten Eigentumsrechte entzogen werden müssen, wenn die Agenda 21 umgesetzt werden soll, und dass dies allein durch die Regierung geschehen darf.

Der Vancouver Aktionsplan

[Das gesamte Dokument enthält] 64 Empfehlungen für staatliche Maßnahmen
Genehmigt bei der Habitat: 1. Konferenz der Vereinten Nationen über menschliche Siedlungen (Weltsiedlungskonferenz) vom 31. Mai bis 11. Juni 1976 im kanadischen Vancouver.
Vorschläge aus dem Vancouver Aktionsplan zum Umgang mit Grundbesitz

Präambel

1. Aufgrund ihrer einzigartigen Natur und ihrer entscheidenden Bedeutung für menschliche Siedlungen können Grund und Boden nicht als gewöhnliche Vermögenswerte betrachtet werden, die von Einzelnen kontrolliert und dem Druck sowie der Effizienz des Marktes ausgesetzt sind. Da privater Landbesitz auch ein Hauptinstrument für die Akkumulation und Konzentration von Reichtum ist, trägt er zu sozialer Ungleichheit bei. Mangelnde Kontrolle kann ihn zu einem großen Hindernis bei der Planung und Umsetzung von Entwicklungsvorhaben werden lassen. Soziale Gerechtigkeit, Stadterneuerung und -entwicklung sowie die Bereitstellung menschenwürdigen Wohnraums und gesunder Lebensbedingungen können nur durch die gesamtgesellschaftliche Nutzung von Grund und Boden erreicht werden.

2. Stattdessen sollte das Modell der Grund- und Bodennutzung durch die langfristigen Interessen der Gemeinschaft bestimmt werden, zumal insbesondere die Standortwahl und damit die spezifische Landnutzung einen langfristigen Einfluss auf das Muster und die Struktur menschlicher Siedlungen hat. Auch ist Grund und Boden das Hauptelement sowohl der natürlichen als auch der vom Menschen geprägten Umwelt und wesentliches Bindeglied in einem oft empfindlichen Gleichgewicht. Die öffentliche Kontrolle der Grund- und Bodennutzung ist daher für deren Schutz als Vermögenswerte und für das Erreichen der langfristigen Ziele der menschlichen Siedlungspolitik und -strategien unerlässlich.

3. Um eine solche Kontrolle wirksam durchführen zu können, benötigen die Behörden detaillierte Kenntnisse über die derzeitigen Nutzungs- und Besitzverhältnisse sowie geeignete Gesetze zum Abstecken der Grenzen zwischen individuellen Rechten öffentlichem Interesse und geeignete Instrumente zur Bemessung des Wertes des, unter anderem, durch Besteuerung an die Gemeinschaft übertragenen Grund und Bodens und zur Übertragung an die Gemeinschaft sowie des unverdienten Zuwachses, der sich aus einer Nutzungsänderung oder aus öffentlichen Investitionen oder Entscheidungen oder aus dem generellen Wachstum der Gemeinschaft ergibt.

4. Vor allem müssen die Regierungen den politischen Willen haben, eine innovative und angemessene städtische und ländliche Bodenpolitik zu entwickeln und umzusetzen, die einen Eckpfeiler ihrer Bemühungen um die Verbesserung der Lebensqualität in menschlichen Siedlungen darstellt.

2. US-Landwirtschaftsminister bestätigt Agenda 21: „ländlicher Raum verliert zunehmend an Bedeutung"

Am 9. September 2011 hat Präsident Obama die Executive Order 13575 unterzeichnet, in der zu lesen ist:

Abschnitt 1. Politik. Sechzehn Prozent der amerikanischen Bevölkerung leben in ländlichen Gebieten. Starke, nachhaltige ländliche Gemeinden sind wichtig, um in Zukunft erfolgreich zu sein und die amerikanische Wettbewerbsfähigkeit in den kommenden Jahren zu sichern. Diese Gemeinschaften liefern unsere Lebensmittel, Fasern und Energie, schützen unsere natürlichen Ressourcen und sind für die Entwicklung von Wissenschaft und Innovation unerlässlich. Obwohl die ländlichen Gemeinden vor zahlreichen Herausforderungen stehen, stellen sie auch ein enormes wirtschaftliches Potential dar. Die Bundesregierung spielt bei der Erweiterung des Zugangs zu dem für das Wirtschaftswachstum notwendigen Kapital, der Förderung von Innovationen, der Verbesserung des Zugangs zu Gesundheitsversorgung und Bildung sowie bei der Ausweitung der Freizeitaktivitäten im Freien im öffentlichen Raum auszuweiten.

Hier springen insbesondere in der Agenda 21 verwendeten Schlüsselbegriffe, wie „Nachhaltigkeit" und die Kombination aus „Lebensmitteln, Fasern und Energie", ins Auge, die eine direkte Verbindung dieser Verordnung mit der Agenda 21 vermuten lassen.

Am 18. Juli 2012 verblüffte dann der damalige US-Landwirtschaftsminister Vilsack, nachdem die Demokraten einen Monat zuvor besonders im ländlichen Raum einen erheblichen Stimmenzuwachs erzielt hatten, mit einer Rede[34], in der er die zunehmende Bedeutungslosigkeit eben dieses ländlichen Raums in den Vereinigten Staaten betonte, der aufgrund der Verdrängung der traditionellen Landwirtschaft durch die Agroindustrie zunehmend unter Landflucht und der Verarmung der Bevölkerung leidet. Auch dies entspricht den im Wildland-Projekt der Agenda 21 angestrebten Zielen.

3. Wesentliches zum Wildland-Projekt

Die Landnahme für das Wildland-Projekt ist in den zwanzig Jahren seit seinem Beginn kontinuierlich vorangeschritten, jedoch hat sich die Geschwindigkeit dieser Entwicklung in den vergangenen 5 Jahren drastisch erhöht. Die anschließend folgende (englischsprachige) Serie auf den Seiten des *North Western Research Institute* nimmt den Leser mit auf eine Reise durch die vergangenen zwanzig Jahre und beschreibt die Entwicklung wesentlich detaillierter, als es in diesem 2. Kapitel dieser Unterrichtsreihe möglich gewesen wäre: The Wildlands Project 3.

4. Wölfe in unseren Gärten

[Anm: Hier verweist die Autorin auf einen diesbezüglichen englischsprachigen Artikel, der sich mit der diesbezüglichen Situation und Argumentation in den Vereinigten Staaten beschäftigt. Da jedoch auch in Europa, besonders die Folgen der Auswilderung von Wölfen, insbesondere bei Landwirten, seit einigen Jahren äußerst umstritten ist, stellt sich die Frage, ob und inwieweit diese Entwicklung auch hier mit dem Wildland-Projekt der Agenda 21 zusammenhängen.]

Beschäftigen Sie sich mit der Frage, inwiefern die Bundesregierung die Auswilderung großer Fleischfresser wie Bären, Wölfe und Pumas zur Rechtfertigung der Nutzungsänderung des ländlichen Raumes nutzt: *www.freedomadvocates.org/wolves-in-our-backyard/*

5. Naturschutzgebiete: Das Hauptinstrument der Regierung zur Aneignung ländlichen Raums

Dieser Artikel gibt Ihnen wertvolle Informationen über die möglichen Risiken des Verlusts ihres Grundbesitzes durch die Schaffung von Nationalparks. Der Artikel ist den Seiten 81-83 eines Buches mit dem Titel *Sustainable Development Manual* entnommen. Das Buch war Teil des Baukastens des American Policy Centers[35] zur Verhinderung der Agenda 21, wo es nach wie vor erworben werden kann.

Naturschutzgebiete: Das Hauptwerkzeug der Regierung zur Aneignung des ländlichen Raums

von Clarice Ryan

Die Regierung entwickelt mit großer Sorgfalt Strategien, um immer mehr Privateigentum, insbesondere große Teile von Ranch- und Farmland, unter die Kontrolle und den Besitz der Bundesregierung zu bringen. Die Naturschutzbehörde vermeidet es tunlichst, der Öffentlichkeit bewusst zu machen, wie wirkungsvoll Naturschutzmaßnahmen zur sozialistischen Umwandlung von Privateigentum in Staatsbesitz beitragen.

Besitzer von Grundeigentum sind sich der versteckten Motive und langfristigen Folgen langfristiger Verträge naiverweise nicht bewusst. Die lange Laufzeit verpflichtet sie und alle zukünftigen Erben und Eigentümer zur Hinnahme unvorhergesehener Komplikationen, Kosten und einer erzwungenen Partnerschaft. Sie mindert den Wert des Grundeigentums erheblich und schränkt sogar die Nutzungsrechte darüber stark ein. Wenn das so belastete Land entweder durch Verkauf oder Erbschaft den Eigentümer wechselt, bleiben die Nutzungsrechte mit dem diesbezüglichen Titel dauerhaft erhalten.

In der Zwischenzeit kann der Vertragspartner, in der Regel ein für die Kontrolle und die Einhaltung der Vertragsbestimmungen verantwortlicher Treuhänder, den Vertrag kündigen oder entscheiden, seine Anteile an eine andere qualifizierte Organisation zu veräußern. Wenn die Anteile aufgegeben werden, erhält das Naturschutzgebiet den Status von verwaistem Land und geht mitsamt allen Rechten und Ansprüchen in Staatsbesitz über.

Auch kann die Verwaltung der Nutzungsrechte an eine andere Bodentreuhandstelle, eine Regierungsbehörde, eine Nichtregierungsorganisation (NGO) oder einen der vielen, mittlerweile wohlhabenden Indianerstämme verkauft oder übertragen werden, die dies als eine Gelegenheit betrachten, wieder in den Besitz ihres historischen Stammesland zu gelangen. Der Landbesitzer hat kein Mitspracherecht bei der Frage, mit wem er es als Partner zu tun haben wird. Ein unzufriedener Landbesitzer kann sich für den Verkauf des gesamten Grundstücks entscheiden, aber da der Markt für flächenmäßig sehr große, mit Hypotheken belastete Landstücke begrenzt ist, sind die Regierung oder die Bodentreuhandstelle möglicherweise die einzigen interessierten Käufer.

In den meisten Staaten besteht die gesetzliche Regelung, dass der Vertrag über die Erhaltung der Nutzungsrechte aufgehoben wird, wenn der Inhaber der Nutzungsrechte auch das Eigentum an dem Land übernimmt. Ihm steht es dann frei, das Grundstück zu verkaufen oder einer produktiven, gewinnbringenden Nutzung zuzuführen, die sogar die Erschließung für dessen Bebauung einschließt. Dies widerspricht sicherlich der ursprünglichen Absicht des Eigentümers, der das Land ursprünglich in der Überzeugung unter Naturschutz gestellt hat, dass es für immer vor solchen Entwicklungen geschützt wäre. Offensichtlich funktioniert dieser „Schutz" jedoch nicht in beide Richtungen.

In Staaten, in denen der Nutzungsvertrag per Gesetz nicht auf diese Weise durch die Bodentreuhandstelle aufgelöst werden kann, wurde ein ausgeklügeltes, lukratives System entwickelt, bei dem die Bodentreuhandstelle als Vermittlerin eingesetzt wird, um den Verkauf großer Teile des Privateigentums an Regierungsbehörden auf indirektem Wege zu ermöglichen. Unterliegt der Grundbesitz seinem ursprünglichen Nutzungsrecht, wird das ursprüngliche Nutzungsrecht auf den Besitz angewendet, was eine äußerst geringe Grunderwerbsteuer zur Folge hat. Dann kauft die Bodentreuhandstelle das Vertragsgrundstück und verschiebt es an eine oder mehrere Bundesbehörden oder an den Staat, was für die Bodentreuhandstelle faktisch eine sehr profitable, bloße Papiertransaktion ist. Für die so zur Eigentümerin gewordenen Bundesregierung stellt die vertragliche Einschränkung keinerlei Limitierung dar, weil sie völlig im Einklang mit ihren Zielen steht, mehr privates Land anzukaufen, um es möglicherweise der Produktion und der bäuerlichen Bewirtschaftung zu entziehen und als neue Korridore für Wildnis und Wildtiere deklarieren zu können. Profitorientierter Holzanbau sowie Erdölförderung oder Beweidung werden ausgeschlossen.

Diese gesamte, von den Steuerzahlern finanzierte Transaktion verhindert alle produktiven Nutzungsmöglichkeiten und entzieht den Boden sowohl auf staatlicher als auch auf Bundesebene der Besteuerung. Für Ausgaben, die früher ausschließlich vom Grundstückseigentümer getragen wurden, wie Instandhaltung, Versicherung, Unkrautvernichtung und Brandschutz/Brandbekämpfung, ist nun die Bundesregierung zuständig. Mit der ständig zunehmenden Ausdehnung der im Besitz der Bundesregierung befindlichen Landfläche stehen teure Pflege und Instandhaltung sehr weit unten auf der Prioritätenliste, wobei die verfügbaren Mittel vorzugsweise für den weiteren Flächenerwerb verwendet werden. Kranke, von Unkraut befallene, überwucherte Böden erhöhen die Gefahr von Flächenbränden und stellen eine Gefahr für Privateigentum, die Gesundheit und Sicherheit der Bürger und auch für die Tierwelt dar.

Statistiken über den Umfang des unter Naturschutz stehenden Privateigentums sind der Öffentlichkeit praktisch und ganz bewusst nicht zugänglich. Anwälte, die sich auf das Treuhandrecht für Grund und Boden spezialisiert haben, wurden angewiesen, über die Anzahl und die Standorte der betroffenen Grundstücke „Stillschweigen zu bewahren". Sie räumen ein, dass es keine standardisierten Verfahren zur Erfassung und Datenerhebung gibt, die eine genaue Erhebung oder Kartierung auf Kreis- oder Staatsebene ermöglichen. Auch besteht nicht die Absicht, solche Informationen in leicht zugänglicher und einsehbarer Form zur Verfügung zu stellen.

Innerhalb von Gemeinden kann die rechtliche Unklarheit über den Wertverlust angrenzender Grundstücke, der die Steuerbemessungsgrundlage senken würde, schützen. Auch wenn die Kenntnis der Standorte von Naturschutzgebieten für die Planung und deren Einteilung bei der Erbringung von Dienstleistungen von wesentlicher Bedeutung ist, ist der Bedarf an solchen Dienstleistungen jedoch ohnehin geringer, da immer mehr Gebiete durch Naturschutzmaßnahmen für sie nicht mehr zugänglich sind.

Inzwischen sind Naturschutzgebiete auf Bundesebene zum wichtigsten Instrument für den trügerisch harmlosen Erwerb großer landwirtschaftlicher Flächen geworden. Zu diesem Zweck werden mehr Mittel bereitgestellt, während die Verkaufsstrategien perfektioniert und die Marketinganstrengungen verstärkt werden. Ahnungslose Gruppen von Viehzuchtbetreibern können davon überzeugt werden, ihren Besitz unter Schutzrechtserleichterungen zusammenzulegen, um ausgedehnte Landschaften und Korridore zu bilden, welche bereits unter Schutz stehende Weidelandflächen und große von der Bundesregierung verwaltete Flächen miteinander verbinden.

Umweltschützer, die sich für neue gefährdete Arten einsetzen, nutzen Bodentreuhandstiftungen, um Vorschriften für den Schutz von Wildtieren und die Ausweisung von Lebensräumen zu verwalten und durchzusetzen. Die Eigentümer bäuerlicher Betriebe werden von zahlreichen Bundesbehörden, die über landwirtschaftliche Betriebe und deren Berufspraktiken herrschen, eingeschränkt und in ihren Rechten verletzt, wodurch kleine Betriebe nach und nach verdrängt werden. Zunehmender finanzieller Stress treibt Landwirte und Viehzüchter in die Fänge von Bodentreuhandgesellschaften, die nur befristete, einmalige finanzielle Unterstützung und Steuererleichterungen anbieten, wobei sie sich kaum dessen bewusst sind, dass sie sich in Zukunft noch größeren finanziellen Schwierigkeiten ausgesetzt sehen werden, aus denen es bei fast unveräußerbarem Land kein Entrinnen geben wird.

Die Bundesgesetze des „Boden- und Wasserschutzprogramms" im Rahmen des Nachhaltigkeitskonzepts der Agenda 21 sind mit Bedacht entwickelt worden, um von auf diesen Bereich spezialisierten Juristen von Bodentreuhandstiftungen verwaltet und rechtlich durchgesetzt zu werden. Die diesbezüglichen Verträge sind ausnahmslos so verfasst, dass die betroffenen Grundbesitzer sämtliche mit deren Umsetzung verbundenen Kosten, einschließlich Anwalts- und Prozesskosten, tragen. Dies allein sollte auf Dauer schon eine abschreckende Wirkung auf die Unterzeichner eines solchen Dokumentes haben. Es bedeutet nämlich, dass jede Meinungsverschiedenheit bezüglich der vertragsgemäßen

Leistung des Landbesitzers vor Gericht gebracht werden kann. Andererseits bleiben mögliche Klagen gegen Ungerechtigkeiten der Behörden wahrscheinlich erfolglos, wobei wiederum alle Kosten von Ihnen, dem Kläger, übernommen werden. Sie werden es nicht immer mit dem zuvorkommenden, überzeugenden Verkäufer zu tun haben, der Ihnen das Gefühl gibt, „ach so edel" zu sein, wenn es darum geht, Ihr Land unter Naturschutz zu stellen. Und denken Sie daran, dass Sie dauerhafte Entscheidungen für alle künftigen Erben und Eigentümer treffen, bis in alle Ewigkeit. Der Vertrag, den Sie unterschreiben, ist eingebettet in legalisierten Beton.

Clarice Ryan ist Journalistin, Aktivistin und unabhängige, professionelle Forscherin aus Big Fork in Montana

6. Entspricht der „Rat des Weißen Hauses über den ländlichen Raum" der Agenda 21?

[Anm: Der unten verlinkte Artikel befasst sich mit den Umständen, unter denen der damalige Präsident Obama im Jahr 2011 diese hochbrisante Verordnung erlassen hat, und warum ihre Brisanz von kaum jemand dementsprechend wahrgenommen und der Verordnung aus diesem Grund keinen landesweiten Widerspruch erhält. Da es in Europa und im deutschsprachigen Raum genügend, auch aktuelle Beispiele für ähnlich verschleiernde Vorgehensweisen bei einer diesbezüglich restriktiven Gesetzgebung gibt, wird auf die Übersetzung des verlinkten Artikels verzichtet.]

Der unten verlinkte Artikel befasst sich mit Präsident Obamas Executive Order 13575, durch die ein „Rat des Weißen Hauses über den ländlichen Raum" geschaffen wird. Unbekümmert unterstreicht er sowohl viele der in Kapitel 1 und 2 behandelten Fragen als auch deren Antworten, wie beispielsweise den Eingriff aller Regierungsbehörden in das Leben der Bewohner des ländlichen Raums und das Potential jener Behörden bei der Erschaffung von Kontrollmechanismen zur Durchsetzung von sozialer und wirtschaftlicher Gleichheit sowie von Umweltge-

rechtigkeit durch seine Executive Order zur Kontrolle der Aktivitäten von Menschen in Amerikas ländlichen Räumen:
www.liveleak.com/view?i=916_1308694676

7. Biodiversitäts-Karte

Unter folgender Adresse finden Sie eine größere Version als die im Artikel gedruckte:

https://giftamhimmel.de/wp-content/uploads/2020/01/Biodiversity-Map.1-1024x743.jpg

Kapitel 4: Intelligentes Wachstum

Wie das Konzept des Intelligenten Wachstums dazu benutzt wird, um das Verhalten innerhalb „menschlicher Siedlungen" zu kontrollieren.

Eines der Ziele der Agenda 21 besteht darin, über 50% der Vereinigten Staaten (plus 10% in den Pufferzonen außerhalb der renaturierten Zonen) zu renaturieren. Notgedrungen wird dies die Bevölkerung aus den ländlichen Regionen in – um die Sprache der Agenda 21 zu benutzen – „menschliche Siedlungen" drängen. Einmal dort, kann das menschliche Verhalten, um Nachhaltigkeit zu erzeugen, besser beobachtet und kontrolliert werden.

Nachhaltigkeit ist, laut des UN-Berichts von 1987, eine *„Entwicklung, welche die heutigen Bedürfnisse erfüllt, ohne die Erfüllung der eigenen Bedürfnisse künftiger Generationen zu gefährden".*

Um es mit den Worten von Maurice Strong, dem Vorsitzenden des UN-Summit von 1992 in Rio de Janeiro (siehe Lektion 1) auszudrücken:

> *„Das Verbraucherverhalten der wohlhabenden Mittelschicht, hinsichtlich ihres hohen Fleischkonsums, des Ge- und Verbrauchs fossiler Brennstoffe, von Gerätschaften, der Benutzung von Klimaanlagen zu Hause und am Arbeitsplatz und des Vorstadtlebens, ist nicht nachhaltig."*

Mit anderen Worten: Um die Nachhaltige Entwicklung der Agenda 21 gänzlich umzusetzen, müssen die Amerikaner den *Amerikanischen Traum* aufgeben und eine Lebensweise schätzen, die ihnen von linksgerichteten Betreibern der Nachhaltigkeit untergeschoben wurde. Um Nachhaltigkeit in „menschlichen Siedlungen" zu erzeugen, werden Vorschriften und Verordnungen den Gebrauch aller Ressourcen, wie

Luft, Grund und Boden, Wasser, Energie und aller Bodenschätze, kontrollieren. Diese Vorschriften fassen sich unter dem Begriff „Intelligentes Wachstum" zusammen.

Die Regelungen des Intelligenten Wachstums gliedern sich grundlegend in drei Kategorien, die alle geschaffen wurden, um das menschliche Verhalten zu verändern:

1. **Vorschriften, die vom Besitz und Gebrauch von Automobilen abschrecken.**
2. **Vorschriften, die Ihren Kinderwunsch zu verhindern suchen.**
3. **Vorschriften, die Sie davon abhalten, Wasser, Land, Energie und Rohstoffe zu benutzen, egal ob es sich dabei um Toilettenpapier oder Werkzeuge für den Hausbau handelt.**

Hier einige der Möglichkeiten zur Kontrolle des Lebens und der Entwicklung in menschlichen Siedlungen: Beachten Sie, dass wir alle mehr oder weniger unter eine der oben erwähnten Kategorien fallen, und dass alle der folgenden Positionen bei einer Rationierung der Energie-Ressourcen betroffen wären.

- Die Errichtung von Stadtgrenzen und die Verhinderung der Entwicklung des Landes außerhalb dieser, ist die Taktik des Intelligenten Wachstums. Dies schafft eine Situation, in der Grund und Boden innerhalb der Stadt Vorrang hat, während das Land außerhalb dieser Grenzen wenig oder gar keinen Wert besitzt. Das wird einerseits zu einer Erhöhung der Grundstückspreise, der Grundsteuern und der Überbevölkerung und andererseits zur Verringerung der Wohnungsgrößen und der Kinderzahl führen. Kleinere Wohnungen und weniger Kinder werden auch den Energieverbrauch senken.

- Ein weiteres Konzept des Intelligenten Wachstums ist der Verzicht auf die Verbreiterung und Verlängerung von Schnellstraßen mit der Absicht, Verkehrsstauungen und ein unangenehmes

Fahrerlebnis zu erzeugen. Das Erlauben des Radfahrens auf so mangelhaften Schnellstraßen wird diesen Prozess vorantreiben.

- Der Erlass von Verordnungen zum Verbot des Baus von Garagen an Neubauten wird die Freude am Besitz von Autos einschränken und den Verkauf von Baumaterialien mindern.

- Die Installation von Smart Metern (funkgesteuerte, „intelligente" Stromzähler) ist eine besonders umstrittene Maßnahme des Intelligenten Wachstums. Smart Meter können den Stromverbrauch kontrollieren und/oder sind in der Lage, Haushaltsgeräte ferngesteuert abzuschalten, wenn der Energieanbieter entscheidet, dass der Energieverbrauch eines Konsumenten zu hoch ist. Ferner werden die Funkfrequenzen, die Smart Meter aussenden, mit einer Vielzahl von Gesundheitsproblemen in Verbindung gebracht.

- Die Einschränkung des Bergbaus, der Ölbohrungen, der Raffinierung und des Transports fossiler Brennstoffe wird die Kosten für Elektrizität, Benzin, Gas etc. in die Höhe treiben, was deren Einsparung durch die Verbraucher zur Folge haben wird.

- Verordnungen des Intelligenten Wachstums könnten sämtliche Haushaltsgeräte vom Markt entfernen, außer jenen, die radikal Energie oder Ressourcen wie Wasser oder Elektrizität einsparen. Jedermann ist mit den Wasser-sparenden Toilettenspülungen vertraut, die, während sie Wasser sparen könnten, häufig schlecht funktionieren.

Manchmal, wenn Verordnungen die gewünschte Veränderung nicht herbeiführen können, werden stattdessen Zuschüsse und Subventionen vergeben. Wenn die Regierung Veränderungen auf diese Weise steuert, bedeutet dies das Ende des freien Marktes. Ein Beispiel hierfür sind die Subventionen, mit der die Regierung die Entwicklung von alternativen Energien gefördert hat, während sie der Erdölindustrie lästige Verordnungen aufbürdet. An dem Punkt, an dem die Kosten für fossile Brennstoffe eine ausreichende Höhe erreichen und die Kosten für alternative

Energie sinken, werden die alternativen Energien konkurrenzfähig. Allerdings werden die zu diesem Zeitpunkt künstlich die in die Höhe getriebenen Energiekosten die Verbraucher zum Energiesparen zwingen. Andererseits werden hohe Energiekosten von den Protagonisten der Agenda 21 als positiv betrachtet, wie dieses Zitat von Amory Lovins vom *Rocky Mountain Institute*[36] zeigt:

„Die Entdeckung einer sauberen, preiswerten und umfangreichen Energiequelle wäre, hinsichtlich unseres Umgangs damit, für uns schon fast ein Desaster."

Richtlinien des Intelligenten Wachstums werden auch dazu verwendet, um neue Straßenbauprojekte zu entwerfen. Diese Projekte werden mit Zuschüssen der Bundesregierung, die manchmal über die Landesregierungen geschleust werden, finanziert. Eines dieser Projekte nennt sich *National Complete Streets Coalition*[37].

„Für die Errichtung von ‚Complete Streets' (ganzheitliche Straßen) müssen die Straßenbaubehörden ihre Haltung gegenüber kommunalen Straßen verändern. Mit der Annahme der Strategie von ‚National Complete Streets' weisen die Kommunen ihre Stadtplaner und Ingenieure zur Gestaltung und Errichtung des gesamten Verkehrswesens an, dem sie einen für alle sicheren Zugang gewährleisten, unabhängig von Alter, Leistungsvermögen und der Art des Transportmittels. Das bedeutet, dass jedes Verkehrsprojekt das Straßennetzwerk für Autofahrer, Pendler, Fußgänger und Radfahrer besser und sicherer, und ihre Stadt lebenswerter macht."

In diesem einen Abschnitt geben viele Dinge Grund zur Besorgnis. Zunächst fordert er, dass die Straßenbaubehörden ihre Einstellung zu kommunalen Straßen verändern MÜSSEN. Was allerdings passierte mit der Aufsicht durch kommunale Behörden? Was war geschehen? Es sind Subventionen geflossen! Die Bundesregierung benutzt unsere Steuergelder, um die Kommunalverwaltungen zu ködern, die Infrastruktur für künftige „menschliche Siedlungen" zu erbauen, in denen Laufen, Radfahren und Massen-Durchgangsverkehr die hauptsächlich genutzten Transportmöglichkeiten darstellen werden. Während Geh- und Radwege in dicht besiedelten Gebieten sinnvoll sein mögen, drängt „National Complete Streets" jedoch darauf, sie ebenso in ländlichen Regionen zu errichten. Die kommunale Verwaltung mag der Meinung sein, dass die Kosten für Bürgersteige und Fahrradwege nicht dem benötigten Zweck entsprechen, da jedoch die Zuschüsse zumeist für Straßenmerkmale vergeben werden, die in ländlichen Regionen unnötig sind, hat die Verwaltung ihre Souveränität im Gegenzug für zu schmale Straßen verkauft.

Um einen letzten Affront hinzuzufügen! Wenn Fahrradwege und Gehwege selbst in zu engen Straßen errichtet würden, wird die Gesamtbreite der Straße zunehmen und die Hausbesitzer entlang des Projekts verlören einen Teil ihrer Vorgärten. Dies kann sich wertmindernd auf ihr Eigentum auswirken.

Vorrats- und Heuspeicher, Holzspeicher und falsche Wahlen
Wenn das Betreten des Landes im Großteil der Vereinigten Staaten für Menschen verboten sein wird, wird es erforderlich sein, die Menschen darin einzuschränken, sich überlebenswichtige Dinge auf dem Land außerhalb der „menschlichen Siedlungen" zu beschaffen. Aber keine Sorge, die Betreiber der Nachhaltigkeit haben all das gut vorbereitet.

Stellen Sie sich eine Schießscheibe vor, das Schwarze in der Mitte mit drei aufeinanderfolgenden Ringen. Der innere Kreis stellt die von Menschen besiedelte Region dar. Der ihn umgebende Ring wird Vorratsspeicher genannt. Hier sollen alle Nahrungsmittel und Pflanzenfasern für die menschliche Siedlung angebaut werden, selbstverständlich mit strengstens geprüften und überwachten Methoden nachhaltiger Landwirtschaft. Der folgende Ring ist der Holzspeicher, wo umweltfreundliche menschliche Aktivitäten zugelassen sind. Dahinter befindet sich das renaturierte Land, einschließlich seiner Pufferzonen, Kernregionen und Korridore. Hier ist Menschen der Zutritt verboten. Von einer „menschlichen Siedlung" zur nächsten zu reisen, kann Geldstrafen nach sich ziehen, wie sie auch Menschen bezahlen werden, die bei der

Durchquerung von Landschaftsschutzgebieten irgendeinen Umweltschaden verursacht haben.

Der Verlust ländlicher Regionen für traditionelle Landwirtschaft, gekoppelt mit der Schaffung von dicht besiedelten „menschlichen Siedlungen" mit relativ kleinen, sie umgebenden landwirtschaftlichen Anbauflächen, könnte für eine solche Siedlung in Notzeiten tatsächlich zu einem Dilemma werden.

Eine Idee, die von den Befürwortern der Agenda 21 heftig vorangetrieben wird, um die traditionelle Landwirtschaft zu ersetzen, ist vertikale Landwirtschaft in mehrstöckigen Gewächshäusern. Als Vorwand dient der ganzjährige Anbau von Nahrungsmitteln, die von Krankheiten und Schädlingen isoliert wären, und in der Minderung von Transportkosten.

Bei unkritischer Untersuchung könnte man fragen, wie ein mehrstöckiges Gewächshaus gegen Schädlinge und Krankheiten immun sein kann, da jeder, der je eine Zimmerpflanze groß gezogen hat, weiß, dass Pflanzen selbst unter strengsten Hygienebedingungen von Milben befallen werden können. Auch mag man sich, da diese Technologie noch weit von der Produktion entfernt ist, fragen, ob nicht eine Menge Leute an Hunger sterben würden, wenn das Umschalten von traditioneller Landwirtschaft zu vertikaler Landwirtschaft nicht in einer schrittweisen, bedachten Art geschieht. Da allerdings die Bevölkerungsreduktion eines der Hauptziele der Befürworter der Agenda 21 ist, stellt sich die Frage, ob eine Situation, die zu Hungerkatastrophen führt, von ihnen nicht als Erfolg angesehen wird.

Und dann ist da noch die nie enden wollende Litanei über Treibhausgase. Lassen Sie uns einen Blick auf die folgenden Zitate werfen:

„Lebensmittel in Lebensmittelspeichern zu kaufen, kann als Mittel zum Angriff auf das moderne Nahrungsmittelsystem und seine Auswirkungen auf die Umwelt betrachtet werden.

Sie wurden beschrieben, als ein ‚Banner, unter dem Leute den Trends zu wirtschaftlicher Konzentration, der Schwächung der Gesellschaft und dem Zerfall der Umwelt im Bereich von Nahrungsmitteln und Landwirtschaft entgegentreten.'
Die landwirtschaftliche Produktion allein trägt zu 14% der anthropogenen (= von Menschen verursachten) Treibhausgasemissionen bei. Der Anteil der vom Nahrungsmittelsystem verursachten Treibhausgase trägt zum Aspekt des globalen Klimawandels bei. Den Möglichkeiten zur Energiereduktion durch effizientere Transportwege und Verhaltensmuster, speziell dem Vertrauen auf lokale Lebensmittelspeicher muss mehr Beachtung zukommen."

Christian J. Peters , 2008[38]

Erstens ist, wie üblich, einfach zu erkennen, dass die Umwelt – in diesem Fall die globale Erwärmung und der Klimawandel – als vermeintlicher Grund für die Umgestaltung des menschlichen Lebensstils herangezogen wird. Und doch bleibt abzuwarten, ob sich der Erdball wirklich erwärmt, und wenn dem so sei, ob die Menschheit für diese Erwärmung verantwortlich ist. Wenn man Zitate wie dieses von Timothy Wirth[39], dem ehemaligen Präsidenten der United Nations Foundation[40] betrachtet, entstehen hierüber große Zweifel.

„Wir müssen dieses Problem der globalen Erwärmung weiter vorantreiben. Selbst wenn die Theorie der globalen Erwärmung falsch ist, tun wir das Richtige hinsichtlich der Umwelt und der Umweltpolitik."

Der zweite Aspekt, welcher der Betrachtung wert ist, sind die drei E, Soziale Gleichheit, Ökonomische Gerechtigkeit und Ökologische Gerechtigkeit (social **e**gality, **e**conomic justice and **e**nvironmental justice), als Hintergrund für die Bemühungen zur Errichtung, von auf Lebensmittel-, Gewebe- und Holzspeichern beruhenden „menschlichen Siedlungen" als Modell für die gesamte Menschheit voranzutreiben.

Das ist das Social Engineering der Agenda 21, je nach Betrachtungsweise, von seiner besten oder schlechtesten Seite. Einfach gesagt schulen die Leute, die es betreiben (z.B. vom „Club of Rome"), uns Menschen, die wir ja sind, zu Laborratten um.

Zusammenfassend ist der Umweltschutz eine gute Sache, und wenn SIE BESCHLIEßEN, Ihre Lebensmittel in der Nähe Ihres Wohnorts zu besorgen, Dinge zu recyceln oder ein Sprit sparendes Auto zu fahren, ist das fein. Allerdings ist die Wahl, die hier angeboten wird, jedoch falsch! Es ist NICHT nötig, unsere Freiheit oder unseren Lebensstil aufzugeben und in menschliche Siedlungen gezwungen zu werden, um den Planeten zu schützen. Es gibt KEIN entweder oder. Wir sind in der Lage, unser Leben in Freiheit zu leben und dennoch den Planeten zu schützen.

Denken Sie IMMER daran, dass die Leute, die die Agenda 21 vorantreiben, ein Ziel im Blick haben. Das Ziel ist die KONTROLLE über die Menschen und die Ressourcen der Erde, welchem die Umwelt als Vorwand dient.

Die nun folgende Lektion 5 wird Ihnen erläutern, wie der enorme Reichtum des freien Marktes von etwas ersetzt werden wird, das sich Korporatismus oder auch Vetternwirtschaft nennt, und es der Bundesregierung erlauben wird, den Reichtum des Big Business zu ihrem eigenen Wohl zu nutzen und nicht zum Wohle des Volkes.

Erneut möchte ich anraten, das Zusatzmaterial zu Kapitel 4 zu lesen.

Zusatzinformationen zu Kapitel 4

1. Betrug durch Intelligentes Wachstum

Dieser Artikel wurde von (dem am 21. Juni 2017) Dr. Michael Coffman geschrieben – demselben Dr. Coffman, der dem Senat 1994 die Karte des Biodiversitäts-/Wildland-Projekts vorgelegt und damit die Ratifizierung des Biodiversitätsabkommens verhindert hat. Der Artikel erklärt, warum es weder für die Bürger der USA noch für die Umwelt gut ist, amerikanische Staatsbürger oder die Staatsbürger anderer Länder menschlichen Nutztierbatterien ähnlichen Lebensbedingungen auszusetzen. Daher der Titel: *„Betrug durch Intelligentes Wachstum."*

Betrug durch Intelligentes Wachstum

von Dr. Michael S. Coffman

15. Juli 2003, *NewsWithViews.com*

Jahrzehntelang hielten Stadtplaner an dem Mantra fest, dass die Zersiedelung die Umweltverschmutzung, die Wohnkosten, die Fahrzeiten zur Arbeit und zum Einkaufen, Stress und den zunehmenden Verbrauch von knappem Ackerland und Freiflächen erhöht. Die Stadtplanung zur Umsetzung dessen, was Al Gore als „Intelligentes Wachstum" bezeichnet, korrigiert angeblich diese Probleme und schafft mehr lebenswerten und preiswerten Wohnraum für alle. Es gibt jedoch unwiderlegbare Beweise dafür, dass die Stadtplanung genau die Alpträume erzeugt, die sie eigentlich beseitigen soll. Dabei beraubt sie die Stadtbewohner einer ihrer grundlegendsten bürgerlichen Freiheiten, nämlich des Eigentumsrechts.

Die Kontrolle der Landnutzung ist seit vielen Jahrzehnten ein Ziel der Sozialdemokraten. Laurence Rockefeller finanzierte die im Jahr 1972 erschienene Publikation *„THE USE OF LAND – A Citizens Policy Guide to Urban Growth"* („Die Landnutzung – ein bürgerpolitischer

Leitfaden für städtisches Wachstum) war ein wesentlicher Faktor bei dem Versuch, Anfang der 1970er-Jahre im Kongress mehrmals eine Regelung der Landnutzung zu erlassen. Der von William K. Reilly, dem späteren Direktor der EPA unter George Bush Sen., herausgegebene Bericht behauptete, dass die Planung einer weisen Form der Landnutzung das beste Instrument sei, um das Wachstum auf die Erreichung wirtschaftlicher Gleichheit und den Schutz der Umweltqualität auszurichten.

Nach dem fehlgeschlagenen Versuch, die dem Eigentumsrecht widerstrebenden Merkmale der Landnutzung anzuwenden, haben die Vereinten Nationen 1976 auf der Konferenz über menschliche Siedlungen (Habitat I) in Vancouver dieselbe Agenda beschlossen. So heißt es beispielsweise in der Präambel von Punkt 10 der Tagesordnung des Konferenzberichts: *„Die Bereitstellung menschenwürdiger Wohnungen und gesunder Lebensbedingungen für die Menschen kann nur erreicht werden, wenn Land im Interesse der gesamten Gesellschaft genutzt wird. Die öffentliche Kontrolle der Landnutzung ist daher unabdingbar..."*

Verfechter des Intelligenten Wachstums versuchen Land in einem natürlichen oder landwirtschaftlichen Zustand zu erhalten, indem sie Einzelpersonen dazu ermutigen, in dichter besiedelten Gemeinschaften zu leben, die kleinere Flächen pro Wohneinheit beanspruchen. Solche Gemeinschaften ermutigen die Bewohner auch dazu, sich für ihre Mobilität mehr auf Laufen oder den öffentlichen Nahverkehr als auf das Auto zu verlassen und vermischen Einzelhandels- und andere Geschäftsgebäude enger mit Wohneinheiten, um den erleichterten Zugang zu Arbeitsplätzen und Einkaufsmöglichkeiten zu fördern.

Die Landnutzungskontrolle kann aus naheliegenden Gründen oft zu einer Obsession für Planer werden. Um das Wachstum auf ihre aufgeklärte Art und Weise zu planen und zu kontrollieren, müssen die Regierungsbürokraten und Planungsbefürworter die Eigentumsrechte kontrollieren. Private Eigentumsrechte und intelligentes Wachstum schließen sich daher gegenseitig aus.

Eine solche Politik verwehrt den Amerikanern die Freiheit, dort zu leben, wo sie wollen. Sie müssen innerhalb der Grenzen des städtischen Wachstums leben. Die Entwickler müssen Freiräume rund um diese neuen Siedlungen schaffen. Amerikaner dürfen nicht in städtische Zentren umgebenden Grüngürteln leben. Sie dürfen nicht in der Nähe von ausgewiesenen, landschaftlich reizvollen Aussichtspunkten an Autobahnen oder in der Pufferzone eines als Kulturerbe ausgewiesenen oder hierfür vorgesehenen Flusses leben.

Bei den Verfechtern des Intelligenten Wachstums kann diese Besessenheit zu irrationalen Vorschlägen führen. Am 18. Juni 2001 beispielsweise definierte der Sierra Club die „effiziente Besiedelung" für Städte mit 500 Wohneinheiten pro Hektar. Anders ausgedrückt, müssten dann 500 Familien auf einer Grundfläche von Hektar leben, was einer Fläche von knapp 64 x 64 m entspricht! Dies würde ein 14-stöckiges Apartmentgebäude erfordern, in dem jedes Stockwerk 36 sehr kleine 92m²-Wohnungen (inklusive der Hausflure) beinhaltet! Eine Erhöhung der Wohnungsgröße auf 140 Quadratmeter würde ein 21-stöckiges Gebäude erfordern!

Nachdem Kritik laut wurde, weil eine solche Bevölkerungsdichte mehr als das Dreifache der dichtbesiedeltsten Gegenden in Manhattan und mehr als das Doppelte des dichtbesiedeltsten und verwahrlosesten Bezirks im indischen Bombay betrüge, korrigierte der Sierra Club seine Definition von städtischer Effizienz flugs auf 100 Wohneinheiten pro Hektar. Jedoch wären, um selbst dieses Ziel zu erreichen, laut der Heritage Foundation, Wohnverhältnisse erforderlich, welche der 2,4-fachen der Besiedelungsdichte in ganz Manhattan, der doppelten wie im Zentrum von Paris und der 10-fachen von San Francisco entsprächen. Die durchschnittliche Besiedelungsdichte in amerikanischen Vororten beträgt 1-3 Wohneinheiten pro Hektar.

Mindestens neunzehn der amerikanischen Bundesstaaten verfügen über staatliche Gesetze zur Wachstumssteuerung oder Task Forces zum Schutz von Agrarland und Freiflächen. Dutzende von Städten und

Landkreisen haben Grenzen für städtisches Wachstum festgelegt, um dessen Ausweitung einzudämmen und die Ausbreitung der Verstädterung auf abgelegene und ländliche Gebiete zu verhindern. Das Ministerium für Wohnungswesen und Stadtentwicklung (HUD) hat im Jahr 2002 einen Bericht mit dem Titel „*Growing Smart Legislative Guidebook: Model Statutes for Planning and the Management of Change*" teilfinanziert: Der Kongress erwägt die Verabschiedung eines Community Character Act (Verordnung über den Charakter von Gemeinden), der vorschlägt, die staatlichen und lokalen Bestrebungen einer Reform der Flächennutzungsplanung zu finanzieren, um sie besser in die Politik des Intelligenten Wachstums zu integrieren.

Das *Legislative Guidebook*[41] fordert die Verwendung von Bundesmitteln als Anreiz, um ein restriktiveres staatlich-regional-lokales Planungssystem zu erzwingen, das sowohl „vertikal als auch horizontal konsistent ist". Vertikale und horizontale Konsistenz bedeutet wiederum die totale Regierungskontrolle durch die Bundesregierung bis zu jeder Gemeinde in ganz Amerika. Ein Standard für alle. Dies steht im Einklang mit Abschnitt 4(c)(1)(D) des Community Character Act, der die Finanzierung und „Koordinierung von Landnutzungsplänen auf Bundes-, Staats-, Regional-, Stammes- und lokaler Ebene" fordert.

Die Wahnvorstellung über die Notwendigkeit, das Wachstum zu kontrollieren, ist ein ständiger Paukenschlag der Verfechter der Stadtplanung. Sie behaupten, dass Amerika sein Ackerland und seine Freiflächen rapide verliert. Dennoch stuft das US-Bureau of Census (die Statistikbehörde der Vereinigten Staaten) weniger als 5 Prozent der USA als erschlossen und weniger als 2,5 Prozent als urbanen Raum ein, wenn man die korrigierten Daten von 2002 zugrunde legt.

Selbst im dicht besiedelten Osten sind sowohl New York als auch Pennsylvania nur zu 10 Prozent erschlossen. In New Jersey, dem am umfangreichsten erschlossenen Bundesstaat, beträgt die erschlossene Fläche nur 30 Prozent. Zu allem Überfluss ist weniger als ein Viertel des Verlusts an Ackerland seit 1945 auf die Verstädterung zurückzuführen, und die Verlustrate ist seit den 1960er-Jahren sogar rückläufig.

Die Annahme, dass eine Siedlungsentwicklung mit geringer Bevölkerungsdichte mehr Umweltverschmutzung, mehr Verkehrsstaus und einen schnelleren Schwund natürlicher Ressourcen bedeutet, ist ebenso falsch. Auch falsch ist die Annahme, dass eine kompakte, dichtere Besiedelung diese Auswirkungen mildert. Die Erhöhung der Bevölkerungsdichte trägt wenig zur Abnahme von selbst verursachtem Smog bei. Städtische und vorstädtische Gebiete mit der geringsten Bevölkerungsdichte haben die geringsten Luftverschmutzungsprobleme.

Die Bevölkerungsdichte oder Kompaktheit hat auch wenig Beziehung zur Anzahl der motorisierten Pendler. Mehr als 75 Prozent der Pendler sind – selbst im Stadtgebiet – mit dem Auto unterwegs. Daher führt jede Planungsstrategie zur Erhöhung der Bevölkerungsdichte in der Regel zu mehr Verkehrsstaus und Verkehrsbehinderungen. Dies erhöht die Luftverschmutzung und führt möglicherweise dazu, dass mehr Gebiete die bundeseinheitlichen Luftgrenzwerte verfehlen. Dies wiederum erfordert noch restriktivere Vorschriften.

Portland, im Bundesstaat Oregon, das Musterbeispiel für Stadtplanung, hat seit den 1970er-Jahren die stringentesten Flächennutzungspläne der USA. Bei der Umsetzung seines Plans hat Portland den Bau von Autobahnen eingestellt und stattdessen zwei S-Bahnlinien eingerichtet, welche den Erwartungen nie gerecht geworden sind. Die Nutzung öffentlicher Verkehrsmittel ging zwischen 1980 und 1991 sogar um 20 Prozent zurück. Außerdem erlebte die Region Portland trotz der großen Härte, die denjenigen auferlegt wurde, die auf ihr Auto nicht verzichten wollten, von 1990 bis 1999 mit mehr als einer Million Menschen den größten Anstieg des KFZ-Verkehrs pro Kopf von allen urbanen Gebieten in den USA.

Dasselbe gilt für alternative Methoden des öffentlichen Nahverkehrs. Eine Fahrt mit der vorgeschlagenen Stadtbahnlinie, Third Street, in San

Francisco zum Beispiel würde 40,50 Dollar kosten, was Fahrtkosten von 18.225 Dollar pro Jahr und neuem Pendler entspricht. Die Heritage Foundation kommentierte das folgendermaßen:

„Für dasselbe Geld könnte jeder neue Pendler über die gesamte „Lebensdauer" des Bahnsystems einen neuen Pontiac Grand leasen und, zum durchschnittlichen Ticketpreis, mehr als 100.000 Flugmeilen jährlich per Flugzeug zurücklegen. Alternativ könnte man den Grand Am leasen und den Rest der jährlichen Subvention für die durchschnittliche Hypothekenzahlung an den teuersten Immobilienmärkten der Nation aufbringen."[42]

Auch bei der Bereitstellung von bezahlbarem Wohnraum hat die Stadtplanung kläglich versagt. In der Regel sind nicht nur die Baukosten und die Steuerbelastung in dicht besiedelten Gebieten höher, sondern auch die Umweltbelastung und die Lebenshaltungskosten. Die Heritage Foundation berichtete, dass die Erschwinglichkeit von Wohnraum in Portland (Prozentsatz der Haushalte, die sich ein Haus im mittleren Preissegment leisten können) zwischen 1991 und 2000 um 56 Prozent gesunken ist, was die größte Reduzierung aller größeren urbanen Gebiete der Nation darstellt! Die Wohneigentumsquote in Portland ist infolgedessen gesunken. Die Armen leiden natürlich am meisten unter dieser Art von gescheiterter Politik. Familien, die sich in Portland keine Einfamilienhäuser mehr leisten können, müssen in Mehrfamilienhäuser umziehen. In den Jahren von 1992 bis 1997 verdoppelte sich die Anzahl der für Mehrfamilienhäuser erteilten Baugenehmigungen von 25 Prozent auf 49 Prozent.

Auch kann die Errichtung von Flächennutzungszonen verheerende Auswirkungen auf die Bodenpreise haben. Eine im März 2002 vom *Harvard Institute of Economic Research* veröffentlichte Studie hat gezeigt, dass die Zoneneinteilung die Kosten der Grundstückspreise im urbanen Raum dramatisch erhöht. Wenn die behördliche Einteilung den Grundstückspreis nicht künstlich in die Höhe treibt, sind die Kosten von zusätzlichen 1.012 m² auf einem einzigen Grundstück ähnlich hoch wie die eines gleichgroßen separat und unabhängig bebaubaren Grundstücks. Diese Bedingung existiert im urbanen Kansas City. In San Francisco, Los Angeles, Anaheim, San Diego, New York City, Seattle und anderen ähnlichen Städten liegt der Unterschied zwischen den Kosten eines zusätzlichen Viertel-Morgens auf einem Grundstück und einem separaten bebaubaren Viertel-Acre-Grundstück jedoch bei Hunderttausenden von Dollar. „*In diesen Gebieten*", behauptet die Harvard-Studie, „*stammt der Wert eines Grundstücks nur zu einem kleinem Prozentsatz aus den hohen Grundstückspreisen. Der Rest ist Bauauflagen geschuldet*". Landnutzungsbeschränkungen waren die einzige Variable in der Untersuchung, die mit den enormen Kostensteigerungen korreliert hat.

Die aggressive Förderung der Strategie des Intelligenten Wachstums durch einige Medien und Politiker sowie eine grobe Falschdarstellung der Tatsachen durch viele Umweltschützer bedroht die Freiheit der Durchschnittsamerikaner, die für sie am besten geeigneten Wohnverhältnisse zu wählen. Obwohl die Verfechter des Intelligenten Wachstums die Kontrolle der Landnutzung als Mittel zur Bereitstellung von erschwinglichem Wohnraum befürworten, bestraften sie Familien mit niedrigem Einkommen, die sich niemals werden ein eigenes Haus leisten können, und verwehrt ihnen, den amerikanischen Traum zu leben. Nach Angaben der Heritage Foundation liegt die Wohneigentumsquote bei afro-amerikanischen und hispanischen Familien immer noch unter 50 Prozent, im Gegensatz zu der Eigentumsquote von fast 75 Prozent bei weißen Hauseigentümern. In dem sehr schicken Bezirk Fauquier County in Virginia, wo es strenge Wachstumsbeschränkungen und -begrenzungen beim Wohnungsbau gibt, ist die afroamerikanische Bevölkerung in den 1990er-Jahren sowohl relativ als auch absolut zurückgegangen.

Wie man es auch dreht und wendet, entpuppen sich Stadtplanung und intelligentes Wachstum als unverschämter Betrug, der den Menschen in ganz Amerika einen Alptraum beschert. Trotz überwältigender Beweise ihrer Wirkungslosigkeit, dass sie nicht funktioniert, hat sich diese irregeleitet Vision von einigen wenigen Akademikern und Umweltschützern bis hin zu den Medien sowie Staats- und Kommunalbeamten und hochrangigen Bundesbeamten aller Ideologien und Parteizugehörigkeiten verbreitet. Der andauernde Fortbestand dieser Überzeugungen, trotz aller gegenteiligen Tatsachen, ist ein Tribut an die Macht einer schicken Idee, die, so unlogisch sie in Praxis und erfahrungsgemäß auch sein mag, Eingriffe der Bundesregierung begünstigt.

Es ist an der Zeit, dass die Bush-Regierung alle Bundesmittel für sämtliche Programme streicht, die sich mit Intelligentem Wachstum oder Stadtplanung befassen. Diese Art der Zwangseinführung altruistischer Ideale funktioniert einfach nicht. Sie schadet sowohl der Umwelt als auch den Bürgern, denen sie eigentlich helfen sollten.

Dr. Michael Coffman hat sich nicht nur als Biologe und Forstwissenschaftler, sondern auch als Wissenschaftler sowie in der US-amerikanischen Papierindustrie, für die er viele Jahre gearbeitet hat und deren Sprecher er für einige Jahre war, einen Namen gemacht, und hat sich im Laufe seines Lebens, wohl insbesondere als Christ, dafür entschieden der Wahrheit zu dienen. Michael Coffman verstarb am 21. Juni 2017.

2. Star Communities

Abb. 8: Star Communities sind Musterstädte für die Umsetzung der Agenda 21

In ihren eigenen Worten:

„Star Communities sind Gemeinschaften, die bereit sind, dauerhaft in ein nationales Netzwerk-Erfolgsmanagementsystem eingebunden zu sein, das letztlich den Kommunalverwaltungen erlaubt, das Ergebnis ihrer Bemühungen um Nachhaltigkeit zu messen und zu bewerten [gut vergleichbar mit durch den Deutschen Nachhaltigkeitspreis ausgezeichneten Gemeinden und Projekten; A.d.Ü.]. *Dieses Netzwerk umfasst die sozialen, wirtschaftlichen und umweltbedingten Dimensionen der Gemeinschaft und beinhaltet ein Bewertungssystem, das kontinuierliche Verbesserungen und die Stärkung des Wettbewerbs vorantreibt. Es soll ein Online-System eingerichtet werden, welche die für das Erreichen der Nachhaltigkeitsziele erforderliche Information sammelt, organisiert und veröffentlicht."*

STAR ist ein vom Internationalen Rat für lokale Umweltinitiativen ICLEI USA gemeinsam mit Schlüsselpartnern, einschließlich des *US Green Building Council*, Programm des *Center for American Progress* und der *National League of Cities* (vergleichbar mit dem Deutschen Städtetag), entwickeltes Programm (siehe Seite 55 der Agenda 21 oder Kapitel 10 dieser Unterrichtsreihe).

Die Wirklichkeit:

Eine Star Community ist in Teilen eine Erfindung des ICLEI, einer Organisation, die direkt mit den Vereinten Nationen zusammenarbeitet. Eine Star Community ist eine Kommune, die der Bundesregierung erlaubt, den gesamten Ressourcenverbrauch (wie Wasser, Luft, Boden, Energie etc.) ihrer Bürger zu messen und zu kontrollieren.
Die Kontrolle kann regulatorischer Natur sein oder einfach in erhöhten Kosten der Versorgungseinrichtungen bestehen, aber wie Sie dem Absatz „in ihren eigenen Worten" oben entnehmen können, dürfen Sie darauf wetten, dass bei der Ernennung ihrer Gemeinde zur Star-Community, eine Menge Reichtum umverteilt wird.

Unabhängig hiervon sollte die große Frage jedoch lauten: Werden die Bürgerinnen und Bürger über die Teilnahme ihrer Stadt entscheiden, oder werden es Politiker in nicht gewählten Gremien sein, die diese Entscheidungen treffen? Und werden die Bürger am Ende des Prozesses eine Vorstellung davon haben, dass ihre Freiheit, die von einem großzügigen Schöpfer bereitgestellten Ressourcen zu nutzen, in einer von ihnen vermutlich nicht nachvollziehbaren Weise gemessen, rationiert und kontrolliert wird?

Welche Daten erfasst werden sollen:

Umwelt		
Natürliche Systeme	**Planung und Gestaltung**	**Energie und Klima**
Naturressourcen, Planung & Inventar	Umfassende Planung	Reduktion von Treibhausgasen
Grüne Infrastruktur	Hervorragende Gestaltung	Klimaanpassung
Landnutzung an Wasserscheiden	Vernetzte Bodennutzung	Energieversorgung
Wasserqualität und -versorgung	Kompakte & vollständige Gemeinden	Energieverbrauch
Land- und Wasserwirtschaft	Menschenfreundliche Gestaltung	Ressourcenschonende Gebäude
Bodenressourcen	Wohnungsbau	Alternative Kraftstoffe & Infrastruktur
Biodiversität und invasive Arten	Öffentlicher Raum	Industrielle Energieversorgung
Umgebungsgeräusche & -licht	Transport und Mobilität	Landwirtschaftliche Klimaeinflüsse
Abfallminimierung	Bodenerhaltung	
	Denkmal- und Naturschutz	

Wirtschaft	
Wirtschaftlicher Wohlstand	**Beschäftigung und Ausbildung von Arbeitskräften**
Unterstützung von Unternehmen	Beschäftigungsgelegenheiten
Entwicklung und Revitalisierung des industriellen Sektors	Beschäftigungsergebnisse
Marktentwicklung	Arbeiterrechte
Gemeindeeigene wirtschaftlich Entwicklung	Löhne
Wirtschaftlichen Bemessung	Unterstützende Arbeitsplätze
Bodensanierung und -revitalisierung	Lehrstellen und Aufstiegsmöglichkeiten
Lebensmittelsystem	Umfassende Planung der Arbeitskraftentwicklung
	Arbeitsplatzschulungen
	Erfolgsquellen

Gesellschaft		
Bildung, Kunst und Gemeinschaft	**Gesundheit und Sicherheit**	**Erschwinglichkeit und soziale Gerechtigkeit**
Bildungschancen	Gesundheitssystem	Regierungstransparenz
Ausbildungsumfeld	Allgemeine Gesundheits- und Sicherheitskompetenz	Ertragsgenerierung
Schulisches Engagement	Gesundheit und Sicherheit am Arbeitsplatz	Öffentliche Aufwendungen und finanzielle Investments
Ökologische Kompetenz	Nahrungsmittelzugang	Investmentinfrastruktur
Kunst und Kultur	Trinkwasserqualität	Sozialer Zusammenhalt
Staatl. subventionierte Kunst & Kultur	Außenluftqualität	Gesundheitsdienste
Sozio-kulturelle Diversität	Raumluftqualität	Armutsvorbeugung und -verhinderung
Lebendige Nachbarschaft	Giftreduktion	Bürger- und Menschenrechte
Allgemeinkompetenz und Engagement	Natürliche und menschliche Risiken	Kulturelle Praktiken
Finanzkompetenz	Unfallverhütung und -maßnahmen	Umweltrecht
	Sichere Gemeinschaften	Gerechtigkeitsausbildung
	Aktives Leben und Erholung	Gerichtsurteile und Restorative Justiz
		Stärkung der Gemeinden
		Investmenteinschätzung und -planung

Teilnehmende Gemeinden (Stand 2013):

NY Atlanta, GA*	El Cerrito, CA	Santa Fe, NM
Austin, TX*	Evanston, IL	Santa Monica, CA
Broward County, FL	Fort Collins, CO	St. Louis, MO*
Chandler, AZ	Indianapolis, IN	Seattle, WA
Chattanooga, TN*	King County, WA*	Tacoma, WA
Cleveland, OH	Lee County, FL Northampton, MA	Tucson, AZ
Davenport, IA	Portland, OR	Victoria, Canada
DeKalb County, GA	Riverside, CA	Washington, DC*
Des Moines, IA*	Rockingham County, NC	Woodbridge Township, NJ

Der Film „The Hunger Games" (Die Tribute von Panem) ist die Geschichte einer fiktiven Realität! Wenn Sie sich weiterhin ausruhen, wird sie zu Ihrer Realität werden.

3. Nahrungsmittelmanifeste – solange eine gute Idee, bis sie sich als schlecht erweist

Ideen für die Nachhaltige Entwicklung werden oft als hilfreich dargestellt. Als Ideen, die dem Individuum und/oder der Umwelt dienen. Wenn man es jedoch mit Strategien der Agenda 21 zu tun hat, ist es wichtig, immer deren Ziel im Auge zu behalten. Das Ziel besteht darin, die menschliche Bevölkerung in eine der Käfighaltung ähnliche Situation zu versetzen, in der sämtliche Lebensmittel und Pflanzenfasern aus der unmittelbar an menschliche Siedlungen grenzenden Umgebung bezogen werden müssen. Wesentlich zur Erreichung dieses Ziels ist, dass Menschen langsam darauf konditioniert werden, zu glauben, dass es eine großartige Idee sei, vor Ort produzierte Lebensmittel zu kaufen. Erst später werden sie dann erkennen, dass sie es sind, die diese Lebensmittel anbauen werden und es hierzu keine Alternativen geben wird.

In der Region rund um Durham in North Carolina wurde das folgende Lebensmittelmanifest erstellt. Entnehmen Sie die tatsächliche Agenda hinter diesem Nahrungsmittelmanifest bitte dem daran anschließenden Artikel.

Region Durham – Lebensmittel-Manifest

„Lebensmittelplanung für unsere Zukunft
Das Lebensmittelmanifest der Region Durham spiegelt die Vision der Kommune einer sicheren, auf den Aufbau eines gerechten und nachhaltigen lokalen Lebensmittelsystems als Grundlage für die Gesundheit der Bevölkerung ausgerichtete Nahrungsmittelversorgung wider."

Auf Grundlage der Beteiligung durch die Gemeinde wird ein nachhaltiges, mit den Systemen des Naturerbes und der bebauten Umwelt im Einklang stehendes sowie der Allgemeingesundheit förderliches lokales Lebensmittelsystem die wirtschaftliche Existenzfähigkeit der Lebensmittelindustrie der Region Durham verbessert.

"Lebensmittelsicherheit bedeutet eine Situation, in der alle Bewohner der Gemeinschaft in der Lage sind, eine sichere, kulturell akzeptable und ernährungsphysiologisch angemessene Ernährung durch ein nachhaltiges Ernährungssystem zu erhalten, was sowohl die Autarkie der Gemeinde als auch die soziale Gerechtigkeit und die Fähigkeit der Unterstützung dieses Systems durch die landwirtschaftliche Gemeinschaft maximiert."

Offizieller Zusatz Nr. 128 zum Anbauplan der Region Durham (2009)

Nahrungsmittelsicherheit in der Region Durham ist robust finanziert, ökologisch verantwortlich und sozial gerecht und trägt zum künftigen Wohlergehen unserer Region sowie ihrer Bewohner bei.

- Errichtung eines aus Bewohnern bestehenden Komitees, das die messbaren Richtwerte der Prinzipien des Lebensmittelmanifestes überwacht und Zielvorgaben macht.
- Berechnung des dem voraussichtlichen Bevölkerungswachstums entsprechenden Lebensmittelbedarfs und Errichtung einer Basis für künftige Autarkie hinsichtlich der Lebensmittelsicherheit.
- Aufnahme von Prinzipien der Lebensmittelsicherheit in wichtige strategische regionale und lokale politische Dokumente als integraler Bestandteil beim Aufbau nachhaltiger und vollständiger Gemeinschaften.
- Förderung eines lokalen Lebensmittelsystems zur Unterstützung der lokalen Agrarproduktion.
- Schaffung einer geschulten Basis von Konsumenten, welche den Agrarsektor vor Ort unterstützen.
- Förderung des Aufbaus institutioneller, industrieller und kommerzieller Lebensmittelbeschaffungsstrategien.
- Die Beeinflussung eines nachhaltigen Ressourcenmanagements durch Gewässerschutz, den Schutz der Systeme des Naturerbes, die Reduktion von Treibhausgasemissionen, verantwortliches Abfallmanagement und den Schutz der landwirtschaftlichen Flächen zur Minimierung von deren übermäßigen Beanspruchung durch situationsbedingte Flächennutzungsplanung.

- Ermittlung potentieller Auswirkungen des Klimawandels auf Landwirte und Nahrungsmittelproduktion und deren Einbeziehung in Eindämmungs- und Anpassungsstrategien.
- Entwicklung einer lokalen Lebensmittelwirtschaft in Durham als wesentlichen Wirtschaftsfaktor der Region
- Alljährliche Bemessung der Lebensmittelsicherheit zur Bewertung der Wirksamkeit sektorenübergreifender Initiativen.

Nachhaltige Landwirtschaft vor Ort

Die Kultivierung einer nachhaltigen Landwirtschaft vor Ort wird sowohl die städtische als auch die bäuerliche Wirtschaftsentwicklung verbessern, Arbeitsplätze schaffen, die regionale Lebensmittelversorgung sichern, eine Kultur der Umweltverantwortung fördern und Ressourcen erhalten.

Aufbau von Kapazitäten durch Nahrungsmittelproduktion vor Ort

- Schutz der landwirtschaftlichen Anbaufläche
- das Propagieren realistischer Karriereaussichten in der Agrarindustrie
- Ausweitung lokaler Schulungs- und Ausbildungsmöglichkeiten
- Aufbau einer leistungsfähigen lokalen Lebensmittelproduktion vor Ort
- Förderung einer Erweiterung des Agrarsektors vor Ort
- Unterstützung von Informationsnetzwerken zur lokalen Lebensmittelauswahl und -verfügbarkeit

Wesentliche Aufbaugrundlagen

Ein durch umfassende und integrierte Mechanismen unterstütztes, gerechtes und nachhaltiges lokales Nahrungsmittelsystem wird widerstandsfähig sein. Diese Mechanismen werden, zur Gewährleistung einer sicheren Nahrungsmittelversorgung, physische Elemente mit soliden wirtschaftlichen, ökologischen, gesellschaftlichen und politischen Strategien enthalten.

Erste überarbeitete Version, genehmigt am 28. Mai 2009

****

Von den Vereinten Nationen inspirierter Lebensmittelrat für die Erneuerung des Manifests – Kontaktieren Sie Ihren Abgeordneten jetzt

17. Juni 2012 aus einem nicht mehr existierenden Blog

Das Manifest des Rats für lokale Lebensmittelberatung in North Carolina NC läuft dieses Jahr aus. Die Generalversammlung bemüht sich trotz des Widerstands von Gesetzgebern, Gruppen und Bürgern, die in diesen Rat für ein von den Vereinten Nationen und der Agenda 21 inspiriertes Gremium halten, um eine Erneuerung der Charta. Dieser Rat sollte, selbst wenn er möglicherweise gute Arbeit zugunsten der Kleinbauern leistet und dabei hilft die Menschen über vor Ort produzierte Lebensmittel aufzuklären, jedoch aufgelöst oder seine Charta völlig neu geschrieben werden. Er ist, wie viele unserer Dezernate, Gremien und Kommissionen in North Carolina, ein Instrument der UN-Eliten. Nirgends werden ihnen in dessen Manifest oder selbst in dessen Original, dem Gründungs- und Grundlagenbericht[43] die Begriffe „UN" oder „Agenda 21" begegnen , aber dieser Rat verfolgt sicherlich dieselben, in der Agenda 21 umrissenen Ziele.

Die Agenda 21[44] ist am 14. Juli 1992 auf der Konferenz der Vereinten Nationen über Umwelt und Entwicklung verabschiedet worden. Sie stellt den globalen Rahmen für die Errichtung einer Eine-Welt-Regierung in Gestalt einer Umweltdiktatur dar. Einer der führenden Experten für die Agenda 21, Tom DeWeese, fasst die Agenda 21 wie folgt zusammen[45]:

„Laut ihrer Erfinder besteht das Ziel der nachhaltigen Entwicklung in einer Eingliederung von Wirtschafts-, Sozial- und Umweltpolitik, zur Senkung des Konsums, der Schaffung sozialer Gerechtigkeit und zu Erhalt und Wiederherstellung der biologischen Vielfalt. Die Verfechter der Nachhaltigkeit pochen darauf, dass jede gesellschaftliche Entscheidung von ihren Auswirkungen auf die Umwelt abhängig sein und sich auf die drei folgenden Komponenten konzentrieren soll: globale Landnutzung, globale Bildung und globale Bevölkerungskontrolle und -reduzierung."

Das *North Carolina Sustainable Local Food Advisory Council* (NCSLFAC) hat weit mehr als nur die Aufgabe, Bewusstsein für lokale Lebensmittel zu schaffen. Seine Satzung formuliert seinen Auftrag mit folgenden Worten:

„Das Ziel des North Carolina Sustainable Local Food Advisory Council besteht darin, einen Beitrag zum Aufbau einer lokalen Lebensmittelwirtschaft zu leisten, wodurch North Carolina durch die Schaffung von Arbeitsplätzen die Stimulierung der wirtschaftlichen Entwicklung, die Geldzirkulation aus dem lokalen Lebensmittelverkauf innerhalb der lokalen Gemeinden, den Erhalt von Freiflächen, die CO_2-Emissionen verringernde Absenkung des Verbrauchs fossiler Brennstoffe, den Erhalt und Schutz der natürlichen Umwelt, die Verbesserung des Verbraucherzugangs zu frischen und nahrhaften Lebensmitteln und durch die Schaffung größerer Lebensmittelsicherheit für all seine Einwohner, profitiert.

Die Generalversammlung beabsichtigt, in Anerkennung der positiven Beiträge des Agrarsektors von North Carolina zur Wirtschaft und Umweltqualität des Staates, den Rat damit zu beauftragen, Strategien

zu folgenden Themenbereichen, bezüglich der von ihnen betroffene Bevölkerung von North Carolina, zu planen und zu entwickeln:
(1) Gesundheit und Wohlbefinden.
(2) Hunger und Zugang zu Nahrungsmitteln.
(3) Wirtschaftliche Entwicklung.
(4) Schutz der Agrarflächen und Wasserressourcen."

Hier geht es nicht allein um Lebensmittel aus der Region. Es geht hier um nachhaltige Lebensmittel. Vergleichen Sie die Definition von Nachhaltigkeit der Agenda 21 mit der des Manifests des NCSLFAC. Die Vereinten Nationen definieren die Nachhaltigkeit über die drei E: Soziale-, ökologische und wirtschaftliche Gerechtigkeit. All diese Es müssen innerhalb einer Initiative ausgewogen sein, um als nachhaltig anerkannt zu werden.

Die Drei E der Agenda 21

Sie werden über die Ähnlichkeiten zwischen der Definition von Nachhaltigkeit der Vereinten Nationen und den in dem Original-Gesetzestext[46] des NCSLFACs verwendeten Worten erstaunt sein.

Es handelt sich um ein standortspezifisches, miteinander verflochtenes Produktionssystem aus Ackerbau und Viehzucht, das langfristig in der Lage ist, folgende Aufgaben zu erfüllen:

a) **Deckung des Bedarfs an Nahrungsmitteln und Pflanzenfasern**
b) **Verbesserung der von der Agrarwirtschaft benötigten Qualität von Umwelt und grundlegenden Rohstoffquellen**
c) **Erhalt der Wirtschaftlichkeit landwirtschaftlicher Betriebe.**
d) **Verbesserung der Lebensqualität von Landwirten und der Gesellschaft als Ganzes.**

Das Problem beim Widerstand gegen solche Initiativen liegt im Wohlklang ihrer Pläne. Wer sollte schon etwas gegen regional angebaute Lebensmittel haben? Wer sollte sich weigern, Kleinbauern zu unterstützen? Niemand, und schon gar nicht der Autor, der übertrieben darauf achtet, so viel biologisch und regional angebaute Lebensmittel wie möglich zu verwenden. Der beste Weg zur Förderung regional angebauter Lebensmittel und Unterstützung von Kleinbauern besteht für die Regierung unseres Bundesstaates jedoch darin, sich diesen nicht in den Weg zu stellen. Wir benötigen nicht noch mehr zentrale Planung. Wir benötigen keine weiteren Ausschüsse und Kommissionen, die abseits der Gesetzgebung agieren. Wir brauchen eine Regierung, die sich zurückhält und Kleinbauern das tun lässt, was sie tun. Wir brauchen keinen Rat, dessen Prioritäten in der von oben verordneten Planung einer Agrarwirtschaft bestehen.

Schauen Sie sich die Prioritäten an, die der „Gründungs- und Grundlagenbericht"[47] des Rats festgelegt hat:
Die Prioritäten des Orientierungsrates: Die Schaffung besonders wünschenswerter Ergebnisse, die Thematisierung von Lebensmittelsicherheit/verfügbarkeit (bei geringen Einkommen), Jugendvertretungen (einschließlich der von Jungbauern), Kosten-Nutzen-Analyse der Einnahmen durch regional angebaute Lebensmittel (ökonomische Grundlage), regionaler Ansatz zur Einführung von auf die 100 Bezirk Nord Carolinas abgestimmte Nahrungsmittelstrategien, Verbesserung der statistische Daten des Staates über Versorgung und Nachfrage bei Lebensmittelerzeugern (indirekte Kosten etc.), Zugriff auf Daten zu folgenden Fragen: Wo leben Sie? Wo arbeiten Sie? Wo kaufen Sie Ihre Lebensmittel? Zielgerichtete Arbeit, um auf staatlicher Ebene Interesse für die Sicherheit und Qualität der Versorgung mit Lebensmitteln, Luft, Böden und Wasser zu wecken und die Entwicklung eines Geschäftsplans für den gesamten Staat – mit Blick auf Barrieren, Lücken in der Versorgungskette, und wie eine wachsende Bevölkerung mit dem Wunsch nach Erhalt des bestehenden Ackerlandes in Einklang gebracht werden kann.

Sind Sie nach der Lektüre des Nahrungsmittelmanifests und des anschließenden Artikels der Meinung, dass es sich hier um den Genuss von in der Region geangelten Fischs oder regional angebauter Lebensmittel handelt, oder haben Sie eher den Eindruck, dass es sich hierbei um einen gänzlich anderen und übelriechenden Sachverhalt handelt? Vergessen Sie nicht das Ziel.

Die Verfechter der Nachhaltigkeit müssen die Menschen daran gewöhnen, ihre Nahrung vor Ort anzubauen, denn wenn es nach ihnen geht, wird dies die einzige Nahrung sein, die innerhalb menschlicher Siedlungen verfügbar sein wird.

4. Guardian UK 10:10 – ein abscheuliches Terrorvideo (für Kinder nicht geeignet!)

Die Agenda 21 wird durch den Einsatz von Subventionen, Indoktrination und Regulierung umgesetzt. Wenn die Mehrheit der Bevölkerung erst einmal darin „geschult" ist, diese neue Politik zu akzeptieren, ist es an der Zeit, auch die letzten „Widerstände" durch Einschüchterung zur Einhaltung zu bewegen. Dieses äußerst beunruhigende Video wurde im Jahr 2010 im Vereinigten Königreich als Werbung gedreht (Großbritannien ist auf dem Weg zur Agenda 21 weiter als die Vereinigten Staaten), um die Bevölkerung zu „ermutigen", ihren Energieverbrauch im Jahr 2010 um 10% zu reduzieren.

BITTE BEACHTEN SIE, DASS DIESES VIDEO GRAUSAME SZENEN ENTHÄLT UND FÜR KINDER UNGEEIGNET IST.

„Guardian UK 10:10 vid – VILE ECO-TERROR PROPAGANDA!"
(https://youtu.be/zH71XCmsbCc)

5. Die Wahrheit über Smart Meter (Video)

Wie bereits in Kapitel 3 erörtert, ist Ihr Stromanbieter, bei Nutzung von Smart Metern, nicht nur in der Lage, Ihnen den Strom per Funk abzustellen, sondern auch Ihr Verhalten zu überwachen. Dieses aufschlussreiche Video erklärt in Kürze, dass es sich bei Smart Metern im

Grunde um Überwachungsgeräte handelt (Die automatische Übersetzung von YouTube ist gut verständlich, weshalb hier auf die URL des Videos verwiesen wird): *https://youtu.be/8JNFr_j6kdI*

Weitere Quellenangaben der Autorin:
- Peters, C., Bills, N., Wilkins, J., & Fick, G. (2008). Foodshed analysis and its relevance to sustainability.
- Renewable Agriculture and Food Systems, 24, 1-7.

Kapitel 5: Public Private Partnerships

Wie Public Private Partnerships vom Staat verwendet werden, um die Kontrolle über die Wirtschaft zu erlangen

Public Private Partnership wird gelegentlich auch PPP oder die 3 P genannt. Die Public Private Partnership wird als exklusives Bündnis zwischen einer öffentlichen Körperschaft und einem Privatunternehmen definiert, in dem finanzielle Ressourcen des privaten Sektors für rechtmäßige Aktivitäten oder Funktionen im öffentlichen Sektor genutzt werden.
 Auf einem freien Markt, wo Konkurrenz über Gewinn und Verlust entscheidet, funktioniert das Modell der der Public Private Partnerschaft nicht. Der Grund ist, dass einem PPP-Unternehmen von der Regierung spezielle Vorzüge, wie etwa die freie Nutzung wichtiger Hoheitsbereiche, Steuererleichterungen, Subventionen, Vorrang bei Genehmigungen und Ausnahmen von bestimmten Einschränkungen usw. gewährt werden. Folglich ist für das Unternehmen das Akzeptieren der „Annehmlichkeiten" der „Private" Teil des Public Private Partnership, während die Gewährung der „Annehmlichkeiten" durch die Regierung den „öffentlichen" Teil des Public Private Partnership ausmacht.

 Diese Unternehmen zwingen ihre Mitbewerber auf ein ungleiches Spielfeld. Dies wird als Korporatismus, Vetternwirtschaft oder auch „die Vorabauswahl der Gewinner" bezeichnet und untergräbt den freien Markt, auf dem unser Wohlstand beruht und kann auf Dauer zur Schaffung von durch die Regierung genehmigten Monopolen in ausgewählten Wirtschaftssegmenten führen. Das Unternehmen erzielt wegen all der „Bevorzugung", die es von der Regierung erhält, einen höheren Nettogewinn. Im Gegenzug erlaubt das Unternehmen der Regierung zu bestimmen, was es produziert, wie beispielsweise Solarzellen, Windturbinen, quecksilberhaltige Glühbirnen usw. Das Unternehmen hat dafür die Aufgabe, die von der Regierung zugelassenen Produkte auf vielerlei Art zu bewerben. Diese Werbung steigert nicht nur den Unternehmensgewinn, sondern dient auch als Vehikel für die Bürger, alles zu akzeptieren, was die Regierung vorgibt. Auf diese Weise erhöht sich der Nettogewinn des Unternehmens, während die Regierung beobachtet, ob das Unternehmen seine Gebote befolgt, und die Öffentlichkeit ist darauf angewiesen oder wird indoktriniert, Produkte zu künstlich erhöhten Preisen zu kaufen, die auf dem freien Markt nicht erfolgreich wären. Zudem verwendet das Unternehmen üblicherweise unsere Steuergelder, die sich, wenn das Unternehmen versagt, in Luft auflösen.

Ein berüchtigtes Beispiel für PPP-Unternehmen ist Solyndra[48]. Die Regierung stellte hohe Geldsummen bereit, die aus den Taschen der Steuerzahler stammten, um das Unternehmen zur Produktion von Solarzellen zu „ermuntern". Als das Unternehmen Konkurs anmeldete, kostete das den öffentlichen Sektor ungefähr $ 500 Mio. an Steuergeldern.

Solche Aufträge im Grünen Sektor sind besonders besorgniserregend, weil es so scheint, als ob die Richtlinien der Nachhaltigen Entwicklung dazu geschaffen worden sind, bestimmte bestehende Industriezweige, wie etwa die Kohleindustrie, durch unsinnige Verordnungen zu zerschlagen. Diese werden dann durch „grüne" Industriezweige ersetzt, die mit Fördermitteln der Regierung geschaffen werden, welche von den Steuerzahlern aufgebracht worden sind.

Eine weit kompliziertere Situation ergab sich im Jahr 2007, als die Bundesregierung ein Gesetz verabschiedete, das die Abschaffung bestimmter weiß leuchtender, „altmodischer" Glühbirnen zum 1. Januar 2012 anordnete. Die größeren Konzerne wie General Electric, Royal Phillips Electronics und Siemens haben sich alle, aus dem einfachen Grund der höheren Gewinnmargen durch die Produktion der neuen weiß leuchtenden Halogen- und Kompaktleuchtstofflampen, für die Verabschiedung des Gesetzes aus 2007 eingesetzt, das die Abschaffung der weiß leuchtenden Glühbirnen verlangte. Ende 2011 gelang es den Republikanern dann ein Gesetz einzubringen, das dem Energieministerium den Erhalt jeglicher Mittel zur Förderung des Glühbirnenverbots untersagte und es hiermit aufhielt. Bevor Sie erleichtert aufatmen, die Wahrheit ist – das Gesetz kam zu spät.

Eric Hickbee, Sprecher der Interessenvertretung der US-amerikanischen elektrotechnischen Industrie, die 95% der U.S. Leuchtmittelhersteller vertritt, sagte, dass selbst wenn das Energieministerium keine Fördergelder zur Durchsetzung der Effizienz-Standards habe, seien die Hersteller nicht bereit, ihre Anlagen wieder auf die Produktion der ineffizienteren Glühbirnen umzustellen.

Und wo bleiben wir? Zunächst müssen Sie begreifen, dass es drei Hauptakteure in diesem Durcheinander gibt. General Electric, die Bundesregierung und uns, das Volk. General Electric, der „private Teil" dieses Private Public Partnerships, hatte eine Glühbirne, die dem Unternehmen, neben sehr großzügigen Steuererleichterungen viel höhere Gewinne versprach. Die Bundesregierung, der „öffentliche Teil" dieses Public Private Partnerships, bekam die Glühbirnen, die sie wollte, untergrub den freien Markt und sorgte, durch die Auslagerung von Arbeitsplätzen nach Übersee für „ökonomische Gerechtigkeit".

Da bleiben noch wir, das Volk. Was bekamen wir? Oh, bestimmt eine ganze Menge! Wir bekamen teure, quecksilberhaltige Glühbirnen, an denen man sich kaum aufwärmen kann, eine weitere Schwächung des freien Marktes und weniger Arbeitsplätze in einer geschwächten amerikanischen Wirtschaft, was die natürliche Folge der Umverteilung von Wohlstand der reichen in die ärmeren Länder ist.

Das Beispiel bezieht sich auf die Definition der Agenda 21 (aus Lektion 1).

Die Agenda 21 ist **KEINE UMWELTBEWEGUNG**! Wäre sie es, würde die EPA weder die Herstellung oder Benutzung dieser quecksilberhaltigen Glühbirnen noch die Errichtung von Windparks, die bekannterweise jährlich tausende Vögel, einschließlich des Weißkopfseeadlers, das Leben kosten, erlauben. Wie schon erwähnt, ist die Agenda 21 eine politische Bewegung, die geschaffen wurde, um die Menschen und ihren Wohlstand zu kontrollieren.

„Es sind gewiss nicht nur amerikanische Unternehmen, mit denen unsere Regierung Private Public Partnership-Bündnisse eingeht. Ausländische Unternehmen werden mit offenen Armen von Vertretern lokaler, staatlicher und von Bundesbehörden empfangen, um deren umfangreichen Bankverbindungen für die Bezuschussung von Projekten zu nutzen.
Wie die Associated Press am 15. Juli berichtete, ‚an einem einzigen Tag im Juni (2006) zahlten Australisch-Spanische Partner $3.6 Milliarden Dollar, um die Indiana Toll Road zu leasen', ein Australisches Unternehmen erwarb einen auf 99 Jahre befristete Pachtvertrag über den Pocahontas Parkway in Virginia und texanische Beamte entschieden, ein spanisch-amerikanisches Bündnis eine für 50 Jahre gebührenpflichtige Straße bauen zu lassen."

(Tom DeWeese – American Policy Center
aus seinem ehemaligen Stop-Agenda 21-Werkzeugkasten)

Die vielleicht beunruhigendsten PPPs sind jene, die an der Infrastruktur (Straßen, Abwasserleitungen, Wasserversorgung, Wasseraufbereitung, usw.) einer Gemeinde beteiligt sind. Viele Gemeinden sind pleite und suchen ständig nach Wegen, um an Geld zu kommen. Vor diesem Hintergrund könnten viele Gemeinden in die Versuchung kommen, Teile ihrer Infrastruktur zu verkaufen oder zu verpachten (häufig über einen sehr langen Zeitraum). Sie bekommen hierfür nicht nur Geld, sondern entledigen sich auch der Verpflichtung, die teure Infrastruktur zu erhalten.

Wenn jedoch die Regierung die Verantwortung trägt, schließt das aus eben diesem Grund die Verantwortung für den Erhalt einer angemessenen Infrastruktur, bei gleichzeitiger Minimierung der Steuerlast, ein. Und wenn das nicht geschieht, werden aus gewählten Beamten nicht gewählte Ex-Beamte.

Wenn eine öffentliche Infrastruktur ausverkauft oder an eine private Körperschaft verpachtet wird, sind die Kosten der Dienstleistung für die Steuerzahler dem Gewinnstreben des Unternehmens unterworfen. Da private Körperschaften nicht gewählt werden können, ist die Abwahl ihrer Vorstände bei steigenden Preisen unmöglich. Noch bedenklicher ist der Verkauf oder die Verpachtung an ausländische Unternehmen, da diese sich mit noch geringerer Wahrscheinlichkeit für die Interessen der amerikanischen Steuerzahler interessieren. Außerdem werden die Gewinne dieser Projekte voraussichtlich aus den Vereinigten Staaten abfließen. Als Konsequenz daraus kann angenommen werden, dass ein Kontrollverlust von Regierungen über die Infrastruktur den Verlust der Regierungsfähigkeit nach sich zieht, und sie ihren Steuerzahlern keine Rechenschaft mehr abgeben werden. Sie können sogar sagen, wie es Präsident Clinton tat, dass die *„Regierung sich selbst neu erfindet"*. Ich persönlich hatte eine gewisse Zuneigung zu unserer „alten Regierung".

Ein anderer Umstand im Zusammenhang mit PPPs ist, dass, wegen der ungleichen Bedingungen, Kleinunternehmen nicht in der Lage sind, zu überleben. Das gefällt einer Regierung, die den freien Markt zerstören will, sehr gut. Diese Art von Regierung möchte keine Konkurrenz. Sie will Kontrolle! Je weniger Unternehmen es gibt, und je mehr Unternehmen den Anforderungen der Regierung entsprechen, desto größer ist die Kontrolle der Regierung über den Markt.
Unglücklicherweise sind Kleinunternehmen die Betreiber des Wirtschaftsmotors. Deshalb wird sich bei einer schwankenden Wirtschaftslage die Möglichkeit der Bürger, Wohlstand zu erlangen, verringern. Das höchste Ziel einer Regierung, die die Nachhaltige Entwicklung einführt, ist, den Lebensstandard ihrer Bürger zu senken und ihren Verbrauch an Waren zu verringern. Die Verringerung der Erfolgsmöglichkeiten für Kleinunternehmen wird die Wirtschaft mit Sicherheit abwürgen und den Lebensstandard in Amerika senken, während Amerika mit der Abnahme der Konsumgewohnheiten in den Vereinigten Staaten dem Ziel der Agenda 21 immer näher kommt.

PPPs können auf der höchsten Ebene unserer Regierung existieren, wie der North American Free Trade Act (NAFTA) gezeigt hat. NAFTA wurde als Möglichkeit beworben, die USA durch die Vereinigung der wirtschaftlichen Stärke der Vereinigten Staaten mit der von Mexiko und Kanada, konkurrenzfähig gegenüber Asien und Europa zu machen. Stattdessen führte NAFTA zur Abwanderung von Arbeitsplätzen nach Übersee, zur Verringerung des Realeinkommens in den Vereinigten Staaten, einem Anstieg der Haushaltsdefizits und zur Bereicherung ausgewählter Konzerne. Mit anderen Worten hat NAFTA den Wohlstand Amerikas nach Übersee umverteilt. Des Weiteren wurde dieses Freihandelsabkommen entworfen, um unsere nationalen Grenzen zu verwischen und unsere Souveränität zu schwächen. Können Sie das Wort „North American Union" aussprechen?

Eine Bestätigung dessen findet sich in Worten Henry Kissingers aus dem Jahr 1993:

„Es [NAFTA] wird, seit dem Ende des Kalten Krieges, den kreativsten Schritt einer Gruppe von Ländern zu einer Neuen Weltordnung darstellen und den ersten Schritt zu einer noch größeren Vision von einer Freihandelszone für die gesamte Westhalbkugel. (NAFTA) ist kein gewöhnliches Handelsabkommen, sondern die Architektur für ein neues internationales System."

Dies bringt uns erneut zurück zur Definition der Agenda 21 aus Lektion 1, in der wir gelernt haben, dass sich die Regierung in der Welt der Agenda 21 und der Nachhaltigen Entwicklung sowohl darum bemüht, die Weltwirtschaft zu kontrollieren, als auch deren Entwicklung zu diktieren und den Wohlstand der Welt an sich zu reißen und neu zu verteilen.

Zusammengefasst muss ein Unternehmen, das eine PPP mit der Regierung eingeht, sich dieser fügen, da es andererseits seine strategischen Vorsprung verliert. Das gestaltet die Beziehung zwischen der Regierung und dem Unternehmen so eng, dass schwierig auszumachen ist, wo die Regierung anfängt und der private Sektor aufhört.

Verlierer sind die amerikanischen Bürger, die den freien Markt mit ihren Dollars nicht länger gestalten können. Stattdessen verwendet die Regierung die Steuergelder, um zu bestimmen, welche Produkte oder Dienstleistungen ein Unternehmen anbietet und damit auch, welche Produkte und Dienstleistungen den Steuerzahlern erlaubt sind zu erwerben.
Wenn die Infrastruktur der amerikanischen Bürger weiterhin an die Höchstbietenden verkauft wird, haben sie keinen Repräsentanten, der ihre Interessen vertritt, und wenn die Preise steigen, fehlen ihnen die Mittel. Schließlich sind gewisse Abkommen, wie bspw. NAFTA, wenn unsere Regierung ihnen beitritt, in der Lage, den freien Markt auf der globalen Ebene zu zerstören, unsere Souveränität zu schwächen und rasant zu einer *One World Order* zu führen.

In der kommenden Lektion 6 erfahren Sie, wie Ihre Steuergelder, durch die Verwendung von Subventionen gegen Sie verwendet werden, um die Grenzen innerhalb der Vereinigten Staaten und letztlich ihre repräsentative Regierungsform zu zerstören.
Es wird erneut empfohlen, das beigefügte Zusatzmaterial des fünften Kapitels zu lesen, bevor Sie mit der Lektüre von Lektion 6 fortfahren.

Zusatzinformationen zu Kapitel 5

1. Das Problem mit Private Public Partnerships (PPP)

Da für die komplexe und wichtige Thematik, Public Private Partnerships als Instrument der Privatisierung ehemals öffentlichen Eigentums im deutschsprachigen Raum auch wegen der überall sichtbaren, desaströsen Ergebnisse allein bei der Privatisierung der Deutschen Bundespost sowie der Deutschen Bundesbahn, ganz zu schweigen von den umfangreichen Plünderungen in Mitteldeutschland durch die internationalen Finanz- und Unternehmenskartelle zu Lasten der Steuerzahler nach der sogenannten Wende, genügend abschreckende Beispiele aus Deutschland und Europa bekannt geworden und beschrieben worden sind, wird hier auf zwei deutschsprachige Quellen aus dem Internet verwiesen:

> *https://lobbypedia.de/wiki/Public_Private_Partnership*
>
> *www.nachdenkseiten.de/?p=19161*

2. Fünf Mythen über das bundesweite Glühbirnenverbot

von Amy Ridenour

11. Dezember 2011, *NationalCenter.org*

Als General Electric die Schließung der Glühlampenfabriken in Virginia, Ohio und Kentucky auf „eine Vielzahl von, die Normen für die Beleuchtungseffizienz maßgeblichen Energievorschriften" zurückführte, ließ das PR-Team des Konzerns ein kritisches Detail außer Acht: General Electric und die Glühbirnenhersteller Phillips und Osram Sylvania hatten sich zuvor für diese Vorschriften stark gemacht.

Ignorieren Sie die Behauptung, das Glühbirnenverbot sei zur Bekämpfung der globalen Erwärmung verhängt worden. Das Motiv hinter dem Glühbirnenverbot ist Geld: Glühbirnen haben eine geringe Gewinnspanne.

Lassen Sie uns mit einigen anderen Mythen brechen.

Mythos Nr. 1: *„Es gibt kein Glühbirnenverbot."*

Die effizienteste Lüge ist die, die einen Kern der Wahrheit in sich trägt, und das folgende Beispiel für diese Maxime beruht auf der Tatsache, dass nicht sämtliche Glühbirnen verboten sind, sondern nur jene, welche bei Amerikanern am meisten Verwendung finden.

1. Januar 2012: das Verbot für 100 Watt Glühbirnen tritt in Kraft

1. Januar 2013: das Verbot für 75 Watt Glühbirnen tritt in Kraft

1. Januar 2014: das Verbot für 60- und 40 Watt Glühbirnen tritt in Kraft

Im Jahr 2020 werden, neben anderen, auch Halogenbirnen, wie bspw. die Phillips EcoVantage, verboten. Jene Glühbirnen werden oft als „Beweis" angeführt, dass es gar kein Glühbirnenverbot gebe, da sie auch nach dem 1. Januar 2012 noch erhältlich seien. Die Hintermänner des Glühbirnenverbots räumen nur selten von sich aus ein, dass diese Glühbirnen ebenfalls verboten werden – nur eben ein wenig später.

Mythos Nr. 2: *„Alternative Glühbirnen sind besser"*

Alternative Glühbirnen sind *anders*. Ob sie besser sind, hängt von den individuellen Bedürfnissen der Verbraucher ab. Die meisten Alternativen zu herkömmlichen Glühbirnen verbrauchen weniger Energie und einige von ihnen deutlich weniger. Jedoch ist der Energieverbrauch nicht die einzige Anforderung, die ein typischer Verbraucher an sie stellt. Hier finden sich einige weitere:

- Menschen, die zu Krampfanfällen neigen, sollten Energiesparlampen meiden, da ihr Flackern Krampfanfälle auslösen kann.

- Alte Menschen haben oft Schwierigkeiten, unter dem Licht von Leuchtstofflampen zu lesen.

- Bei Menschen, die unter Lupus oder anderen Autoimmunstörungen leiden, kann das Licht von Leuchtstofflampen zu extremen Hautausschlägen führen.
- Da der Lichtkegel von LED-Lampen eher schmal ist, werden mehrere Lichtquellen zur Beleuchtung eines Raumes benötigt.
- Das Licht von LED- und Leuchtstofflampen ist kühler als das von Glühbirnen und gibt Farben anders wieder. Nach dem Glühbirnenverbot in Europa hagelte es Beschwerden von Kunstgalerien und Restaurants. Die Farben von Kunstobjekten wurden falsch wiedergegeben, und das Licht von LED- und Leuchtstofflampen ist unromantisch.

Mythos Nr. 3: *„Alternativen zu Glühbirnen sind ebenso sicher."*

Nein. Leuchtstofflampen enthalten so viel Quecksilber, dass die Umweltschutzbehörde ein langwieriges, 10- bis 11-stufiges Verfahren zur Reinigung zerbrochener Leuchtstofflampen empfiehlt. Auch sollen die Verbraucher ausrangierte Glühbirnen bei speziellen Entsorgungszentrum abgeben, was die meisten Menschen jedoch wohl kaum tun werden. Wenn nun diese Glühbirnen unweigerlich in Mülltonnen oder Müllwagen zerbrechen, wird gefährliches Quecksilber freigesetzt.
Das in LED-Lampen enthaltene Blei und Nickel kann langfristig zu einem Gesundheitsrisiko werden, auch wenn eine defekte LED-Lampe keine unmittelbaren Schäden verursachen sollte.

Mythos Nr. 4: *„Sie sparen Geld."*

Die meisten Alternativen verbrauchen weniger Energie, einige deutlich weniger, obwohl die Lampen im Vorfeld teurer sind und nicht so lange halten, wie erwartet. Beispielsweise verkürzt häufiges Ein- und Ausschalten oder der Betrieb bei Frost oder der mit einem Dimmer die Lebensdauer von Leuchtstofflampen deutlich.

LEDs haben besonders hohe Vorlaufkosten, obwohl die Hersteller beteuern, dass deren Preis nach dem Verbot ihrer Hauptkonkurrenten sinken wird. Sie behaupten, dass ihr Preis bei höheren Verkaufszahlen sinkt, wobei andere sagen, dass dies nicht dem Gesetz von Angebot und Nachfrage entspricht.

Mythos Nr. 5: „Das Glühbirnenverbot schafft Arbeitsplätze."

In China, ganz bestimmt. 75% aller Leuchtstofflampen werden in China produziert. Keiner der großen Leuchtstofflampenhersteller produziert in Amerika. Erst nachdem die letzte der noch in den Vereinigten Staaten verbliebenen Glühbirnenfabriken im Jahr 2010 geschlossen worden ist, hat die *Washington Post* das Glühbirnenverbot gerügt.
Die Hintermänner des Verbots behaupten, dass durch das Verbot Arbeitsplätze bei der Forschung an LED-Lampen entstanden sind, jedoch wurden diese Arbeitsplätze mit Abermillionen der von Steuerzahlern aufgebrachten Forschungsgeldern geschaffen und nicht durch das Verbot.
Verteidiger des Glühbirnenverbots behaupten, dass es den Menschen mit den Alternativen zu Glühbirnen besser gehe. Wäre die Öffentlichkeit derselben Meinung, hätte der Kongress kein Verbot benötigt, um sie umzustimmen.
Wer kennt den Bedarf Ihres Haushalts besser: Sie oder die Abgeordneten?[(49)]

3. Gesundheitssystem in Deutschland – Was derzeit wirklich passiert

Ein von dem Allgemeinarzt **Dr. Jan Erik Döllein** im Jahr 2008 verfasster Essay zu Missständen im deutschen Gesundheitssystem. Mit freundlicher Genehmigung des Autors:

Gesundheitssystem in Deutschland – Was derzeit wirklich passiert (geschrieben 2008)

Ich bin 38 Jahre alt und Allgemeinarzt mit einer gut gehenden Hausarztpraxis in Neuötting, Oberbayern, geistig gesund und ein völlig normaler Bürger mit einer Lebensgefährtin und einem 15 Monate altem Sohn. Ich bin seit 12 Jahren Gemeinderat und seit sechs Jahren Kreisrat der CSU, einer Partei, die sicherlich weit entfernt ist vom Ruf, linkspolitische und revolutionäre Gedanken zu pflegen. Es ist nicht meine Aufgabe, solche Texte zu schreiben und es gibt in Deutschland Tausende, die dies besser, packender und erheblich vollständiger schaffen, und wenigstens einer von denen sollte das auch tun.

Ich bin von tiefstem Herzen Demokrat und, wie mir in den letzten Tagen bewusst geworden ist, ein hoffnungsloser Idealist. Ich habe nicht mehr gemacht, als mir selbst die Frage zu beantworten, warum wir niedergelassenen Ärzte, Hausärzte und Fachärzte aussterben sollen, obwohl sich an der Charakteristik unseres Berufes und der Faszination für die nachfolgende Generation nichts geändert hat; der Wunsch dazu kam mit Sicherheit nicht aus der Bevölkerung, nicht von unseren Patienten.

Dass wir zu teuer sind, kann man wirklich nicht behaupten und wertlos sind wir erst recht nicht, denn mit jedem Krankenhaustag, den wir durch unsere Arbeit vermeiden können, helfen wir den Krankenkassen sparen. Am 30.1.2008 haben sich 7.000 von 8.000 Hausärzten zu einer Protestveranstaltung in Nürnberg getroffen und diese war die größte und eindrucksvollste ihrer Art seit Bestehen der GKV. Keine der großen Boulevardzeitungen brachte meines Wissens einen adäquaten Artikel, keiner der privaten und öffentlich-rechtlichen Sender ging tiefer und nachhaltiger auf diese Veranstaltung ein. Die allermeisten Hausärzte eines der reichsten und größten Bundesländer drohen mit Widerstand und niemanden interessiert es. Nur uns Ärzte – der Rest der Bevölkerung wird außen vor gehalten. Das machte mich stutzig und ich begann, immer tiefer im Internet nach den Gründen zu suchen. Worauf ich stieß, hat meinen Glauben an den Rechtsstaat im Mark erschüttert und erklärt uns allen die Frage, was hier wirklich passiert:

Man muss weiter ausholen: Spätestens seit der Seehoferreform 1997 wurde uns ja schon klar gesagt, dass die deutsche Bevölkerung immer mehr überaltert, dass die Gesundheitskosten aus dem Ruder laufen sollen und die Bezahlung immer weniger vom Solidarsystem übernommen werden könne. Der Lösungsansatz lag neben den Einsparungen, unter denen sowohl die Krankenhäuser als auch die Niedergelassenen leiden, in der fortschreitenden Privatisierung von Teilen unseres Gesundheitssystems.
Nur allzu gern nahmen viele kommunale Träger die Möglichkeit wahr, ihre defizitären Krankenhäuser an Klinikkonzerne zu verkaufen. Die schlechte Einnahmensituation der Häuser war ein Produkt der Reformen.
Grundsätzlich ist diese Tendenz in allen Bereichen unserer Gesellschaft zu finden, der Staat zieht sich aus wichtigen staatlichen Aufgaben zurück und verkauft sein Eigentum, mit dem immer auch eine Sicherstellungsaufgabe verbunden ist, an private Hände. Man kennt dies von der Bahn, von der Post, von der Stromversorgung und zahlreichen anderen Bereichen. Auf der Homepage des Bundestages findet man zu dem Schlagwort Privatisierung über 2.000 Einträge aus den letzten fünf Jahren. Aktuell diskutiert man gerade die Privatisierung des Gerichtsvollzieherwesens. Schleichend geht damit aber auch ein zunehmender Machtverlust der Regierung einher und der Bürger ist in allen Bereichen häufig der Willkür der Konzerne ausgesetzt. Grundlage dieser Denkrichtung ist der sogenannte Neoliberalismus, der eine Entstaatlichung und eine Übernahme gemeinschaftlicher Felder durch „die Bürger" propagiert, womit allerdings keine Bürgervereinigungen gemeint sind, sondern nur die großen Konzerne.

Zurück zu unserer Entwicklung im Gesundheitssystem: Es entstanden also vier große Klinikketten, namentlich Rhönkliniken, Asklepios, Sana und Fresenius, die miteinander im Jahr 2007 sieben Milliarden Gewinn erzielt haben, wohl gemerkt, der Klinikmarkt ist noch längst nicht komplett aufgeteilt, sondern befindet sich noch zu großen Teilen in den Händen der Kommunen. Es ist aber zu Zeiten der politisch ge-

wünschten DRG-Abrechnung zu erwarten, dass die stetig größer werdenden Defizite die Landkreise immer mehr zwingen werden, sich von der Schuldenlast zu befreien, ihre Krankenhäuser den interessierten Klinikketten zu verkaufen. Die Gewinnerzielung läuft, auch wenn das stetig verneint wird, über eine Personalkostenreduzierung, indem man aus dem BAT-Tarif aussteigt und Haustarife anbietet, denen die Mitarbeiter zustimmen müssen.
Zitat aus der Homepage der Rhönkliniken: *„Wir würden den Versuch, uns auf BAT-Niveau binden zu wollen, als Angriff auf die Zukunft unserer Krankenhäuser betrachten."*

Auch die Synergieeffekte wie gemeinsamer Einkauf, Labor etc. der Klinikketten helfen, dass sich vormals rote Zahlen bald in Gewinne verwandeln. Über kurz oder lang werden sich die meisten Krankenhäuser mittelbar oder unmittelbar im Besitz der großen Vier befinden.
Was geschieht nun bis 2020 mit den niedergelassenen Ärzten in Deutschland? Die werden einfach aussterben. Die Ursache ist ja leicht erklärt, auch im ambulanten Sektor ist die Honorierung so schlecht geworden, dass sich für einen jungen Arzt das Risiko in die Selbstständigkeit einfach nicht mehr lohnt. Alle Gesundheitsreformen der letzten Jahre hatten nur ein Ziel, nämlich die gesamten Leistungserbringer derart in finanzielle Misslage zu bringen, dass man sich förmlich nach einem Heilsbringer in Form eines professionellen Großbetriebes sehnt, der einem die Last der stetigen Existenzbedrohung von den Schultern nimmt. Durch die Reformen wurde sicherlich auch Geld für die Krankenkassen gespart, aber das war nur der nachrangige Sinn, in Wahrheit wurde hier die komplette Privatisierung der gesamten Gesundheitsversorgung unserer Bevölkerung vorbereitet.

Man gründet heute MVZ (Medizinische Versorgungs-Zentren), weil argumentiert wird, dass der Zusammenschluss die Kosten senkt und die Patienten kürzere Wege haben. Dem kann man nicht widersprechen, aber in Wirklichkeit liefern die, derzeit häufig noch in den Händen von einzelnen Ärztegenossenschaften liegenden Einrichtungen die ideale

Basis für eine Übernahme durch die großen Konzerne. Ab einer entsprechenden Summe wird sicher jeder schwach. Es wird dann fortwährend angestrebt, die in der Region übrigen Arztsitze allmählich billig aufzukaufen, denn andere Interessenten gibt es kaum. Sollte dann der gleiche Konzern auch noch das entsprechende Krankenhaus besitzen, liegt das Monopol der Gesundheitsversorgung einer ganzen Region in den Händen eines einzelnen Privatunternehmens.

Ab dann würden nicht mehr die Krankenkassen den Preis diktieren, sondern der Monopolist, denn niemand anderes kann die Sicherstellung der medizinischen Versorgung garantieren. Die Gelder der Beitragszahler werden reichlich in die Taschen der Besitzer fließen und der mündige Bürger wird in seiner Versorgung komplett auf die Bestimmungen des jeweiligen Konzerns angewiesen sein.

Rechte wie die freie Arztwahl will ich hier gar nicht erwähnen, man wird froh sein, dass sich überhaupt noch jemand der Bürger annimmt.

Unsere breit gefächerte Arztlandschaft soll also ganz bewusst umgebaut werden zu einer reinen Monokultur, die nur der Gewinnerzielung dient und den einzelnen Patienten als Wertschöpfungsfaktor und nicht als Mensch behandelt.

Mit Sicherheit entstehende Mehrkosten für die Versicherten müssen die Patienten aus der eigenen Tasche bezahlen. Man bezahlt auch, denn man hat ja keine Behandlungsalternative. Ab diesem Zeitpunkt sind übrigens auch Strukturen wie Kassenärztliche Vereinigungen, Krankenkassen oder Ärztekammern völlig unsinnig geworden, denn einem Alleinanbieter redet niemand mehr drein. Berufsständische Gebote wie Schweigepflicht, Ehrenkodex, Werbungsverbot werden ebenfalls keine Geltung mehr haben, der Arzt ist ein reiner angestellter Dienstleister für den Profitkonzern. Bis 2020 ist alles abgeschlossen.

Diese ganze Entwicklung ist verursacht allein durch die von unserem Staat veranlassten Gesundheitsreformen, und man muss sich natürlich fragen, wie können unsere gewählten Volksvertreter diesen Ausverkauf der Persönlichkeit und der Intimität seiner Bürger nicht nur zulassen, sondern sogar auslösen wollen? Wie kann ein Staat bewusst seine Mitglieder zu gläsernen Wirtschaftsgütern machen?

Bewusstes Handeln möchte ich den meisten gar nicht unterstellen, denn durch die Nomenklaturen, Umfragen, scheinbaren Kompliziertheiten und angeblichen Komplexitäten wissen die allermeisten unserer Bundestagsabgeordneten überhaupt nicht mehr Bescheid, welche Konsequenzen die Reformen langfristig auslösen werden. Auch die Gesundheitsministerin Ulla Schmid sieht in den MVZ offenbar immer noch eine großartige Wiedererweckung der alten Polikliniken aus Ostdeutschland, wobei sie einen entscheidenden Unterschied vergisst, in der DDR bestand natürlich eine Kostenstabilität durch den Staatsbesitz, während MVZ in den Händen monopolistischer Konzerne die Gesundheitsausgaben sicher ans Limit treiben und auch mit den Patientendaten noch Geschäfte gemacht werden.

Die ganzen Ziele dieser entsolidarisierten Übernahme der Bevölkerung werden den Politikern von den Initiatoren angepriesen mit den Begriffen Vernetzung, Qualitätssteigerung, Kommunikationssteigerung und so weiter. Ich glaube fest daran, dass viele unserer Politiker insgesamt davon überzeugt sind, es richtig zu machen, denn die Daten, die sie erhalten, bestärken sie.

Die Initiatoren, die still und heimlich unsere Politiker derart stark beeinflusst haben, dass sie zufrieden und mit reinem Gewissen die Grundfesten unseres Staates auf den Markt werfen, sind klar zu nennen: Es handelt sich um Liz und Reinhard Mohn, unterstützt von ihrer Freundin Frieda Springer.

Sie haben diese Namen fast noch nie gelesen, sie halten sich weitestgehend aus den Medien heraus und doch werde ich Ihnen erklären, dass es nahezu niemand anderes ist, der das deutsche Gesundheitssystem zur Ernte für Investoren vorbereitet hat. Das Ehepaar Mohn besitzt, als reiner Familienbetrieb, sowohl die Bertelsmann AG als auch die Bertelsmann Stiftung, ein geniales Steuersparmodell, denn die Stiftung ist derzeit immer noch als gemeinnützig anerkannt, obwohl sie zu 75% Besitzer der Aktien der AG ist, 25% der Aktien befinden sich in direktem Familienbesitz. Durch die Gemeinnützigkeit muss die Stiftung die Dividendenausschüttung erheblich begünstigter versteuern, als es die Familie Mohn müsste, wenn sie als privater Eigner Steuern zahlen wür-

de. Die Einsparungen liegen in Milliardenhöhe, denn beispielsweise im Jahr 2006 kursiert ein Gewinn der Bertelsmann AG von 9,7 Mrd. Euro und der Umsatz des Konzerns war 2005 mit 16,8 Milliarden Euro so hoch wie der der nächsten zehn Medienkonzerne zusammen – ein „global player", der insgesamt in über 60 Ländern vertreten ist und sich vor allem über die Vermarktung von Kommunikation im weitesten Sinne finanziert. Unter anderem gehört der Bertelsmann AG sowohl die RTL Group, als auch der Gruner + Jahr Verlag, aber auch die, auf breiter internationaler Ebene agierende Arvato, die sich auf alle Kommunikationsplattformen zwischen Bürger und Staat spezialisiert hat. Insgesamt gehört dieser unglaublich mächtige Konzern einer einzigen Familie, der Familie Mohn.
Frieda Springer, die Witwe von Axel Springer, besitzt die Hauptanteile des Springerkonzerns und die beiden Damen sitzen häufig bei einem Plausch bei ihrer Freundin Angela Merkel. Ob sich unsere Kanzlerin diese Freundschaft allerdings frei wählen konnte, ist angesichts der Medienallmacht von Liz Mohn und Frieda Springer, die übrigens einen ausgesprochen sympathischen Eindruck machen, mehr als fraglich. Ein Kaffeekränzchen regiert unser Land.
Die politische Einflussnahme erfolgt über die Bertelsmann Stiftung, eine Institution, die sich vom Steuersparmodell schnell zum größten und durch den Medienhintergrund mächtigsten Think Tank der Republik gewandelt hat. Obwohl man in den Medien kaum den Namen Bertelsmann hört, ist es doch erklärte Politik, die Gesellschaft zu verbessern, zu reformieren und zu perfektionieren, vorwiegend in den Hinterzimmern der Macht. Übrigens relativ klar formuliert von Reinhard Mohn selbst, der wohl auch aufgrund seines Alters mittlerweile die personelle Führung in die Hände seiner Ehefrau gelegt hat.

Ich muss gestehen, dass mich der extrem apodiktische Anspruch und die verlockenden Heilsbotschaften leider an die Ideen von Scientology erinnert haben, jedoch habe ich bei allen Recherchen keine Verbindung entdecken können und behaupte dies auch nicht. Letztendlich ist dies aber wohl auch der Grund, warum auf zahlreichen Internetseiten von der „Mohn-Sekte" gesprochen wird, und gerade wir Deutschen müssen immer hellhörig werden, wenn jemand für sich allein den Anspruch proklamiert, zu wissen, was eine bessere Welt ist. Eine Frage, die sich mir ständig stellt, ist, wie verfassungskonform ein Lobbyismus ist, bei dessen Nichtbeachtung unsere Volksvertreter fürchten müssen, über die Vernichtung in den Medien ihren Job zu verlieren. Wenn ein Beruf wie der des Politikers so stark von der öffentlichen Meinung abhängt und diese Meinungsbildung in den Händen zweier netter Damen liegt, wie viel ist dann eigentlich unsere Demokratie noch wert?

Nun zurück zum Gesundheitssystem: Die Bertelsmann Stiftung berät, aus natürlich nur idealistischem Grund, die gesamte Bundesregierung, aber natürlich auch viele andere Konzerne mit Fakten, Demographie, Benchmarks und Qualitätskriterien. Sie schafft Diskussionsforen und Kongresse, bei denen ausgewählte Referenten Bertelsmannpositionen vertreten und fortwährende, subtile Meinungsbildung aus einem Guss erfolgt. Dabei hat die Stiftung in Deutschland aufgrund ihrer „Uneigennützigkeit" gerade in Politikerkreisen eine außergewöhnlich große Reputation erlangt.
Der Volksvertreter muss, um richtige Entscheidungen treffen zu können, wissen, mit welcher Sachlage er konfrontiert ist, was die Bevölkerung will und welche Risiken bestehen. Diese Daten liefert Bertelsmann, gleich kombiniert mit den entsprechenden Lösungsansätzen. Die Macht der Demographie und Demoskopie ist überragend. Wenn mir jemand sagt, ich solle meine Praxis renovieren, habe ich die Möglichkeit, frei zu entscheiden. Wenn mir aber jemand sagt, 87% der Bürger unserer Stadt finden die Einrichtung und die Farbwahl meiner Praxis schrecklich, wie sehr gerate ich dann bei meiner Entscheidung unter Druck? Deshalb kann man den Politikern letztendlich gar keine Vorwürfe machen, denn sie meinen ja, ihre Reformentscheidungen für das Volk zu treffen. Anprangern könnte man höchstens, dass sich viele schon so weit vom Bürger entfernt haben, dass sie ihn nicht mehr selbst befragen können.

Ähnlich verhält es sich auf alle Fälle mit dem Gesundheitssystem, ständig wird von Bertelsmann kritisiert, die Kommunikation und die Zusammenarbeit zwischen den ambulanten und den stationären Ärzten ist schlecht, die Qualitätskriterien werden nicht beachtet, man kann unsere Arbeit nicht messen und statistisch erfassen. Die Medien beschränken sich in der Berichterstattung nur auf Fehler und Versäumnisse unseres Berufsstandes, die tägliche Arbeit um die Gesundheit unserer Bevölkerung findet keine Erwähnung.
So sturmreif geschossen, glauben viele Politiker, an dieser „desolaten" Situation etwas ändern zu müssen, zumal – ich gestatte mir zu sagen angeblich – das Geld immer weniger wird.
Heilsbringer sind hier wieder die privaten Träger, die dem chaotischen System der Einzelpraxen mit einer Fülle an Controlling, Effizienzsteigerung, Qualitätsmanagement, Benchmarking und repräsentativer Außenwirkung entgegentreten. Das ist der Anspruch, der von der gemeinnützigen Stiftung in die Köpfe der Bundespolitiker geimpft wird. Das ist alles so schön nachvollziehbar, und welcher Politiker möchte nicht im Gesundheitssystem Qualität und messbare Größen? Doch wird menschliche Nähe und soziale Wärme jemals quantifizierbar sein?

Offensichtlich bemerken viele nicht, auf welche Gefahr wir zusteuern: wenn das System der Einzelpraxen dem Monopolismus einiger weniger Konzerne weicht, wie groß ist dann deren Macht? Was Bertelsmann davon hat, unsere Bürger zu vermarkten? Nun, Frau Liz Mohn sitzt im Aufsichtsrat der Rhön Kliniken AG, dem größten privaten Klinikbetreiber in Deutschland. Und ich bin überzeugt, dass es noch tausend andere gewinnversprechende Gründe gibt, mit denen sich die Bertelsmann AG dieses völlig neue, bisher geschützte Wirtschaftsfeld erschließen wird. Sei es durch Schriftmedien, Kommunikationsplattformen Fernsehprogramme etc.
Interessant fand ich auch die Rolle des Herrn Frank Knieps, der noch 2003 als AOK-Geschäftsführer vor einer Privatisierung der Gesundheitswirtschaft warnte, weil diese über kurz oder lang die Kosten in die Höhe schnellen lasse. Mittlerweile steht er auf der Referentenliste jeder

Bertelsmannveranstaltung und sitzt im Bundesgesundheitsministerium als Verantwortlicher für die Umsetzung der Reformen.
Ich kann mir ein Zitat aus einem Interview von 1999 mit den „Verbrauchernews" einfach nicht verkneifen. Es ging um die Forderungen der *Reformkommission Soziale Marktwirtschaft*, gesponsert von der Bertelsmannstiftung: *„Die Kommission ruft zur Abkehr von den tragenden Strukturprinzipien der sozialen Krankenversicherung auf... Gesundheit soll von den wirtschaftlichen Möglichkeiten des Einzelnen abhängig gemacht werden. ... Die Vorschläge der Kommission enthalten keine neuen und schon gar keine brauchbaren Gedanken zur politischen und finanziellen Stabilisierung der Krankenversicherung. Sie sind Blendwerk, weil sie Gesetze der Marktwirtschaft im Gesundheitswesen einführen wollen, die dort gar nicht gelten können."*

Bewundernswert, soviel fällt mir dazu ein, wie schnell gut dotierte Referentengehälter die Meinung nahezu um 180 Grad drehen können.
Nett ist auch die Geschichte mit der E-card, die von den Stiftungsgremien immer als Weg aus der Intransparenz und dem angeblichen Mangel an Kommunikation zwischen den medizinischen Leistungserbringern hochgehalten wird. Obwohl sich alle Ärzteverbände dagegen aussprechen, weil die E-card eindeutig ein Eingriff in die ärztliche Schweigepflicht und die Individualität des einzelnen Bürgers ist, betreibt das Bundesgesundheitsministerium weiter deren Einführung.
Beauftragt, für ein Volumen von vorrausichtlich 1,9 Milliarden Euro, ist der Konzernteil Arvato. Es ist übrigens müßig zu nennen, dass dieses Unternehmen zusammen mit dem Verlag Gruner + Jahr und dem Springer Konzern das modernste Druckzentrum Europas *Prinovis* hält.
Je tiefer man sucht, desto öfter findet man die Verquickung der selbsternannten Eliten, die uns in Wirklichkeit regieren. Ich gebe zu, gar nicht tiefer gestöbert zu haben, denn eigentlich wollte ich ja nur die Frage klären, warum unsere Situation ist, wie sie ist. Ich habe auch bei Frau Springer und ihrem ganzen Konzern keine offizielle Beteiligung an den großen Klinikkonzernen gefunden, deshalb kann ich mir letztendlich nur vorstellen, dass entweder entsprechender Aktienbesitz oder die

multiplen Verwebungen mit dem Bertelsmann Konzern der Grund sind, warum sich die Springerpresse so mitschuldig macht an der Vernichtung der ambulanten Patientenversorgung durch niedergelassene Ärzte.

Abschließend möchte ich noch einmal kurz zusammenfassen:
- Krankenhäuser machen politisch gewollte Defizite, werden an Klinikketten verkauft.
- Niedergelassene Ärzte verdienen politisch gewollt so wenig, dass der Nachwuchs ausbleibt. Sie werden durch MVZ ersetzt, die zu guter letzt ebenfalls den Klinikkonzernen gehören werden.
- Die medizinische Versorgung unseres Landes liegt dann nicht mehr in der Verantwortung von Ärzten, sondern von Konzernen.
- Monopolstrukturen und die Lenkung der Patientenströme garantieren bei einer überalterten Bevölkerung eine geradezu utopische Ertragssituation.
- Ärztliche Standestraditionen werden dem reinen Streben nach Ertrag geopfert werden. Die gesundheitspolitische Landschaft wird sich von Grund auf radikal verändern und entsolidarisieren.
- Die Ursache liegt nicht in dem Wunsch der Bevölkerung, sondern in der geschickten Manipulation der Regierung durch hochpotente Lobbyisten, die die Macht haben, über das Schicksal der Politiker zu verfügen.

Ich weiß, dass ich Ihnen hier viele Fakten und Daten zugemutet habe, aber ich verspreche Ihnen, dass es sich hierbei nur um die absolute Spitze des Eisberges handelt. Ich könnte die Entstehung der Hochschulgebühren oder die Beeinflussung der Schulpolitik nennen, ich könnte die Agenda 2010 der rot-grünen Regierung nennen, die in all ihren Details nahezu komplett aus der Feder der Bertelsmannstiftung stammt. Ich empfehle Ihnen nur einmal, in Ihre Suchmaschine die zwei Schlagwörter „Bertelsmann" und „Kritik" einzugeben und Sie finden eine derartige Fülle an Informationen, wie dieser Konzern Deutschland fest im Griff hat und seine Bevölkerung zu Schafen degradiert, deren Wolle reichlich Gewinn abwirft. Dabei ist es völlig unwichtig, ob man ein Arbeitsschaf, ein Landtagsschaf oder ein Bundestagsschaf ist, die gesamte Bevölkerung trägt dazu bei, den Nachschub an Wolle zu liefern.

Ich weiß nicht, wie wir alle es verhindern können, dass Gesundheit zu einer profitablen Beute für die mächtigen Konzerne werden wird, nur haben wir Ärzte generell eine nicht kontrollierbare Kommunikationsplattform, nämlich unser Wirken vor Ort, bei den Bürgern. Informieren Sie sich erst mal selbst, machen Sie sich ein eigenes Bild, bevor Sie mir alles glauben. Betrachten Sie die Medien einmal unter dem neu gewonnenen Aspekt der Unfreiheit und Manipulation. Wenn wir uns der Hintergründe bewusst werden, sieht man auch, wie unwichtig eigentlich die Streitereien der Berufsverbände sind, wie sensationell allerdings der Protest der Hausärzte in Bayern war.
Ich habe noch so viele Fragen, die ich Sie alle bitte zu beantworten, z.B. welche Rolle spielen die Krankenkassen? Ich kann mir nicht vorstellen, dass diese sehenden Auges in eine Zwangssituation laufen wollen, in der sie ausgemolken werden wie nie zuvor. Auch ist es doch höchst fragwürdig, ob man überhaupt dann noch Krankenkassen benötigt: Wenn ohnehin die Versorgung monopolistisch in den Händen der großen Konzerne liegt, ist es wohl zu erwarten, dass man seinen Krankenversicherungsbeitrag unmittelbar dorthin überweisen wird. Das ist in letzter Instanz das System des amerikanischen Konzerns *Kaiser Permanente*, mit dem unsere, hoffentlich getäuschte Gesundheitsministerin durchs Land zieht und das auf allen Internetseiten des Bundesgesundheitsministeriums so überzeugt angepriesen wird.
Wie ist das mit *Healthways*, sind die so klug, dass sie die Vermarktung unserer Republik bereits erkennen und ähnlich einem Bohrteam die besten Pfründe sichern wollen? Oder besteht hier eine Übereinkunft mit der Bertelsmann AG, für die es ein leichtes wäre, die Bevölkerung gegen diesen potentiellen Gegner aufzubringen? Geben Sie mal „Atlantikbrücke" in Ihre Suchmaschine ein, erweitert den Horizont erheblich.

Ich habe Angst vor dieser ganzen Verstrickung und erst recht vor dem Gedanken, in einem Land zu leben, das längst in den Händen von Konzernen ist. Ich kann nur diese Ergebnisse meiner Recherche darstellen und allen verantwortungsvollen Bürgern erklären, in der Hoffnung, dass dadurch eine Diskussion angeregt wird, in allen Bereichen des täglichen Lebens.

Ich kann als Arzt Menschen nicht verändern, ich kann als Arzt aber die Menschen informieren über Gefahren, die in ihrem Verhalten gründen, kann sie warnen und versuchen, über die Risiken und Nebenwirkungen aufzuklären. Das Internet scheint mittlerweile der einzige Weg, Informationen noch ungefiltert austauschen zu können. Ich lade Sie alle ein, mitzusuchen, mitzustöbern, die Geschichte publik zu machen. Zeigen Sie diese Zusammenfassung gerne allen interessierten Menschen, Journalisten und Entscheidungsträgern, die sich längst fragen, woher das Gefühl kommt, in diesem Staat nur noch ein Wirtschaftsgut zu sein, die sich tagtäglich die Frage stellen, warum das Leben hier immer weniger schön ist.

Zeigen Sie diese und Ihre eigenen Erkenntnisse den Menschen, die Macht und Einfluss haben, diskutieren Sie, ob diese Allmacht gewollt ist, oder so schleichend entstanden ist, dass sie einfach übersehen wurde. Vertreten Sie ein Menschenbild, das mehr ist, als die RTL-Vision von Superreichen und armen Bürgern, die sich bei DSDS für uns zum Idioten machen. Die weitestgehende Anspruchslosigkeit unseres Medienangebots zeugt meiner Meinung nach deutlich von dem Respekt, den die Regierenden vor uns haben. Wenn wir nach all den Gesprächen dann gemeinsam erkennen sollten, dass diese Entwicklung unveränderbar ist und in Zukunft der Weg unserer Gesellschaft in diese Richtung führen soll, muss jeder selbst wissen, ob er dort leben will oder nicht. Nur wissen sollte jeder, warum alles so abläuft.

Hinterfragen Sie, warum ein Mann wie Horst Seehofer, obwohl er die Türen geöffnet hat für diese Politik, heute in der *Passauer Neuen Presse* als scharfer Kritiker des Neoliberalismus zitiert wird, und erinnern Sie sich, bei aller Fragwürdigkeit, warum er gerade vor der Bewerbung zum

CSU-Vorsitz durch die Medien geprügelt worden ist. Dieses Schicksal droht allen Abtrünnigen und natürlich habe auch ich persönlich echte existentielle Angst vor den Auswirkungen dieses Dossiers.

Die Lösung des Problems der Rettung unseres Gesundheitssystems wäre einfach: Würde man den Beruf des selbstständigen Arztes wirklich wieder attraktiver machen, würde diese Berufsgruppe immer ein mächtiges Kontrollorgan und einen Gegenpol zu der Konzernpolitik darstellen, zumindest solange, bis man uns auch korrumpiert hat.
Die grundsätzliche Beurteilung der derzeitigen Lage unserer Nation überlasse ich sehr gerne anderen, denn die werden dafür bezahlt. Es ist wichtig, dass der Staat sich wieder seiner Verantwortung für den einzelnen Bürger bewusst wird und nicht für den Bürger in der Definition des Neoliberalismus.
Machen Sie sich Gedanken und, was mich freuen würde, überzeugen Sie mich, dass ich mich irre, dass alles, was ich heute hier verfasst habe nicht wahr ist und das Hirngespinst eines Spinners, Sie könnten mir keine größere Freude machen.

Dr. med. Jan Erik Döllein[50]
Allgemeinarzt, CSU-Kreis- und Gemeinderat
Mitglied des Verwaltungsrates der Kreiskliniken Altötting/Burghausen

Kapitel 6: Subventionen sind das Hauptinstrument zur Einführung der Agenda 21

Wie Zuschüsse als Hauptinstrument bei der Einführung der Agenda 21 verwendet werden

Blickt man auf die Finanzkrise, in der sich die Vereinigten Staaten befinden, hängt es vom Standpunkt des Betrachters ab, ob er diese für gut oder schlecht hält. Aber wäre es, wenn die Bundesregierung wünscht, freiwillige Zustimmung für bestimmte Absichten der Regierung auf der kommunalen Ebene zu erhalten und hierfür zahlungsunfähigen Körperschaften der Verwaltung mit Fallstricken versehene Zuschüsse gewährt, kein effektiver Weg, um diese Zustimmung zu erhalten? Was die Sache unschön macht, ist, dass es sich bei dem Geld, das die Regierung verwendet, um diese Zustimmung zu erhalten, um unsere Steuergroschen handelt.

Die Bundesregierung unterhält viele Subventionsprogramme. Eines dieser Programme nennt sich Sustainable Development Challenge Grant Program[51] (Subventionsprogramm für Aufgaben der Nachhaltigen Entwicklung). Wenn ein Bürger im Internet das Dokument *45156 Federal Register / Vol. 63, No. 163 / Monday, August 24, 1998 / Notices, Environmental Protection Agency*[52] aufruft, kann er einige sehr interessante Informationen hinsichtlich dieser Subventionen für Aufgaben der Nachhaltigkeit aus dem Fiskaljahr 1998 finden. In diesem Dokument heißt es, und ich zitiere:

> *„dass die EPA (die Umweltbehörde der Vereinigten Staaten), hinsichtlich der ‚Maßnahmen hoher Priorität' von Präsident Clinton aus dem Bericht ‚Neuerfindung von Umweltverordnungen' vom 16. März 1995, um Vorschläge für diese Zuschüsse bittet... das Subventionsprogramm für Aufgaben der Nachhaltigen Entwicklung fordert die Kommunen auf in eine nachhaltige Zukunft zu investieren, die Umweltschutz, wirtschaftlichen Wohlstand und das Gemeinwohl [auch soziale Gerechtigkeit genannt] miteinander verbindet."*

Mit anderen Worten werden Subventionen für Aufgaben der Nachhaltigen Entwicklung von der EPA, einer Umweltbehörde, als Schmiergelder der Bundesregierung verwaltet, um auf der kommunalen Ebene Maßnahmen in Gang zu setzen, welche die 3 E der Nachhaltigen Entwicklung fördern.

Ein weiteres Zitat aus dem Dokument:

„Dieser Philosophie entsprechend, wird die EPA dieses Programm, in Übereinstimmung mit den Richtlinien der Durchführungsverordnung 12898, Maßnahmen des Bundes zur Durchsetzung von Umweltgerechtigkeit bei Bevölkerungsminderheiten und der einkommensschwachen Bevölkerung (vom 11. Februar 1994), umsetzen..."

...und vieles mehr, das ich hier nicht aufführen möchte.

Dieser Abschnitt des Dokuments macht zwei Dinge sehr deutlich: Erstens hat die EPA mit diesem Subventions-Aufgabenprogramm die volle Erlaubnis der Regierung, den Reichtum der Wohlhabenden an die Armen umzuverteilen. Zweitens gibt es außer diesem Subventions-Aufgabenprogramm viele weitere bundesstaatliche Subventionsprogramme der EPA, um soziale-, wirtschaftliche- sowie Umweltgerechtigkeit auf Kosten der Steuerzahler voranzutreiben.

Was dieses Dokument allerdings so wichtig, so wirklich wichtig macht, ist, dass es den unanfechtbaren Beweis erbringt, dass die Regierung der Vereinigten Staaten die Durchsetzung der Agenda 21 mit Verordnungen und de facto mit Bestechungsgeldern erzwingt. Das folgende Zitat aus dem Dokument ist das Corpus Delicti für die direkte Beteiligung der Bundesregierung bei der Einführung der Agenda 21.

„Das Subventionsprogramm für Aufgaben der Nachhaltigen Entwicklung ist zudem ein Schritt bei der Durchsetzung der ‚Agenda 21, dem globalen Plan von Maßnahmen zur Nachhaltigkeit', die von den Vereinigten Staaten auf dem Earth Summit in Rio de Janeiro 1992 unterzeichnet wurde."

Das ist wichtig genug, um wiederholt zu werden:

"Das Subventionsprogramm für Aufgaben der Nachhaltigen Entwicklung ist zudem ein Schritt bei der Durchsetzung der „Agenda 21, dem globalen Plan von Maßnahmen zur Nachhaltigkeit", die von den Vereinigten Staaten auf dem Earth Summit in Rio de Janeiro 1992 unterzeichnet wurde."

Dieser eine Satz beleuchtet zwei kritische Punkte: Erstens, dass Nachhaltige Entwicklung genau das Gleiche, quasi ein Synonym für die Agenda 21 ist. Wenn also auf Nachhaltige Entwicklung verwiesen wird, bedenken Sie immer, dass diese Worte für die „Agenda 21" stehen. Die Agenda 21 ist übrigens von keinem der dort anwesenden Staatsführer jemals unterzeichnet worden!

Zweitens bestätigt die Bundesregierung in ihrem eigenen Dokument tatsächlich, dass sie beabsichtigt die Agenda 21, eine UN-Direktive, über das Subventionsprogramm für Aufgaben der Nachhaltigen Entwicklung einzuführen. Bedenken Sie, dass die Agenda 21 ein Abkommen ist, das nie durch den Kongress ratifiziert wurde. Deshalb ist die Durchsetzung der Agenda 21 eine direkte Verletzung von Artikel 1 Abschnitt 10 (3) der Verfassung der Vereinigten Staaten, der besagt...

„(3) Kein Staat soll ohne Zustimmung des Kongresses Steuern auf Tonnage erheben, in Friedenszeiten Truppen oder Kriegsschiffe unterhalten, eine Vereinbarung oder einen Vertrag mit einem der anderen Staaten oder mit einer fremden Macht schließen oder Krieg führen, wenn er nicht tatsächlich angegriffen wird, oder die Gefahr, in der er sich befindet, so bedrohlich ist, dass sie keinen Aufschub duldet." (siehe auch Artikel 2.3 der U.S. Verfassung)

Das Aufgabenbewilligungsprogramm beweist, dass die Bundesregierung die 3 E oder die Agenda 21 nicht weiterhin allein durch Verordnungen einführen kann. Sie benötigt die Verwendung von Subventionen, um Zustimmung zu erhalten und den Anschein, dass Amerika ängstlich und willig ist, seine Freiheit zum Schutz der Umwelt und der Gemeinschaft zu opfern. Die Wahrheit jedoch ist, dass die meisten der Landes- und Kommunalverwaltungen bei der Aufrechterhaltung ihrer Infrastruktur dermaßen überfordert sind, dass sie den Fallstricken, mit denen die Zuschüsse verknüpft sind, keine genauere Beachtung schenken.

Ein abschließender Gedanke zu Subventionen:
Nach dieser Lektion sollte sich Ihnen die Frage stellen, ob bei einer Bündelung der ganzen Subventionsgelder, die momentan ausbezahlt werden, und ihrer anschließenden Verwendung zur Reduzierung der Staatsschulden, das Staatsdefizit nicht dahinschmelzen müsste. Mit anderen Worten: Sind nicht möglicherweise die hohen Geldbeträge, die für Subventionen zur Förderung der sozialen Gerechtigkeit und grüner Programme verwendet werden, der Grund für das hohe Staatsdefizit?

Das nächste Kapitel wird Sie in die Lage versetzen, zu erkennen, wie Landesregierungen die Zuschüsse verwenden, um die von Ihnen gewählten Kommunalparlamente zu entmachten.

Erneut sei empfohlen, das bereichernde Zusatzmaterial von Kapitel 6 zu lesen.

Zusatzinformationen zu Kapitel 6

Umweltbehörden und Umweltstiftungen

[Anm. d. Übers.: Titel und Inhalte entsprechen nicht dem amerikanischen Original, sondern wurden auf die Situation im deutschsprachigen Raum angepasst.]

Die Verfechter der Agenda 21 sind brillante Strategen, die wissen, wie schwer es ist, sich wohlklingenden Ideen zu widersetzen. Das werden Sie erkennen, wenn Sie die Webseiten von Umweltbehörden und Umweltstiftungen besuchen. Viele der Projekte, die dort vorgestellt und diskutiert werden, klingen großartig. Die Fotos vermitteln wohlige Gefühle. Schalten Sie Ihr kritisches Denken ein und nutzen Sie das Wissen dieser Unterrichtsreihe. Die im Anschluss vorgestellten Seiten quellen vor Agenda-21-Strategien nur so über. Beim Stöbern auf den Seiten staatlicher Institutionen oder Nichtregierungsorganisationen werden Sie viele Hinweise darauf erhalten, wie die Ziele der Agenda 21, bspw. durch zunehmend restriktive Umweltgesetze und Vorschriften oder auch durch Ankauf von Acker- oder Weideflächen zu deren Umwandlung in Naturschutzgebiete, umgesetzt werden. All das wird mit Ihren Steuergeldern finanziert, und es macht nicht den Eindruck, als würde es ein gutes Ende nehmen:

www.unesco.de

www.bmu.de/themen/nachhaltigkeit-internationales/nachhaltige-entwicklung/was-ist-nachhaltige-entwicklung

https://shop.stiftungen.org/media/mconnect_uploadfiles/u/m/umweltstiftungen_3_final.pdf

Kapitel 7: Wie Bezirksregierungen die uns vertretenden Kommunalregierungen zerstören

Wie Bezirksregierungen die uns vertretenden Kommunalregierungen zerstören und die Errichtung der „Eine Welt Regierung" beschleunigen

Ohne die vollständige Beseitigung aller Grenzen ist es unmöglich, eine „Eine-Welt-Regierung" oder „Neue Welt Ordnung" (NWO) zu errichten. Nehmen Sie die Europäische Union als Beispiel. Alle Nationen der EU teilen die gleiche Währung, haben Freizügigkeit innerhalb ihrer Grenzen, sie haben ein zentrales Steuersystem, das einen beschleunigten Geldeinzug beinhaltet (bspw. ESM) sowie eine gemeinsame Gerichtsbarkeit. Sind sie vor diesem Hintergrund tatsächlich noch souverän? Haben ihre Grenzen noch irgendeine Funktion? Es gib tatsächlich einen Grund dafür, warum sie als *Europäische Union* bezeichnet werden.

Dann gibt es den Nordamerikanischen Kontinent, in dem Verträge wie das Nordamerikanische Freihandelsabkommen (NAFTA) und unsere offenen Grenzen die Unabhängigkeit der Vereinigten Staaten bedrohen.

Wenn Grenzen erst einmal bedeutungslos sind, werden die betroffenen Nationen vollumfänglich zu einer größeren politischen Instanz vereint sein. Wäre es an diesem Punkt nicht einfacher, die Anzahl dieser größeren Blöcke von Ländern unter einer Weltregierung zu vereinen?

Die Grenzen zwischen kommunalen Regierungsinstanzen wie Städten, Stadtteilen und Bezirken sind einem ebensolchen Angriff ausgesetzt. Um dies zu verstehen, dürfen wir nicht vergessen, dass die Regierung der Vereinigten Staaten von den Gründervätern so konstruiert wurde, dass sie auf der kommunalen Ebene am stärksten ist. Weil die Kommunalverwaltungen, wie schon erwähnt, dringend Geld benötigen, ist es nicht schwierig, sie von der Annahme mit Auflagen verbundener Subventionen zu überzeugen.

Nicht nur Subventionen von der Bundes- und den Landesregierungen sind für die Kommunalverwaltungen verlockend, sondern auch jene Fördergelder, die durch Bezirksregierungen erweitert werden, und Bezirksregierungen sprießen wie Pilze aus dem Boden.

Nachfolgend finden Sie eine Liste der in der *National Association of Regional Councils*[53] (NARC) vereinigten regionalen Gremien in Ohio.

Ohio

- *Bel-O-Mar Regional Council and Interstate Planning Commission*[54]
- Brook-Hancock-Jefferson Metropolitan Planning Commission[55]
- Buckeye Hills – Hocking Valley[56]
- Clark County-Springfield Transportation Coordinating Committee[57]
- Eastgate Regional Council of Governments[58]
- Erie Regional Planning Commission[59]
- Lima-Allen County Regional Planning Commission[60]
- Licking County Area Transportation Study[61]
- Miami Valley Regional Planning Commission[62]
- Mid-Ohio Regional Planning Commission[63]
- Northeast Ohio Areawide Coordinating Agency[64]
- OKI-Ohio-Kentucky-Indiana Regional Council of Governments (Ohio-Kentucky-Indiana) [65]
- Richland County Regional Planning Commission[66]
- Toledo Metropolitan Area Council of Governments[67]
- Southern Ohio Council of Governments[68]
- Stark County Area Transportation[69]

Und dies sind die Leitlinien der Nationalen Vereinigung der Regionalen Gremien (NARC):

Auftrag

Als nationale Organisation des öffentlichen Interesses arbeitet NARC mit und durch seine Mitglieder an:

- der Gestaltung von Bundespolitik unter Berücksichtigung des Wertes zwischenstaatlicher Zusammenarbeit auf lokaler Ebene;
- der erfolgreichen Vertretung in der Funktion von Regionalräten bei Koordination, Planung und Förderung gegenwärtiger und zukünftiger staatlicher Programme;
- der Bereitstellung von Forschung und Analysen über unsere Mitglieder betreffenden nationale Kernfragen und -Entwicklungen sowie
- am Angebot von hochqualifizierten Studien- und Vernetzungsmöglichkeiten für die regionale Organisation durch Veranstaltungen, Training und technische Hilfe.

Wenn Sie die Leitlinien der NACR lesen, ist es einfach zu sehen, dass des NARC der „Türöffner" für Information, Geld und Macht ist, die von der Bundesregierung an die Bezirksregierungen hinuntergereicht werden, welche dann entscheiden, wie sie am besten an die Kommunalverwaltungen zu verteilen sind.

Mit anderen Worten ist die Kommunalverwaltung, der bei der Gründung dieses Landes die Stellung des „Hundes" und nicht des „Schwanzes" zukam, nun, durch Subventionen, welche die Bezirksregierung der Kommunalverwaltung anbietet, in sämtlichen Bereichen der Regierung unterworfen. Um es anders auszudrücken: So, wie die Executive Orders (Durchführungsverordnungen) des Präsidenten den Kongress bedeutungslos machen, machen Bezirksregierungen Kommunalregierungen bedeutungslos.

Bezirksregierungen können ebenso eine Bedrohung für Staatsgrenzen sein. Beachten Sie auf der vorangestellten Liste von Bezirksregierungen (Seite 150), dass der Bezirk von Ohio, OKI, sich über drei Staatsgrenzen erstreckt: Ohio, Kentucky und Indiana. Man könnte sich fragen, wie in aller Welt eine Bezirksregierung drei verschiedenen Bundesstaaten Vorschriften machen kann. Umgekehrt könnte man sich fragen, wie ein neues Gesetz, das der Gesetzgeber eines Bundesstaates dort eingeführt hat, in einem anderen Staat eingeführt und angewendet werden kann.

Dieses Zitat von der UN-Kommission für Global Governance verdeutlicht dies. Es lautet:

„Regionalismus muss vor dem Globalismus Vorrang haben. Wir sehen ein nahtloses System der aufwärts gerichteten Regierungsgewalt von kommunalen Gemeinden über einzelne Staaten, regionalen Zusammenschlüssen bis hinauf zu den Vereinten Nationen vor."

Und dann ist da noch eine weitere unheilige Allianz, die durch die Executive Order 136002 in den letzten Jahren entstanden und gestärkt worden ist.

Die *Executive Order 13602*[70], die im März 2012 von Präsident Obama unterzeichnet worden ist, gibt dem Bauministerium (HUD) die Macht, in die Planung von Städten, Gemeinden und Regionen einzugreifen, um *„ihre Vision von Stabilität und wirtschaftlichem Wachstum zu erweitern..."* Diese Executive Order stellt sicher, dass die *„Hilfe der Bundesregierung besser bereitgestellt und genutzt werden kann"*. Das Bauministerium hat nun die Möglichkeit, Vorschriften zu erlassen, um die kommunale und regionale Planung durchzusetzen, die die Regierung für die Finanzstabilität der Vereinigten Staaten für förderlich hält.

Diese Executive Order vergrößert die Wahrscheinlichkeit, dass verschiedene Bundesbehörden Hand in der Hand mit Bezirksregierungen arbeiten werden, um Kommunalverwaltungen für das Konzept der

Nachhaltigen Entwicklung gefügig zu machen. Der Ablauf ist Folgender: Die Notenbanken verteilen das Geld der Steuerzahler an das Verkehrsministerium (DOT) oder die Umweltbehörde (EPA), welche sie an das Bauministerium (HUD) weiterleiten, um sie dann zu den Bezirksregierungen herunterzureichen, die sie, versehen mit Auflagen zur Nachhaltigen Entwicklung, vor den Augen der Kommunalverwaltungen baumeln lassen, um Übereinstimmung mit den Richtlinien der Nachhaltigen Entwicklung der Notenbanken zu erzeugen.

Ein Beispiel dafür, wie diese Allianz arbeitet und die „Errichtung menschlicher Siedlungen" (siehe Lektion 4) vorantreibt, ist der *Consolidated Appropriations Act, 2010 (Public Law 111-117)*[71] (Erlass für konsolidierte Bewilligungsvorlagen) in dem dem Bauministerium für eine Initiative zum nachhaltigen Städtebau eine Gesamtsumme von $150.000.000 bereitgestellt wurde.

> *„Das Bauministerium hat daraufhin Subventionsprogramme aufgelegt, um die Planungseffizienz von Entscheidungen zu integriertem Bau- und Verkehrswesen zu verbessern und um die Kapazität von Regierungen, hinsichtlich der veränderten Nutzungsgewohnheiten und Aufteilung in Zonen von Grund und Boden, auf kommunaler, regionaler und bundesstaatlicher Ebene zu erhöhen. Von den 150 Millionen Dollar wurden 100 Mio. für das „Sustainable Communities Regional Planning Grant" (Subventionsplan für Nachhaltige Regionale Gemeinden), 40 Mio. für „Challenge Planning Grants" (Zuschüsse für Anforderungen bei der Planung), 8,5 Mio. für die gemeinsame Leistung bei der Erforschung und Auswertung dem Bau- und Verkehrsministerium und bis zu 1,5 Mio. für die Umgestaltung des Bauministeriums verwendet."*

In einfachen Worten ist, was das Bauministerium nach dem Erhalt der Gelder damit betreibt, ihre Weiterleitung an Gremien nicht gewählter Bezirksregierungen, die den kommunalen Verwaltungen im Gegenzug für gewöhnlich Zuschüsse für die Errichtung komplett vorbereiteter Bebauungspläne für an Durchgangsverkehr gelegenen, dicht besiedelten Gebieten, einschließlich Geh- und Fahrradwegen, zur Verfügung stellen (siehe Kapitel 4). Wenn die Menschen durch das Wildland-Projekt (siehe Lektion 3) erst einmal auf diese Weise aus den ländlichen Regionen verdrängt worden sind, wird die Infrastruktur für „menschliche Ansiedlungen" bereits bestehen (siehe Lektion 4) und Soziale- Ökonomische- wie auch Umweltgerechtigkeit erreicht worden sein (siehe Kapitel 1).

Weiterhin wird das Bedürfnis zum Besitz eines Kraftfahrzeugs bei den Ankömmlingen dieser neu gestalteten menschlichen Siedlungen wegen der vorhandenen Fahrradwege, Gehwege und der nahegelegenen öffentlichen Verkehrsmittel abnehmen. Die hohe Bevölkerungsdichte wird der Regierung exzellente Voraussetzungen für deren Überwachung und Kontrolle bieten.

Zusammenfassend wird die Macht der Kommunalverwaltungen, gemeinsam mit der Bedeutung von Grenzen zwischen Nationen, Bundesländern oder kommunaler Körperschaften, durch die Weitergabe von staatlichen Zuschüssen durch Regionalregierungen beseitigt. Wenn die Grenzen und unsere kommunalen Verwaltungen, mitsamt ihren gewählten Amtsträgern, erst einmal von nicht gewählten und Regionalregierungen dienenden Bürokraten vernichtet worden sind, liegt die „Eine Welt Ordnung" (Weltregierung) in greifbarer Nähe.

Alles, was die Regierung benötigt, ist der Erhalt der Kontrolle über die Bevölkerung, bis genug Zeit vergangen ist, welche die Bürger hat vergessen lassen, dass es jemals eine Zeit gegeben hat, in der Regierungen durch ihre Wahl bestimmt worden sind. Damals, als es die Weltregierung noch nicht gab...

„Die Rechte des Einzelnen müssen vor denen des Kollektivs zurücktreten."

Harvey Ruvin, als stellvertretender Vorsitzender des ICLEI
(siehe Lektion 3, Das Wildland-Projekt)

Die folgende Lektion 8, wird Sie in die Lage versetzen zu begreifen, wie unsere Kinder durch Indoktrination und die Keulen des Lehrplans schon im Klassenzimmer lernen, ihre gottgegebenen Rechte, zu Gunsten des „Gemeinwohls" hinten anzustellen.

Bevor Sie jedoch mit Kapitel 8 fortfahren, sei erneut die Lektüre des Zusatzmaterials von Kapitel 7 empfohlen.

Zusatzinformationen zu Kapitel 7

1. Obamas Pläne für Ohio

Dieser ausgezeichnete Beitrag demonstriert, wie Regionalregierungen versuchen werden, den Wohlstand der Vororte in die Innenstädte umzuverteilen. Bei diesem Artikel handelt es sich um einen Auszug aus Stanley Kurtz' neuem Buch *"Spreading the Wealth: How Obama is Robbing the Suburbs to Pay for the Cities"*.

von Stanley Kurtz

8. Oktober 2012, *NATIONAL REVIEW*

Vorstädter in Ohio, aufgepasst! Als Wechselwähler in diesem ultimativen Swing-Staat werden Sie einen übergroßen Einfluss auf diese Wahl haben. Präsident Obama hat versprochen, im Interesse von Wählern aus der Mittelschicht wie Ihnen zu regieren. Da so viel auf Ihren Schultern lastet, ist das ein Versprechen, das Sie mit Sorgfalt prüfen sollten. Wie genau sehen Obamas Pläne für die Vorstadtgemeinden von Ohio aus? Die Antwort wird Sie vermutlich schockieren.
Präsident Obama will den Demokraten in Ohio dabei helfen, die krisengeschüttelten Städte Ihres Bundesstaates zu retten, indem er Steuergelder aus den Vorstädten gewaltsam in die Stadtkassen transferiert. Es ist ein kühner Plan, den Reichtum der Vorstädte Ohios umzuverteilen. Auch fordert er, die Art des Straßenbaus und der Unternehmensentwicklung zu stoppen, die Arbeitsplätze und Steuern in die Vorstädte bringt. In Kurzform bedeutet das „Regionalismus". Sollte Obama wiedergewählt werden, bekommen Ohios Vorstädte wahrscheinlich eine umverteilende, stadtbasierte regionalistische Agenda auferlegt. Der beste Weg, sich die Zukunft der Vorstädte Ohios in einer zweiten Amtszeit Obamas vorzustellen, ist, sie nach der in die Tat umgesetzten regionalistischen Agenda in dessen ersten Amtszeit zu beurteilen.

Um das Jahr 2006 herum begannen die Planer von Cleveland vorzuschlagen, der Stadt Zugang zu den von den umliegenden Vororten erhobenen Steuern zu gewähren. Ihr Modell war die Region Minneapolis-St. Paul, wo die Legislative des Bundesstaates Minnesota widerwillige Vorstädter zwingt, ihre Steuereinnahmen mit den Städten zu „teilen". Die Regionalisten von Cleveland warben auch für die Großstadtplanungsbehörde von Portland, Oregon. Die Planungskommission von Portland hat eine „Wachstumsgrenze" für die Stadt festgelegt, die den Autobahnbau oder die weitere Ansiedlung von Unternehmen an den Rändern des Ballungsgebiets verbietet. Die Regionalisten machen den Verlust der Steuerbasis an die Vorstädte für die finanzielle Notlage der Städte verantwortlich. Die Blockade des Baus neuer Autobahnen, die den Verkehr erleichtern oder als Tor zu neu errichteten Vorstädten dienen könnten, soll sowohl die weitere Abwanderung verhindern als auch die derzeitigen Vorstädter zurück in die Städte drängen. Darauf wollte Obama in dem kürzlich veröffentlichten Video aus dem Jahr 2007 hinaus, in dem er sagte: *„Wir müssen nicht noch mehr Autobahnen in den Vorstädten bauen."*

Die Umverteilung des Steueraufkommens und die Begrenzung des städtischen Wachstums sind selten und zum Teil deswegen zutiefst umstritten, weil sie von vornherein gegen die Vorstädte gerichtet sind. Hierdurch werden Großstädte in die Lage versetzt, die politische und wirtschaftliche Unabhängigkeit ihrer umliegenden Gemeinden auszuhöhlen. Die regionalistische Linke, Präsident Obama mit eingeschlossen, möchte diese Politik in alle Ballungsgebiete Amerikas exportieren. Und Cleveland war bei diesem Plan mit von der Partie.

Im Jahr 2007 warb der *Cleveland Plain Dealer* für eine Steueraufteilung im Stil von Minnesota und schlug gleichzeitig vor, dass die ärmlichen „Metropolitan Planning Organizations" (MPOs), die seit langem Bundesmittel für den Verkehrssektor aufteilen, in regionale Planungskommissionen im Stil von Portland umgewandelt werden könnten, welche dann die Macht hätten, die Entwicklung der Vorstädte zu blockieren. Mit diesen Änderungen wollten die Regionalisten von Cleveland entweder verhindern, dass Möchtegern-Vorstädter aus der Stadt wegziehen, oder durchsetzen an einen Teil der gezahlten Steuergelder von bereits weggezogenen Vorstädtern zu gelangen.

Im Oktober 2007 traten die neuen Regionalisten von Cleveland in Aktion. Die *Northeast Ohio Areawide Coordinating Agency* (NOACA), die MPO der fünf Counties, welche die Bundesmittel für den Verkehrssektor in die Region leitet, unternahm einen beispiellosen Schritt. Unter Nutzung der durch das System der Stimmengewichtung der NOACA übertragenen Befugnisse drohten Mitglieder aus Cleveland und den ärmeren Vorstädten am inneren Ring damit, gegen den Bau eines Autobahnkreuzes in Avon, einem schnell wachsenden, wohlhabenden Vorort im benachbarten Lorain County, ein Veto einzulegen, wenn sich Avon nicht bereit erklären würde, die Steuern von neu gegründeten, an der Strecke gelegenen Unternehmen zu „teilen".

Empörte Vertreter aus den entlegenen Bezirken fühlten sich von Cleveland und den Vororten am inneren Ring des Bezirks Cuyahoga unter Druck gesetzt. Der Bürgermeister von Avon, Jim Smith, sagte, dass seine angeblich freiwillige Vereinbarung, die Steuern der Stadt mit Cleveland zu „teilen", eher der Verzweiflungstat einer mit einer Waffe bedrohten Geisel gleichkomme. Die Regionalisten von Cleveland hingegen waren begeistert. Sie betrachteten den Avon-Deal als einen ersten großen Schritt für ihre ehrgeizige neue Agenda zur Erlangung einer effektiven politischen und wirtschaftliche Kontrolle über die Vororte der Region.

Der demokratische Wahlkampf von 2008 sollte den Regionalisten in Cleveland schon bald die Tür öffnen, nach der Sie gesucht hatten. Als Obama und die nationalen Demokraten ihre eigene Agenda zur Umgestaltung in Angriff nahmen, eroberten die Demokraten zum ersten Mal seit 14 Jahren das Repräsentantenhaus von Ohio. Der neue Sprecher des Repräsentantenhauses, Armond Budish, ein Demokrat – der erste Sprecher aus dem Nordosten Ohios seit über 70 Jahren – versprach, eine mutige regionalistische Agenda im ganzen Bundesstaat durchzusetzen. Mit dem Demokraten Ted Strickland im Amt des Gouverneurs waren die Aussichten für Planungsbüros im Stil von Portland und ein staatlich verordnetes Steuerteilungsprogramm gut. In Anlehnung an Obamas damaligen Stabschef, Rahm Emanuel, versprachen die Regionalisten von Cleveland, die Finanzkrise nicht *„ungenutzt zu lassen"*. Sie sollten sie stattdessen aufgreifen, um Cleveland Zugang zum Steueraufkommen der umliegenden Vorstädte zu gewähren.

Mitte 2009 erreichte der Regionalismus in Ohio seinen Höhepunkt. Eine Gruppe von Bürgermeistern und Stadtplanern hatte die Regional Prosperity Initiative (RPI) für 16 Bezirke im Nordosten Ohios ins Leben gerufen. Die RPI machte Vorschläge für eine regionale Aufteilung des Steueraufkommens und machte die vier MPOs im Nordosten von Ohio durch deren Zusammenlegung zu einer einzigen regionalen Planungsbehörde. Die Konsolidierung sollte Cleveland und einigen anderen Städten die Macht geben, die Entwicklung in den Vorstädten der Region zu bremsen.

Zu diesem Zeitpunkt stieß die gegen die Vorstädte gerichtete Agenda der Regionalisten von Cleveland zum ersten Mal auf Widerstand. Alex Kelemen, ein Geschäftsmann und künftiges Mitglied des Stadtrats von Hudson, leitete die Bewegung, oft in Auseinandersetzungen mit dem Bürgermeister von Hudson, William Currin, einem Führer der regionalistischen Kräfte. Kelemen wies darauf hin, dass nach dem Steuerverteilungsplan der RPI eine kleine Gemeinde gezwungen sein könnte, die von den Wählern genehmigten lokalen Bildungsgelder in eine große Stadt in einem anderen Bezirk umzuverteilen. Das wäre nicht nur undemokratisch, sondern würde auch die Beschlüsse zur Schulfinanzierung so gut wie unmöglich machen. Kelemen verurteilte die regionalistischen Pläne der RPI als das Produkt *„einer das Wachstum der Vorstädte verachtenden, in Cleveland zentrierten Bürokratie ohne volkswirtschaftliche Kenntnisse"*.

In der von Demokraten dominierten Hauptstadt Ohios, Columbus, fielen die Einwände von Kelemen und einer wachsenden Zahl von Bürgermeistern der Vorstädte im Nordosten Ohios kaum ins Gewicht. Ende 2010 hatte sich das Blatt jedoch gewendet. Die übertriebenen Bemühungen Obamas und der Kongress-Demokraten um die Gesundheitsversorgung und das Konjunkturpaket hatten die Rebellion der Tea-Party entfacht. Obwohl die Demokraten in Ohio Mehrheiten besaßen, die in der Lage waren, eine regionale Aufteilung des Steueraufkommens und der Stadt untergeordnete Planungsräte durchzusetzen, hielten sie sich zurück und spürten die konservative Stimmung bei den bevorstehenden Zwischenwahlen.

Ein genau zu diesem Zeitpunkt aufgedeckter, massiver Korruptionsskandal in dem mitten in Cleveland gelegenen Bezirk Cuyahoga trug ebenfalls zum Scheitern der Pläne der Regionalisten bei. Die Idee, Steuerzahler zu zwingen, eine korrupte und schlecht verwaltete Regierung in Cuyahoga County im Wahljahr finanziell zu unterstützen, war ein Rohrkrepierer.

Mit Präsident Obamas Hilfe war dies jedoch bei weitem nicht das Ende der regionalistischen Agenda in Ohio. Die Obama-Regierung, die sich zutiefst für einen umverteilenden Regionalismus eingesetzt hat, hieß die Vorschläge der RPI in Ohio im Jahr 2009 als nationales Modell willkommen. Ein Jahr später erhielt der Nordosten Ohios im Rahmen von Obamas wenig bekannter, aber potentiell revolutionärer Initiative für nachhaltige Gemeinschaften einen begehrten „Regionalplanungszuschuss". Trotz des Wiedererstarkens der Republikaner in Ohio und des Sieges des republikanischen Gouverneurskandidaten John Kasich im Jahr 2010, sollten die Regionalisten in Cleveland und Cuyahoga County eine neue Chance zur Transformation des Staates erhalten.

Dieselbe Gruppe, die NOACA und das RPI leitete, übernahm nun die Führungsrolle in der von Obamas Bundeszuschuss geschaffenen Gruppe, dem Northeast Ohio Sustainable Communities Consortium (NEOSCC) (Nachhaltigkeitskonsortium der Kommunen in Nordost-Ohio). Dadurch erhielten die Regionalisten von Cleveland die Anerkennung des Bundes sowie die Möglichkeit, die Bundeszuschüsse als Hebel unter ihre politischen Präferenzen zu platzieren.

Die NEOSCC hat Fraktionskämpfe zwischen ihren mutigeren Linken und ihren vorsichtigen politischen Händen erlebt. Die fortschrittlichere Fraktion macht Vorschläge, die sich, wie in Portland, an der Begrenzung des städtischen Wachstums orientieren. Klügere Regionalisten begreifen, dass eine stückweise Herangehensweise im Stillen zum gleichen Ziel führen kann. Wenn es der NEOSCC gelingt, die vier Großstadtplanungsorganisationen in der sechzehn Kreise umfassenden Region zusammenzulegen, kann sie eine de facto-Wachstumsgrenze schaffen, ohne eine solche formell zu erklären. Mit einer gewichteten Abstimmung für die Städte könnte die neue Planungskommission auf diese Weise Vorstadtentwicklungsprojekte von Fall zu Fall blockieren.

Beide Taktiken würden Ohio Arbeitsplätze entziehen. So war der Bundesstaat beispielsweise 2009 begeistert, als eine große neue Barbasol-Rasiercreme-Fabrik im Speckgürtel von Cleveland, in Ashland, Ohio, und nicht in Syracuse, New York, die Schienen-, Kanalisations- und Straßeninfrastruktur auf halb-ländliches Gebiet ausgeweitet hat, um den Standort des Werks zu versorgen. Urban orientierte „Planer des Intelligenten Wachstums" hätten all dies als eine Form der „Zersiedelung" verboten, und Barbasols neues Werk würde nun in New York anstatt in Ohio stehen.

Die NEOSCC soll 2013 ihren Abschlussbericht vorlegen, und das könnte für Aufregung in den Vororten Ohios sorgen. Es ist zu erwarten, dass deren Geschäftsführer sowie die Sprecher der RPI (die oft aus denselben Personen bestehen) ihre Agenda im Jahr 2013 für diese Legislaturperiode im Bundesstaat Ohio durchsetzen werden, insbesondere wenn Obama und die Demokraten im Jahr 2012 gut abschneiden. Ein sicher wiedergewählter Obama könnte den Ergebnissen der Gruppe erhebliche regulatorische Kraft verleihen. Bereits im Jahr 2009 hat der Minister für Wohnungsbau und Stadtentwicklung, Shaun Donovan, die Idee auf den Tisch gebracht, die Bundeszuschüsse so umzuverteilen, dass die Ziele der Regionalisten im Nordosten Ohios gefördert werden. Obama müsste lediglich den Erhalt verschiedener Zuschussprogramme des Bundes in Ohio davon abhängig machen, dass der Bundesstaat die

Empfehlungen der NEOSCC befolgt – eine Taktik, die er auch auf andere Themenbereiche anwendet.

Doch das beschreibt die Bemühungen Obamas um die regionalistische Agenda in Ohio nur ansatzweise. Eine Gruppe namens Building One America (BOA) hat versucht, Politiker aus den Vorstädten in ganz Ohio in ein Bündnis mit städtischen Gesetzgebern zu regionalistischen Themen zu bringen. Das Ziel der BOA ist es, in Columbus eine politische Koalition zu schaffen, die in der Lage ist, die Aufteilung des Steueraufkommens und eine groß angelegte Regionalplanung in den Vorstädten von Ohio zu erzwingen. Die BOA wird von einigen der gleichen Gemeindeorganisatoren geleitet, die in den frühen Tagen von Chicago mit Barack Obama trainiert und zusammengearbeitet haben. Diese linksgerichteten Aktivisten sehen in der regionalen Aufteilung des Steueraufkommens das Gegenmittel zu dem, was sie als die Gier der amerikanischen Vorstädter bezeichnen.

Präsident Obama hat den gegen die Vororte gerichteten Bemühungen der BOA die volle Unterstützung seiner Regierung in Aussicht gestellt. So war das Weiße Haus im Juli 2011 Gastgeber einer von der BOA organisierten Konferenz, an der zahlreiche Politiker aus Ohio teilgenommen haben. Die versammelten Politiker aus Ohio hörten Redner, welche die Vorteile des Planungssystems von Portland sowie die Vorteile der regionalen Aufteilung des Steueraufkommens in Minnesota hervorgehoben haben. Obama pflegt enge Verbindungen zur regionalistischen Bewegung (wie ich in meinem Buch zum Thema aufzeige). Sollte Obama wiedergewählt werden, wird er sicherlich den Regionalismus in Ohio und darüber hinaus propagieren.
Kurz gesagt: Wenn Präsident Obama ihnen weiterhin behilflich ist, werden die Regionalisten im Jahr 2013 ein weiteres Stück vom Kuchen erhalten. Die Aufteilung der Steuergelder und die groß angelegte Regionalplanung standen bereits im Jahr 2009 kurz vor ihrer Verabschiedung. Da Obama die NEOSCC unterstützt, indem er die Bundeshilfe an Bedingungen knüpft, und das Weiße Haus die Koalitionsbemühungen der BOA in Columbus willkommen heißt, wären die Vorausset-

zungen für einen regionalistischen Triumph in Ohio gegeben. Wenn Obama Jahr 2014 im Amt sein und ein Demokrat den Gouverneursposten in Ohio übernehmen würde, wäre eine regionalistische Revolution in diesem Bundesstaat eher wahrscheinlich als unwahrscheinlich.

Wenn der Gesetzgeber von Ohio ein regionales System zur Aufteilung der Steuereinnahmen einrichtet, können Sie sicher sein, dass dies den Staat umgestalten würde. Eine Gesetzgebung, die diese Praxis ermöglicht und dementsprechende Anreize schafft, würde sicherlich von Interessenten weit über Nordost-Ohio hinaus aufgegriffen werden. Die regionalistische Agenda mag aus Cleveland kommen, aber jeder Vorstädter in Ohio würde die Auswirkungen ihre Ratifizierung durch die Regierung des Bundesstaates spüren.

Ohios Regionalisten werden Ihnen erzählen, dass ihr Plan zur Umverteilung des Steueraufkommens absolut freiwillig ist. Glauben Sie ihnen nicht. Ihr Ziel ist, Washington und Columbus Anreize und Abschreckungsmittel in die Hand zu geben, die den Vorstädtern keine andere Wahl lassen, als sich anzumelden. Die Umverteilung des Steueraufkommens in Ohio wäre nicht „freiwilliger" als die Vereinbarung des Bürgermeisters Smith von Avon über die Umverteilung des Steueraufkommens im Jahr 2009.

Hört also gut zu, ihr Vorstädter in Ohio! Wenn es darum geht, Euren Mittelstand zu schützen, belässt es Präsident Obama bei guten Worten. Leider erzählen seine gut durchdachten Pläne gegen die Vororte eine andere Geschichte. Der Präsident und seine Kollegen aus den Reihen der Demokraten kommen, um eure Steuergelder zu holen. Umverteilung ist das Ziel, und die Vororte in Ohio sind das Ziel Nr. 1. Allgemeiner gesagt, ist Obamas regionalistische Agenda ein Angriff auf die Werte und die Lebensweise in amerikanischen Vororten. Wie befremdlich wäre es, wenn die Steuerzahler der Vororte in Ohio Obama den Schlüssel zu ihrem eigenen Verderben geben würden? Wer gewarnt ist, ist gewappnet. Vorstädter in Ohio, es liegt an Ihnen.

Stanley Kurtz *ist leitendes Mitglied des Ethics and Public Policy Center. Dieser Beitrag ist ein Auszug aus seinem neuen Buch, „Spreading the Wealth: How Obama Is Robbing the Suburbs to Pay for the Cities."*[72][73]

2. Regionalisierung – eine Blaupause für Ihre Knechtschaft

Dieser exzellente Beitrag des langjährigen Agenda-21-Kritikers Michael Shaw verdeutlicht, warum die Regionalisierung eine der Schlüsselstrategien bei der Einführung der Agenda 21 in unseren Kommunen ist und eine Bedrohung für unsere repräsentative Regierung darstellt.

von Michael Shaw

5. Juni 2012, *NewsWithViews.com*

Vorbei sind die Zeiten, in denen die Regierung Beschränkungen unterlag, innerhalb derer die unveräußerlichen Rechte des Individuums politisch anerkannt wurden und Geld noch einen Wert besaß. Die politische Struktur Amerikas hat sich verändert. Dies geschah über 50 Jahre lang still und heimlich, ohne dass die Öffentlichkeit sich der diesem Wandel zugrunde liegenden Mechanismen bewusst gewesen ist.
Im Mittelpunkt dieser Transformation steht der politische Prozess der „Regionalisierung" des Landes. Der politische Regionalismus ist das Gegenteil einer repräsentativen Regierung. Durch die Zerstörung der traditionellen politischen Grenzen, wie bspw. der Bezirksgrenzen, und die Einführung eines veränderten Regierungssystems, welches letztlich das Privateigentum und die individuellen Bürgerrechte abschafft, strukturiert die Regionalisierung die Arbeitswiese der amerikanischen Regierung um oder erfindet sie neu. Die Regionalisierung hat Städte und Landkreise im ganzen Land infiltriert und wirkt sich auf das Verkehrswesen, die Wasserversorgung, die Landwirtschaft und die Flächennutzungssysteme und damit buchstäblich auf alle Aspekte Ihres Lebens aus.

Lassen Sie uns mit einem Beispiel beginnen, das zeigt, wie die Programme der Agenda 21 durch „Regionalisierung" auch Ihrer Stadt Einzug halten.

Es folgt ein Auszug aus dem Dokument der Agenda 21 der Vereinten Nationen zur Verkehrsplanung:

7.52 Die Förderung effizienter und umweltgerechter Nahverkehrssysteme in allen Ländern sollte durch ein umfassendes Gesamtkonzept für die städtische Verkehrsplanung und -lenkung erfolgen. Zu diesem Zweck sollten alle Länder:
a. die Flächennutzungs- und Verkehrsplanung miteinander integrieren, um verkehrsreduzierende Entwicklungsmuster zu fördern;
b. nach Bedarf Nahverkehrsprogramme beschließen, die bevorzugt öffentliche Verkehrsmittel mit hoher Passagierdichte einsetzen;
c. nicht motorisierte Beförderungsarten unterstützen, indem sie nach Bedarf für sichere Rad- und Gehwege in Innenstadt- und Vorstadtbezirken sorgen[74]

Städte im ganzen Land übernehmen diese Verkehrssysteme. Der Grund dafür ist, dass diese Systeme den Kommunen von einer regionalen Regierungsebene (die in Deutschland längst eingeführten Bezirksregierungen) aufgezwungen werden, die weitgehend unbekannt ist und deren Einfluss ebenso unterschätzt wird.

Die groß angelegte Version des modernen Regionalismus in den USA ist eine von der Bundesregierung aufgezwungene und sich über die gesamte Nation erstreckende außerkonstitutionelle Regierungsebene.
Laut der Website der *National Association of Regional Councils* (NARC) dient die NARC *„als nationale Stimme der Regionalisierung durch effektive Interaktion und Fürsprache gegenüber dem Kongress, den Bundesbeamten und anderen Behörden und Interessengruppen"*. Die Tagesordnung des NARC umfasst unter anderem folgende Themen: Verkehr, kommunale und wirtschaftliche Entwicklung, Umwelt, innere Sicherheit, „regionale Bereitschaft" und kommunale Fragen…

Neben der NARC müssen die Bürgerinnen und Bürger die folgenden regionalen Planungs- und Entwicklungsagenturen kennen, die sich für die Umsetzung der Ziele der NARC einsetzen:

- **Council of Governments** (COG) [Rat der Kommunalregierungen]
- **Metropolitan Planning Organization** (MPO) [Organisation zur bundesweiten Planung des Personen und Güterverkehrs]

Council of Governments (COG)

COGs sind regionale Zusammenschlüsse von Kommunalverwaltungen – regionale Körperschaften, die in der Regel so beschaffen sind, dass sie ein Gebiet von mehreren Counties [Bezirken] verwalten und in deren Händen Themen wie Regional- und Stadtplanung, Wirtschafts- und Gemeindeentwicklung, Kartografie und Regierungsinformationssysteme (GIS), Gefahrenminderung und Notfallplanung, soziale Dienste, Wassernutzung, Umweltschutz sowie die Verwaltung des Durchgangsverkehrs und die Verkehrsplanung liegen.

COGs kontrollieren Ihre Städte und Landkreise aus dem Unsichtbaren. Mit den ihnen zugewiesenen Bundesmitteln koordinieren COGs die lokale Umsetzung der Agenda 21.

Metropolitan Planning Organisation (MPO)

MPOs werden von der Bundesregierung beauftragt und sind, wie die COGs, Instrumente zur Umstrukturierung der amerikanischen Regierung. Sie bauen die Infrastruktur für ein neues Wirtschaftssystem auf Grundlage von Private Public Partnerships auf, um das freie Unternehmertum zu ersetzen.

COGs und MPOs sind verbündete Organisationen, welche die verfassungsmäßig formulierte Regierungsstruktur Amerikas aufbrechen. Ihr Zweck besteht darin, die lokale Regierung hinter den Kulissen zu kontrollieren und zu steuern.

Heutzutage treiben sie die föderalistische Einführung der globalistischen Agenda in der lokalen Regierungspolitik voran und machen damit den Schutz, den unser verfassungsmäßiges Regierungssystem bietet, zunichte. Diese Verletzung des amerikanischen Wesens und unserer naturgegebenen Rechte muss aufhören!

Um es mit den Worten der ehemaligen Beamtin im Bildungsministerium und Autorin des Buchs *„The Deliberate Dumbing Down of America„* (Die vorsätzliche Verdummung Amerikas) auszudrücken, *„bedeutet Regionalisierung Kommunismus".*[75]
Die Regionalisierung fördert Räte im sowjetischen Stil[76], die eine Politik entwickeln, welche dann von gewählten Beamten ohne sinnvolle öffentliche Aufsicht abgesegnet wird. Es handelt sich um eine zusätzliche Regierungsebene, die außerhalb der Bestimmungen der Verfassung agiert und auf diese Weise globalistische Ziele fördert und gleichzeitig die meisten gewählten Amtsträger isoliert. Einige der gewählten Amtsträger sind Beauftragte der COG-Verwaltungsbehörde.

Kurz gesagt, ist die Regionalisierung das Instrument zum Voranbringen der folgenden globalistischen Ziele zur politischen Umstrukturierung:

- Die Umsetzung eines schrittweisen Ansatzes zur Abschaffung des Privateigentums;
- Die Förderung der Umsiedlung von Menschen aus dem ländlichen Raum in städtische Zentren mit intelligentem Wachstum;
- Die Vergabe öffentlicher Aufgaben an Privatunternehmen und ehrenamtliches Engagement in den Kommunen zu fördern.

Ein Musterbeispiel für regionale Kontrolle entsteht derzeit in der San Francisco Bay Area. Dort ist der COG als ABAG, die Association of Bay Area Governments, bekannt. ABAG hat in Zusammenarbeit mit dem ICLEI (Internationaler Rat für lokale Umweltinitiativen) das „One Bay Area"-Programm ins Leben gerufen. One Bay Area ist der lokale föderalisierte und internationalisierte Plan für die Umsetzung der Agenda 21. Dieser „regionale" Plan mit 9 Bezirken und 101 Städten

(mit einer Gesamtbevölkerung von 7 ½ Millionen Menschen) ist als volles Bekenntnis zum kollektivistischen Programm für intelligentes Wachstum und das Wildland-Projekt konzipiert.
In den nächsten 20 Jahren wird von der ABAG der Bau von 630.000 neuen Wohneinheiten geplant. Das geplante Vorhaben besteht ausschließlich im Bau von Mehrfamilienhäusern. Ganze 80% der geplanten Wohnungen müssen sich innerhalb einer halben Meile von neu ausgewiesenen „Transitkorridoren" befinden. Einer dieser Transitkorridore ist der El Camino Real, die Hauptverkehrsader von San Jose nach San Francisco. Sie soll in eine Region mit aneinandergrenzenden, staatlich kontrollierten Wohnsilos zur intelligenten Wachstumsentwicklung umgewandelt werden. Am Ende werden alle privaten Fahrzeuge vom Verkehr auf dem El Camino ausgeschlossen sein.

Um dies und noch vieles mehr in die Tat umzusetzen, hat die Bundesregierung AGBAs One Bay Area Programm eine viertel Milliarde Dollar zugesagt! Trotz des umfangreichen Widerstands gegen die Einführung der One Bay Area in diesem Jahr, schreitet der Plan nach einem verkürzten und manipulierten Genehmigungsverfahren voran – ein Zeichen dafür, dass die Dinge im ganzen Land in Bewegung kommen werden.
Die ABAG und die One Bay Area beweisen, dass die Regierung nicht mehr gemäß dem verfassungsmäßigen Entwurf arbeitet. Infolgedessen verlieren wir alle sowohl den Schutz durch die Regierung als auch den unserer unveräußerlichen Rechte.

****

[Dieser Überblick über die Regionalisierung ist Teil einer umfangreicheren nationalen Vortragsserie von Michael Shaw in 19 Gemeinden im ganzen Land mit dem Titel *„Der ultimative Krieg: Globalisierung gegen Amerika„*. Michael Shaw ist einer der führenden Kritiker der nachhaltigen Entwicklung, auch bekannt als die „Agenda 21" der Vereinten Nationen, der Aktionsplan zur Umsetzung der Weltregierung im 21 Jahrhundert. Shaw ist Vorsitzender von *FreedomAdvocates.org*, einer Organisation, die sich der Verbreitung der amerikanischen Werte widmet und darüber informiert, wie die Agenda 21 Amerika und das gesamte menschliche Leben verändern soll. Für weitere Informationen besuchen Sie *FreedomAdvocates.org* und informieren Sie sich regelmäßig über die Vorhaben Ihrer Kommune.][77]

Kapitel 8: Das Bildungssystem und die Nachhaltige Entwicklung

Wie amerikanische Staatsbürger durch das Bildungssystem verdummt und zu Zahnrädern der zentralisierten Industriemaschine der Eine-Welt-Regierung erzogen werden

Ich bezweifle, dass es viele Menschen gibt, die der Meinung sind, dass wir in Amerika ein starkes, erfolgreiches Schulsystem haben. Ja, die meisten wären sich wohl einig, dass wir es an vielen Stellen verbessern könnten. Die Frage, die sie sich während dieser Lektion stellen sollten ist: Hat die Bundesregierung diese Krise im Schulwesen herbeigeführt, um zu gegebener Zeit – und man könnte meinen, dass wir in dieser Zeit leben – die Rettung zu bringen und als Lösung ein nationales Schulsystem zu erschaffen, das von der Wiege bis in den Beruf dazu benutzt wird, unsere Kinder zu indoktrinieren, um zu guten Weltbürgern mit angemessenen Fähigkeiten zu werden, die nicht ihre eigenen, sondern die Bedürfnisse der Zentralregierung erfüllen?

Behalten Sie während dieser Lektion im Gedächtnis, dass es viele Dinge außerhalb des Klassenzimmers gibt, welche die Lernchancen eines Kindes beeinflussen, wie bspw. die Zerstörung der Familie, der Verfassung und des christlichen Glaubens. Vieles von dem ist, wenn nicht von der Regierung verursacht, so doch von ihr vorangetrieben worden. Jene Ideen, die wir in Lektion 1 behandelt haben, verdienen eine wiederholte Betrachtung, weil sie durch den negativen Effekt ihrer Botschaft, die die Lernfähigkeit eines Kindes beeinflusst, eine herausragende Rolle spielen.

Die heutigen Familienstrukturen sind zu häufig in Unordnung. Ohne ein stabiles Familienleben ist es schwer für ein Kind, seine Aufmerksamkeit aufs Lernen zu richten, und gerade für Alleinerziehende ist die Beaufsichtigung der Hausaufgaben eine ganz besondere Herausforderung.

Erinnern Sie sich noch, wie Dan Quayle im Jahr 1992 von den Linken (Demokraten) für seinen Hinweis angegriffen wurde, dass die Kindererziehung durch beide Eltern besser sei als die Erziehung durch nur ein Elternteil? Haben Sie bemerkt, wie die Rolle der Frau in der heutigen Gesellschaft bis zu der Vorstellung emporgehoben wurde, dass Frauen alles selber können und das auch tun sollten? Hier kann man sich fragen: Wollen Frauen überhaupt so viel Verantwortung übernehmen, und profitiert die Familie davon, wenn das bedeutet, dass Männer zu Hause und am Arbeitsplatz weniger wichtig sind?

Diese Art der Förderung von Frauen hat mit den Frauen nichts zu tun, wohl aber mit der Agenda 21. Die Agenda 21 sagt, dass gut ausgebildete Frauen dazu neigen, weniger Kinder zu haben. Wenn es also gelingt, den sozioökonomischen Status von Frauen zu erhöhen, die dann weniger Kinder gebären, was zu einer Bevölkerungsreduktion führt, haben die Verfechter der Nachhaltigkeit ihr vorrangiges Ziel erreicht. Wenn die Familie in diesem Prozess zerstört wird und Kinder zu abgelenkt (oder verstört) sind, um in der Schule aufzupassen, ist das schlicht der Preis, der für den Fortschritt der Nachhaltigen Entwicklung bezahlt werden muss.

Zu der Zerstörung der Familienstruktur gesellt sich der Angriff auf das Christentum. Das Christentum lehrt viele grundlegende Werte bezüglich des sozialen Miteinanders. Das Christentum lehrt, nicht zu lügen und nicht zu stehlen.

Die Autorin dieses Artikels hat 30 Jahre lang Naturwissenschaften gelehrt. Im Verlauf dieser Jahre wurde es immer deutlicher, dass die Schüler mit Hingabe logen und betrogen; sie logen, um Verantwortung zu vermeiden und betrogen, um die für gute Schulnoten nötige Arbeit zu vermeiden. Das Ergebnis waren Studenten, denen es an dem notwendigen Wissen, den notwendigen Fähigkeiten und den notwendigen Werten mangelte, um ein Gewinn für sich selbst und die Gesellschaft zu sein.

Des Weiteren ist unsere Verfassung und die tapferen Männer, die so hart daran gearbeitet haben, dieses erstaunliche Dokument zu erschaffen, nun auf den Rücksitz des Busses der Geschichte verbannt. Diese feinen Männer glaubten an eine beschränkte Regierung, an die Bedeutung von Privateigentum und an die Eigenverantwortlichkeit. Indem wir den gesellschaftlichen Beitrag dieser Männer ignorieren, werden unsere Kinder daran gehindert, sie als positive Vorbilder zu betrachten und die Lektionen zu lernen, die diese gelehrt haben. Das macht es um so einfacher für unser heutiges Schulsystem, stattdessen das Abtreten von privatem Eigentum zu Gunsten der Allgemeinheit und die erstrebenswerte Abhängigkeit von der Regierung zu lehren.

Die Voraussetzungen hierfür sind gegen Ende des 20. Jahrhunderts geschaffen worden. Die Krise des Schulsystems war für die Öffentlichkeit so offensichtlich geworden, dass die große Regierung meinte, den Auftrag für die Reformation des Schulsystems erhalten zu können. Während der Präsidentschaft Clintons wurden vom Kongress drei Schlüsselgesetze für das Schulsystem ratifiziert. Es waren der „Goals 2000 Act", der „School-to-Work-Act"[78] und der „Improving America's Schools Act" von 1994.

Ihnen folgte im Jahr 2001 die Verabschiedung von „No Child Left Behind" (NCLB) (*Kein Kind bleibt zurück*) unter George W. Bush. Während der Verabschiedung des „No Child Left Behind Act" hat Bush die Zusammenarbeit mit der UN-Organisation für Erziehung, Wissenschaft und Kultur (UNESCO) zur Erreichung gemeinsamer Ziele ausdrücklich befürwortet. Mit anderen Worten, hat Bush gemäß Kapitel 36 der Agenda für das 21. Jahrhundert (sprich Agenda 21) versprochen, dass die Vereinigten Staaten die Eingliederung der Nachhaltigen Entwicklung in amerikanische Klassenzimmer vollkommen unterstützen.

Durch eine Unzahl von Bestimmungen versuchte der NCLB die Lehrer zu drängen, die Verantwortung für die Leistungen der Schüler zu übernehmen. Es gab an den Schulen viele Bestimmungen über die

Folgen bei Nichterreichen des in jedem Schuljahr vorgegebenen, erforderlichen Umfangs. Der Druck auf die Schulen, die Leistung der Schüler zu erhöhen, war groß. Während die Leistungen häufig anstiegen, war die Steigerung im Fall von Ohio besonders hoch. Es kam dann, was nicht weiter überrascht, im Jahr 2012 heraus, dass eine Gruppe von Schulbezirken, einschließlich des Columbus School District, ihre Ergebnisse frisiert hatten.

No child left behind schrieb den Bundesstaaten zwar die Teilnahme nicht vor, allerdings wurden ihnen Bundessubventionen vorenthalten, wenn sie nicht daran teilnahmen. Immerhin versuchte NCLB nicht ein überregionales Ausbildungssystem zu erzwingen. So blieben den Bundesstaaten immerhin einige der Entscheidungen erhalten.

Für die Bürger ist es wichtig, sich daran zu erinnern, dass die Gründerväter wünschten, die Ausbildung in Hand der Bundesstaaten zu geben. Auf diese Weise sollte jeder Staat selbst entscheiden, was für seine Bürger am besten sei. Auch war es Bürgern, die mit der Art des Ausbildungssystems eines Staates unzufrieden waren möglich, in einen anderen Staat zu ziehen, um die dortigen Dienste in Anspruch zu nehmen. Behalten Sie das in Erinnerung, wenn wir das nächste Thema erörtern...

Common Core (Allgemeiner Kernlehrplan)

Im Jahr 2007 begannen die Bemühungen, ein national vereinheitlichtes Bildungssystem zu erschaffen, welches sich „Common Core" nennt. Die Allgemeinen Kernstandards wurden, neben anderen vom US-Bildungsministerium verteilten Subventionen aus unseren Steuergeldern, mit Hilfe einer Spende von $ 100 Millionen der *Melinda and Bill Gates Foundation* ersonnen.

Zwei separate Pakete verbanden kombinierte Leistungen, um entweder an der Herangehensweise des *Smarter Balanced Assessment*[79] (schlauer ausgewogene Beurteilung) oder der *Partnership for Assessment of Readiness for College and Careers*[80] (Partnerschaft für die Beurteilung von Akademie und Beruf) (PARCC) teilzunehmen.

Der Bundesstaat Ohio ist Mitglied von PARCC, die von Linda Darling-Hammond, einer Kollegin und Freundin des berühmt-berüchtigten Bill Ayers, angeschoben wurde. Der Minister für Bildung, Erziehung und Wissenschaft der Vereinigten Staaten, Arne Duncan, war ebenfalls ein aktiver Unterstützer von „Common Core".

Im Jahr 2010 sagte er auf dem Kongress für Nachhaltigkeit:

„Heute verspreche ich Ihnen, dass das Bildungsministerium ein engagierter Partner bei den Nationalen Bestrebungen zur Bildung einer in Umweltbelangen verantwortlichen Gesellschaft sein wird... Wir müssen die Nachhaltigkeitsbewegung durch Pädagogik befördern... Schulische Bildung und Nachhaltigkeit sind die Schlüssel für unsere ökonomische und ökologische Zukunft."[82]

Toll! Und ich dachte, bei schulischer Bildung handle es sich darum, Lesen, Schreiben und Rechnen zu lernen, was so nicht mehr der Fall zu sein scheint. Nur weil ein Bundesstaat wie Ohio Teil des Konsortiums[82] ist, bedeutet das nicht notwendigerweise die landesweite Einführung dieser Standards. Eine solche erfordert, dass die Regierung das tut, was sie am besten kann: Unsere Steuergelder zu verwenden, um die Staaten zu ködern, diese neue Form von Standards zu übernehmen. So wurden $ 4.35 Mio. Dollar aus der Stimulus Bill[83] für die Gründung der *Race to the Top Competition*[84] (RTTT) („Wettbewerb um den Sieg") verwendet.

Um an diesem Wettbewerb teilzunehmen und möglicherweise auch um Geld und Sonderfreigaben für einige der Aufträge von NO CHILD LEFT BEHIND zu erlangen, muss ein Staat die „Common Core Standards" („Allgemeine Kernstandards", ähnlich den vereinheitlichten Lehr und Studienplänen in Deutschland und der EU) akzeptieren, in diesem Falle ungelesen, weil sie damals noch nicht zu Papier gebracht waren. (Kennen wir diese Vorgehensweise nicht auch, etwa vom Lissabon-Vertrag?)

Eine der erfolgreichsten Strategien der Regierung zur weitgehend kritiklosen Einführung neuer Ideen ist ihre schnellstmögliche Einführung, bevor sich eine Opposition bilden kann. Dieser Trick wurde im Fall des Common Core sehr effektiv eingesetzt. Als der Antrag für „Race to The Top" im November 2009 erhältlich war, wurden die Bundesstaaten zu einer raschen Entscheidung gedrängt, die schon im Januar 2010 getroffen sein musste. Da diese Zeit außerhalb der Sitzungsperiode vieler Parlamente in den Bundesstaaten lag, mussten die Staatsbeamten, wenn sie sich für eine Teilnahme entschieden, dies ohne Zustimmung ihrer Parlamente tun. Erst zwei Monate später, im März 2010, waren die Entwürfe für den Common Core in schriftlicher Form erhältlich. Die endgültige Fassung der Common Core Standards erschien wiederum drei Monate später, im Juni 2010. Die Bundesstaaten hatten nun wieder zwei Monate Zeit, für eine endgültige Entscheidung über die Beibehaltung der CC Standards.

Es ist wichtig hervorzuheben, dass diese Standards keine Lehrpläne sind; allerdings bestimmen die Standards die Lehrpläne. Die Standards sind in gewisser Weise wie das Gerüst eines Hauses. Das Gerüst eines Hauses bestimmt dessen späteres Aussehen. In derselben Weise bestimmen die Standards, wie der Lehrplan aussehen wird, und welche Aufgaben die Tests enthalten werden. Die Standards bestimmen die Lernerfahrungen der Schüler und, schließlich, wie gut oder schlecht sie auf das Berufsleben und auf ihr Leben vorbereitet werden.

Bedeutet die Unbeholfenheit der Regierung, die bei der Entwicklung und Akzeptanz des Common Core so unbeholfen war, nicht, dass dessen Scheitern absehbar ist. Eine Auflistung der besorgniserregenden Punkte des Common Core sollte diese Frage beantworten helfen. Wenn ein Bundesstaat den Common Core anwendet, haben Eltern und Staat die Kontrolle über 15% des Curriculums, obwohl sie 100% der Kosten tragen. **Das bedeutet im Wesentlichen, dass der Bundesstaat und die Eltern nahezu alle Kontrolle über die Ausbildung der Schüler in dem Bundesstaat verloren haben.** Das wiederum verletzt den 10. Verfassungszusatz[85], der den Bundesstaaten die Kontrolle über das Schulsystem verleiht. Ferner verletzt der CC drei Bundesgesetze. Den General Education Provisions Act (Allgemeines Ausbildungsbestimmungsgesetz), den Dept. of Education Organizational Act (Gesetz des Bildungsministeriums über die Organisation der Ausbildung) und den Elementary and Secondary Education Act (Gesetz über Grund- und weiterführende Schulen) von 1965.

Die Tests, die den CC Standards entsprechen, werden sehr kostspielig sein, da die Schüler sie an Computern ablegen müssen. Der Kauf und die Wartung dieser ganzen Technologie lassen die Spende durch die Gates Stiftung zu einem Paradebeispiel von Vetternwirtschaft im Kapitalismus werden (siehe Lektion 5). Die Ausgaben für dieses Programm werden noch weiter steigen, weil all die Aufgaben von Hand benotet werden müssen. All diese Leute werden angestellt, ausgebildet und für ihre Beschäftigung bezahlt werden müssen.

Möglicherweise noch besorgniserregender ist, dass die derzeitige Regierung unentwegt zu sozialer Gerechtigkeit drängt. Verbinden Sie das mit der Tatsache, dass jeder Schüler oder Student durch bildungsferne Merkmale wie Ethnie, Religion oder Geschlecht beurteilt wird. **Könnten diejenigen, die angestellt werden, um diese Tests zu benoten, dazu geneigt sein oder dazu ermuntert werden, Ergebnisse zu verbessern oder Abstriche von ihnen zu machen, um jede soziale Ungleichheit auszugleichen?** (Hierzu dieses Beispiel aus Deutschland[86])

Sie werden sich vielleicht auch fragen, ob eine gleichermaßen an ökonomischer Gerechtigkeit interessierte Administration die erhobenen und aufbewahrten **Daten über Ethnien, Geschlecht oder Religionen etc. aller Schüler nicht auch für die Entscheidung über den Ausbildungsabschluss der Schüler benutzen könnte** – ob bspw. ein Schüler für einen besser bezahlten Beruf geeignet ist oder nicht?

Nun zur Erhebung und Aufbewahrung der Daten unserer Kinder: Ob das legal ist oder nicht, ist fragwürdig. In der Vergangenheit war der Austausch von Schülerdaten mit der Bundesregierung illegal. Jedoch sind beide Konsortien, sowohl das „Smarter Balanced Assessment" als auch „Partners for Assessment of Colleges and Careers", vertraglich verpflichtet, diese Daten an das Bildungsministerium, das Arbeitsministerium und an das Ministerium für Gesundheit und Soziale Dienste weiterzuleiten. Zusätzlich werden jetzt, nachdem die Rechte der familiären Bildung und die der Privatsphäre ausgehöhlt worden sind, viele dieser Aufzeichnungen von den Bundesstaaten direkt an die Sicherheitsdienste weitergeleitet, was den Umstand irgendwie zu rechtfertigen scheint.

Es bestehen ernsthafte Bedenken über die Höhe der Hürde, über welche die Schüler, die den CC durchlaufen, springen sollen. Bisher gilt der CC nur für die Lehrpläne in Mathematik, Sprach- und Literaturwissenschaft und des Englischunterrichts. Es wird erwartet, dass später sämtliche Fächer davon betroffen sein werden. Während ihre Befürworter sagen, dass die Standards streng seien, kamen einige ihrer schärfsten Kritiker aus den Prüfungskommissionen der Standards für Mathematik, Sprach- und Literaturwissenschaft und für den Englischunterricht.

Dr. James Milgram[87] von der Stanford University, der einzige Mathematiker im Prüfungskomitee, sagte, dass unsere Kinder nach ihrem Schulabschluss im Vergleich mit den erfolgreichsten Ländern um zwei Jahre im Rückstand sein werden und dass es unwahrscheinlich sei, dass sie nach dem Absolvieren des Common Core die Voraussetzungen für ein Mathematikstudium erfüllen werden. [Ein nicht nur von Dozenten und Professoren deutscher Hochschulen bereits seit vielen Jahren bemängelter Umstand...]

Dr. Sandra Stotsky[88] die dem Prüfungskomitee für den Englischunterricht angehörte, verweigerte den Standards ihre Genehmigung mit den Worten, dass sie die Schüler nicht auf den Besuch von weiterführenden Schulen vorbereiten, und sie denke, dass die höchsten vermittelten Fähigkeiten im Lesen etwa denen von Siebtklässlern entsprächen. [Denselben Missstand erleben wir ebenfalls seit vielen Jahren an Schulen in Buntland.]

Bei Anwendung dieser Standards ist anzunehmen, dass Schüler nach dem Abschluss der High School bestenfalls in der Lage wären, einen zweijährigen Besuch am College zu versuchen. (Um diese Form von Ironie zu verstehen, bedarf es Kenntnissen der Struktur des US-amerikanischen Bildungssystems[89])

Eine der Hauptsorgen ist, dass es 50% weniger klassische Literatur im Englischunterricht und, abgesehen von ein wenig Shakespeare, keine Britische Literatur mehr geben wird. An ihre Stelle werden Texte aus Sachbüchern, wie etwa Gebrauchsanleitungen, Broschüren und Rezepten treten. Außerdem werden Lehrer entmutigt, historische Zusammenhänge zu vermitteln und/oder die Leidenschaft am Lesen herausragender historischer Werke, wie bspw. der „Gettysburg Address", zu fördern. Das wird wahrscheinlich dazu führen, dass die besten Lehrer ihren Dienst quittieren, und die weniger Guten eine Umschulung zum Unterrichten von Sachtexten absolvieren.

Wie Ihnen aus den vorhergehenden Lektionen nun bekannt ist, wussten die Gründerväter um den zweifelhaften Erhalt der Einzigartigkeit und Souveränität der Bundesstaaten. Ebenso haben Sie gelernt, dass die Abschaffung von Grenzen eine Voraussetzung für die Eine Welt Regierung ist. Wenn die Befürworter des Common Core während ihrer Erziehung der Gesellschaft zur Mittelmäßigkeit bei der Einführung eines bundesweit vereinheitlichten Lehrplans erfolgreich sind, wird es für die Bürger kein Zurück mehr geben! Es wird keine Möglichkeit mehr geben, in einen anderen Bundesstaat zu ziehen, um ihren Kindern eine bessere Ausbildung anzubieten. **Wenn eine umfassende Vereinheitlichung besteht und auch die Ausbildung vereinheitlicht ist, werden Schüler keine andere Wahl als eine mittelmäßige Ausbildung mehr haben.**

Nicht einmal der Hausunterricht[90] **oder Privatschulen werden von den CC Standards ausgenommen sein.** Der Gipfel der Ironie ist, dass es sich bei den schärfsten Verfechtern des CC um dieselben Leute handelt, die all diejenigen tadeln, die Kritik an dieser Form von „Vielfalt" üben, obschon die gesamte Strategie des CC darauf abzielt, die Vielfalt im Klassenzimmer zu beseitigen. Die einzige Möglichkeit für Bundesstaaten, den CC zu vermeiden, besteht darin, ihn niemals einzuführen oder in seiner Aufhebung durch die Gesetzgeber.

Wenn der Hauptgrund bei der Gestaltung des CC die staatenübergreifende Gleichschaltung und die Erschaffung eines strengen Curriculums gewesen sein soll, für dessen Funktionieren es in großen Ländern wie in den Vereinigten Staaten weder gesicherte Daten noch Gründe gibt, die das rechtfertigen, stellt sich die Frage, warum der CC unbedingt im Schuljahr 2014-2015 eingeführt werden soll. Die Antwort liegt, wie die meisten unserer aktuellen Probleme, in der Nachhaltigen Entwicklung – der Agenda 21.

Diejenigen, die früher als sozialistisch und heute als fortschrittlich gelten, haben sich lange bemüht, den freien Markt durch eine gesteuerte Wirtschaft zu ersetzen, in der sich Ausbildungs- und Arbeitsmöglichkeiten unter der strikten Kontrolle einer zentralisierten Wirtschaft befinden. Auf diesem Weg kann die Regierung sicherstellen, dass soziale sowie ökonomische und ökologische Gerechtigkeit jederzeit so zu erreichen sind, dass ethnische, geschlechtliche oder religiöse Ungleichheiten, etwa durch die Möglichkeit einer Bevorzugung am Arbeitsplatz, beseitigt werden können. Folglich wird die Jugend von heute zu Zahnrädern einer, der Gnade der sozialen, ökonomischen und ökologischen Gerechtigkeit unterworfenen und von der großen Regierung kontrollierten Industriemaschine von morgen.

Kehren wir also zu der eingangs gestellten Frage zurück:
Hat die Bundesregierung diese Krise im Schulwesen herbeigeführt, um zu gegebener Zeit – und man könnte meinen in dieser Zeit zu leben – die Rettung zu bringen und als Lösung ein nationales Schulsystem zu schaffen, das von der Wiege bis in den Beruf dazu benutzt wird, unsere Kinder zu indoktrinieren, um gute Weltbürger mit angemessenen Fä-

higkeiten zu werden, die nicht ihre eigenen, jedoch die Bedürfnisse der Zentralregierung erfüllen?

Die Zeit wird zeigen, wie schlimm alles werden wird.

In Lektion 9 werden Sie erfahren, wie die Richtlinien des Nachhaltigen Wachstums die Eine, von deren Bewohnern geduldete Weltordnung erschafft, die von der Großen Regierung, Großkonzernen und von Nichtregierungsorganisationen betrieben werden wird.

Und wieder bietet das Zusatzmaterials zusätzliche spannende Informationen.

Zusatzinformationen zu Kapitel 8

1. Sollte das Weiße Haus die Lerninhalte Ihrer Kinder bestimmen?

Dieser wichtige Artikel wird Ihnen helfen, etwas über die Hindernisse zu erfahren, die zwischen Ihnen und Ihrem Recht stehen, Ihre Kinder als Amerikaner und nicht als „gute" Weltbürger zu erziehen.

von Stanley Kurtz

[Anmerkung des Herausgebers: Dieser Artikel ist ein Auszug aus dem Buch *„Spreading the Wealth: How Obama is Robbing the Suburbs to Pay for the Cities„ (Sentinel HC, August 2012).*]

7. September 2012, *FOX NEWS*

Was wäre, wenn Präsident Obamas ehrgeizigster Versuch, die amerikanische Gesellschaft umzugestalten, auch sein frommster Wunsch gewesen ist? Niemand würde wegen eines Programms, von dem man noch nie etwas gehört hat, gegen den Präsidenten stimmen. Und ich wette, dass Präsident Obama der amerikanischen Öffentlichkeit aus diesem Grund so gut wie nichts von seinen Plänen zur Untergrabung der politischen und finanziellen Unabhängigkeit der Schulbezirke in den Vorstädten Amerikas erzählt hat.

In aller Stille ist Obama damit beschäftigt, unser Verfassungssystem zu umgehen, welches die Kontrolle des Bundes über die Lerninhalte unserer Kinder verbietet. Die erste Stufe, die bereits in vollem Gange ist, ist ein anspruchsloser, allgemeinverbindlicher Lehrplan, der darauf ausgerichtet ist, Leistungsunterschiede zwischen Stadt- und Vorstadtschülern künstlich zu unterdrücken. Der richtige Weg, leistungsschwachen Schülern zu helfen, besteht nicht darin, die Standards auszuhöhlen, sondern die Leistung zu erhöhen, doch Obama ist dabei, die Leistungsstandards abzusenken. Deshalb besteht das Endziel des Präsidenten darin, die Unterschiede zwischen den kommunalen Schulbezirken durch massive Umverteilung der Bildungsausgaben der Vorstädte in die Städte zu beseitigen.

Die Kontroverse aus dem Jahr 2008, über Obamas jahrelange gemeinsame Bildungsarbeit mit dem bekanntermaßen reuelosen Mitbegründer der links-terroristischen Untergrundorganisation Weathermen, Bill Ayers, ist aus dem Blickfeld verschwunden. Für einen Moment schien es, als würde Ayers' radikales Bildungserbe in Obamas Präsidentschaft weitergeführt werden. Das liegt daran, dass Linda Darling-Hammond, Ayers' Lieblings-Bildungsexpertin und Leiterin von Obamas Übergangsteam für Bildung, auf der Überholspur bei der Ernennung zur Bildungsministerin war, bis ihr Linksradikalismus selbst viele Demokraten befremdet hat.
Als stattdessen Arne Duncan, der angeblich anspruchsvolle Standards und Tests unterstützt, Bildungsminister wurde, sah es so aus, als habe Obama ins Schwarze getroffen. Ebenso wie es den Eindruck macht, dass Darling-Hammond die Bühne nicht verlassen hat, scheint das Gegenteil hiervon der Fall zu sein.

Der Kern der linksextremen Bildungsagenda – ein Programm, das von Obama, Ayers und Darling-Hammond gleichermaßen unterstützt wird – besteht aus drei Teilen: 1) einem politisierten Lehrplan, der linke Ansichten von „sozialer Gerechtigkeit" fördert, 2) der Reduzierung „unterschiedlicher Ergebnisse" zwischen Schülern in verschiedenen Bezirken durch Absenkung der Leistungsstandards und 3) einer Umverteilung der Bildungsmittel für die Vorstädte auf weniger wohlhabende städtische Schulen. Um diese Ziele auf breiter Front zu erreichen, muss die Bundesregierung die lokale Kontrolle über die K-12-Schulen[91] übernehmen.

Den halben Weg dorthin hat Obama bereits zurückgelegt.

Wie ihm das gelungen ist? Anstatt seine kontroversen Bildungsvorschläge dem Kongress vorzulegen und eine heftige landesweite Debatte in Gang zu setzen, hat Obama still und leise 4,35 Milliarden Dollar an staatlichen Fördermitteln für seine Initiative „Race to the Top" im Bildungsbereich veranschlagt. Da das Konjunkturprogramm im Kongress quasi ohne jede wirtschaftspolitische Debatte, geschweige denn mit einer Bildungsdebatte durch den Kongress gepeitscht worden ist, musste Obama seine Pläne nie der Öffentlichkeit zugänglich machen. *[Erinnern wir uns in diesem Zusammenhang, abgesehen von erstaunlich ähnlichen Entwicklungen in Deutschland, daran, wie der damalige Bundesinnenminister Thomas de Maizière im November 2015 die „vorübergehende" Absenkung der Bildungsstandards angekündigt hat.]*

Angeblich sind diese Standards von mehr als 40 Staaten freiwillig übernommen worden. Tatsächlich jedoch hat die Obama-Administration durch die effektive Zuteilung von Zuschüssen bei der Eignung für den Race to the Top innerhalb des Common Cores die wirtschaftlich angeschlagenen Bundesstaaten dazu gezwungen, die Kontrolle über ihre Lehrpläne an die Bundesregierung abzugeben. Geschickterweise wurden die Bundesstaaten dazu gedrängt, dem Common Core beizutreten, bevor die tatsächlichen Standards, Lehrpläne und Tests in einer zweiten Amtszeit Obamas bekannt werden. Das gesamte Vorhaben ist sowohl illegal als auch verfassungswidrig. Dennoch schreitet es weiter voran, und die Öffentlichkeit weiß praktisch nichts darüber.

Einige wenige Konservative haben sich von der scheinbar traditionalistischen Forderung nach nationalen „Standards" täuschen lassen. Die meisten konservativen Bildungsexperten begreifen jedoch, dass die neuen landesweiten Standards nicht hoch, sondern niedrig sein werden. Bei so vielen aktuell drängenden wirtschaftlichen Fragen hört jedoch niemand zu. Zu schade, denn das Endergebnis von Obamas Bildungsplan wird tatsächlich ein wirtschaftliches sein: die umfassende Umverteilung der Bildungsmittel aus den Vorstädten an die Städte.

Weit davon entfernt, die Bühne zu verlassen, steht Obamas ehemalige Beraterin Linda Darling-Hammond im Mittelpunkt dieses Plans. Sie arbeitet mit dem Smarter-Balanced Assessment Consortium (Konsortium für ausgewogenere Benotung) zusammen, das von der Verwaltung ausgewählt wurde, um das Prüfsystem für den neuen Common Core zu erstellen. Darling-Hammond hat sich bemüht, ihre Rolle im Smarter-Balanced-Consortium herunterzuspielen, aber die Veröffentlichungen der Gruppe verdeutlichen, dass in Wahrheit sie den Laden schmeißt. Obwohl Darling-Hammond landesweit als Hauptgegnerin standardisierter Testverfahren gilt, ist sie nun tatsächlich für die Entwicklung eines neuen K-12-Testsystems für einen Großteil der Nation verantwortlich. Das Ergebnis werden politisch korrekte Fragen sein, und Standards, die im Grunde gar keine sind.

Doch das ist nur der erste Teil des Plans. Das Bildungsministerium von Präsident Obama hat eine Kommission für Fairness und Exzellenz eingerichtet, die den Auftrag hat, „Wege zu finden, um die Schulfinanzierungssysteme hinsichtlich einer gerechten Verteilung der Bildungsressourcen sowie der Förderung von Leistung und Erfolg der Schüler umzustrukturieren". Praktischerweise werden die Empfehlungen der Kommission erst während einer möglichen zweiten Amtszeit Obamas veröffentlicht. Darling-Hammond ist Mitglied dieser Kommission, und wenn die Erfahrungen der Vergangenheit als Richtschnur dienen, wird sie einen übergroßen Einfluss auf deren Empfehlungen haben.

Darling-Hammond hat ihre Absichten bereits deutlich gemacht. Sie drängt auf einen Plan, den Lehrplanstandards des neuen Common Core gemeinsame „Ressourcenstandards" anzufügen. Das bedeutet, dass Darling-Hammond hofft, die Bildungshilfen des Bundes an die Bedingung zu knüpfen, die Schulfinanzierung über die Gemeindegrenzen hinweg auszugleichen. Sie hat auch vorgeschlagen, Schülern den Wechsel über die Grenzen der Schulbezirke hinweg zu ermöglichen, wobei die Transportkosten von der Regierung übernommen werden sollen.

Das Ziel hierbei sind die Vororte. Obama und Darling-Hammond sind beide langjährige Unterstützer der wenig bekannten Bewegung „regional equity" („regionale Fairness"), die beabsichtigt, die politische Unabhängigkeit der amerikanischen Vorstädte zu untergraben, um den Reichtum der Vorstädte auf die Städte umzuverteilen. Obama ist politisch zu scharfsichtig, um für diesen Teil seines Programms zu werben, dennoch treibt er ihn aggressiv voran.

Das Recht, seine Kinder nach eigenen Vorstellungen zu erziehen, steht traditionell im Mittelpunkt der amerikanischen Vision von Selbstverwaltung und persönlicher Freiheit. Wenn junge Paare arbeiten und sparen, um in einen Vorort mit der von ihnen gewünschten Schule ziehen zu können, sprechen wir vom *Amerikanischen Traum*. Schalten Sie diesen Traum mit einem fehlgeleiteten Versuch aus, die Finanzierung jedes amerikanischen Schulbezirks auszugleichen, und Sie zerstören den Motor, der unseren Wohlstand antreibt, indem Sie ein Kernmotiv der Arbeit entfernen. Wer diesen Traum durch fehlgeleitete Bemühungen zur Angleichung der Finanzierung jedes amerikanischen Schulbezirks verbietet, zerstört sowohl den Motor unseres Wohlstands als auch den Hauptantrieb, einer Arbeit nachzugehen.

Was meinen Sie, sollte Präsident Obama seine ehrgeizigen Umverteilungspläne für das K-12-Bildungssystem – und die amerikanischen Vorstädte – nicht klar erläutern, damit sie während dieser epochalen Präsidentschaftswahl diskutiert und debattiert werden können?

****

Stanley Kurtz *ist leitender Mitarbeiter am Ethics and Public Policy Center und Autor des Buches „Spreading the Wealth: How Obama Is Robbing the Suburbs to Pay for the Cities" (Sentinel HC, August 2012).*[92]

2. Willkommen im weltweiten Schulsystem des 21. Jahrhunderts

Dieser Artikel wird Ihr Verständnis für die Bedrohung erweitern, welche die Bildungspläne der Vereinten Nationen, die versuchen, einen globalen Lehrplan umzusetzen, für unsere Kinder darstellen.

von Jamie Hope

17. Februar 2013, *American Thinker*

Wir treten in eine neue Ära der Bildungspolitik mit einem von den Vereinten Nationen entworfenen globalen Lehrplan ein, der nicht nur in den Entwicklungsländern, sondern auch hier in den Vereinigten Staaten umgesetzt wird.

Wenn unsere Kindertagesstätten aufgrund einer gezielten und kostspieligen Überregulierung durch die Regierungen der Bundesstaaten und des Bundes gezwungen sein werden, ihre Türen zu schließen, werden auch Babys in das zwölfjährige Bildungssystem gezwungen, und die Verantwortlichen im Bildungswesen werden ihr Ziel der Schulpflicht selbst für die Jüngsten in unserer Gesellschaft erreicht haben. Sobald alle Kinder in das öffentliche Schulsystem eingepfercht sind (weil Heimunterricht nicht mehr erlaubt sein wird), wird unser neu transformiertes Bildungssystem aussehen wie nachfolgend beschrieben. Dieses System wurde während der Amtszeit von Gouverneur Granholm in den Schulen von Michigan eingeführt und wird seitdem von der derzeitigen Regierung weiterverfolgt.

Sie geben Ihr Kind kurz nach der Entbindung an der Tür ab. Die Schule wird für die Gesundheitsvorsorge, die Ernährung, die Betreuung und die psychische Gesundheit der Kinder sorgen (weil Sie das wahrscheinlich irgendwie vermurksen werden). Natürlich werden sie dort auch Lesen, Schreiben und Rechnen anbieten. Sie werden Mitarbeiter des Kinderschutzdienstes (Jugendamtes) in der Schule unterbringen, die Ihre Kinder ständig auf Anzeichen von Vernachlässigung und Missbrauch überwachen. Die Definition von Vernachlässigung, die einen Besuch und die Wegnahme Ihrer Kinder aus Ihrem Haus darstellen kann, schließt die Unaufmerksamkeit gegenüber den emotionalen Bedürfnissen eines Kindes und das Versäumnis ein, für psychologische Betreuung zu sorgen. Sie beschreiben emotionalen Missbrauch (oder psychologischen Missbrauch) auch als *„ein Verhaltensmuster, das die emotionale Entwicklung oder das Selbstwertgefühl eines Kindes beeinträchtigt"*. Solch emotionaler Missbrauch kann in ständiger Kritik, Drohungen oder Ablehnung sowie dem Vorenthalten von Liebe, Unterstützung oder Hilfestellung bestehen. Ja, das haben Sie richtig gelesen. Das Jugendamt kann jederzeit einen Fall gegen Sie eröffnen, wenn es sich dafür entscheidet, Ihr Kind zu befragen und zu jedem Zeitpunkt festzustellen, dass Sie es abgelehnt oder nicht angemessen unterstützt oder angeleitet haben.

Sollten Sie sich dafür entscheiden, Ihr Kind mit einem bestimmten Glauben, einer bestimmten Wertvorstellung oder einer bestimmten Religion zu erziehen, wird die Regierung davon ausgehen, dass Sie die Rechte Ihrer Kinder missbrauchen und sie aus Ihrem Haus entfernen könnten. Die Idee von Kinderrechten vs. Elternrechten ist ein Konzept, das sich schnell im Bildungssystem durchsetzt. Laut California Law Review[93] *„zwingt uns die Inkongruenz zwischen den Rechten der Eltern und den etablierten Prinzipien hinsichtlich der Art und der inhärenten Einschränkungen der individuellen Rechte, nach anderen moralischen und/oder rechtlichen Prinzipien zu suchen, um diese abnorme Reihe von Rechten zu unterstützen und zu legitimieren. Ohne eine solche Rechtfertigung könnten wir zu der Schlussfolgerung gezwungen sein, dass die Rechte der Eltern, ähnlich der Entscheidungsgewalt der Ehemänner über ihre Frauen in der Vergangenheit, letztlich auf nichts anderem beruhen, als auf der Fähigkeit der politisch mächtigeren Klasse, ihre Herrschaft über eine politisch weniger mächtigen Klasse im Gesetz zu verankern, und auf der veralteten Auffassung, dass Mitglieder untergeordneter Gruppe keine Personen mit eigenen Rechten sind"*.

Sobald die Betreiber des globalen Bildungssystems (das übrigens über einen Steuerpool der Nationen, einschließlich Ihrer Steuern, finanziert und gleichmäßig verteilt wird, so dass alle Länder die gleichen Bildungschancen haben werden) sichergestellt haben, dass sie die ultimative Autorität im Leben Ihres Kindes sind und Ihre Elternrechte vernichtet haben, werden sie ihre globale Agenda, ich meine den Lehrplan, einführen. Als ich für den Gesetzgeber von Michigan gearbeitet habe, hatte ich die Gelegenheit, das „US-China Center for Research on Educational Excellence" an der Michigan State University zu besuchen, wo sie uns einen Krug gaben, in dem sich eine chinesische und eine amerikanische Flagge befand. Dieses Zentrum fördert eine Schule für globale Staatsbürgerschaft. Laut dem Dokument, das ich von dem Zentrum erhielt, *„wurden die Schulen zur Erziehung zum Weltbürger (Education for Global Citizen, EGC) gegründet, um kleine Kinder auf diese neuen globalen Herausforderungen vorzubereiten – um Kinder darauf vorzubereiten, erfolgreiche Weltbürger zu werden"*. Sie glauben auch: *„In der Vergangenheit konzentrierte sich die Vorschule auf die Betreuung und Erziehung des Kleinkindes. Abgesehen von der Tagesbetreuung, während die Eltern ihrer Arbeit nachgingen, legten viele Vorschulen dieser ersten Generationen wenig Wert auf die kognitive, persönliche und soziale Entwicklung."* Sie fragen, warum wir den Chinesen erlauben, ihre Bildungsideologien in Amerika einzuführen? Folgen Sie einfach dem Geld, und mit Geld meine ich das in den US-Schatzkammern. Sie fördern auch eine extreme umweltpolitische Sichtweise, die darin besteht, Bevölkerungskontrolle und nachhaltige Entwicklung zu fördern (obwohl China einer der führenden Umweltverschmutzer auf dem gesamten Planeten ist).

Sobald das neu transformierte globale Bildungssystem die Rechte der Eltern usurpiert und seine globale Agenda in den Köpfen unserer Kleinen indoktriniert hat, wird Ihr Kind alt genug sein, um seine eigenen Entscheidungen über seine sexuellen Werte zu treffen (und mit alt genug meine ich etwa zehn Jahre alt). Sexuelle Werte[94], die vom Schulsystem der Vereinten Nationen vermittelt werden, welches, unter anderem, Masturbation als gesundheitsfördernd empfiehlt, damit Kinder für ihre eigenen sexuellen Rechte eintreten können – und für sichere Abtreibungen.

Wenn Ihre Kinder sich für ungeschützten Sex entscheiden, wird Ihre Schule kostenlos und ohne Ihr Wissen für die Pille danach, für Abtreibungen oder für die vorausschauende und verantwortungsbewusste Geburtenkontrolle zur Verfügung stehen. Fragen Sie einfach die Eltern in New York City, die bereits das Privileg genießen[95], viele dieser Leistungen in Anspruch nehmen zu dürfen. Die Werte und religiösen Überzeugungen, die Sie Ihren Kindern nicht mehr beibringen dürfen, weil es ihrer Entwicklung schaden könnte, werden durch die von den Vereinten Nationen bestimmten Werte ersetzt. In ihrer *Comprehensive Sexuality Education* (Umfangreiche Sexualerziehung) haben sie erklärt: *„Oft haben wir das Gefühl, die Überzeugungen und Gründe unserer Eltern in Frage zu stellen, und das ist sehr gesund! Wir möchten vielleicht neue Dinge für uns selbst ausprobieren und manchmal auch Risiken eingehen."*[96] Sie werden das große Erbe Amerikas, unsere Geschichte oder die wissenschaftliche Grundausbildung, die wir als Kinder genossen haben, künftig nicht mehr betonen. Sie werden lehren, wie wichtig es ist, unseren Teil zur Nachhaltigen Entwicklung, zur Bevölkerungskontrolle und zur globalen Erwärmung beizutragen.

Die Vereinten Nationen haben eine Agenda. Diese Agenda besteht darin, die Welt unter einer sozialistischen Eine-Welt-Regierung zu vereinen, und sie werden damit beginnen, indem sie unsere Kinder indoktrinieren. Willkommen in den Schulen des 21. Jahrhunderts in Amerika.[97]

Kapitel 8: Nichtregierungsorganisationen und die Delphi-Methode

Wie Nichtregierungsorganisationen und Stadtplaner mittels der Delphi-Methode die Bürger zum Narren halten und hiermit unsere repräsentative Regierung untergraben

Es gibt zwei Arten von Nichtregierungsorganisationen (NGOs) [98]:

- **Operative NGOs** sind als Gesellschaften strukturiert und können auf nationaler oder internationaler Ebene arbeiten. Das Rote Kreuz ist ein Beispiel für eine internationale NGO.

- **Interessengebundene NGOs** werben durch Lobbyismus für ein bestimmtes politisches Programm und nutzen hierfür Nachrichtenmedien, die Organisation von Veranstaltungen politischer Aktivisten (z.B. Demonstrationen) etc.

In dieser Lektion behandeln wir nur die interessengebundenen NGOs, da es sich um diese Form von NGOs handelt, welche die Ziele der Agenda 21 weltweit vorantreiben.

Was also sind interessengebundene NGOs?

Sie bestehen aus Gruppen von Leuten mit bestimmten politischen Zielen, welche die Regierung zur Verfolgung eines von ihnen gewünschten Kurses drängen. NGOs der Vereinten Nationen[99] bedürfen eines umfangreichen Assoziierungsvertrags mit den Vereinten Nationen für ihre offizielle Anerkennung.

- Die größte NGO mit 1,8 Mio. Mitgliedern ist Amnesty International.

- Die drei NGOs mit dem größten Einfluss auf das UN-Umweltprogramm (UNEP), dem umweltpolitischen Zweig der Vereinten Nationen, sind...

1. der *World Wide Fund for Nature* (WWF)
2. das *World Resources Institute* (WRI)
3. die *International Union for Conservation and Nature* (IUCN)

Und dann gibt es noch die berüchtigte NGO namens **Council for Local Environmental Initiatives** (ICLEI), deren Hauptaufgabe darin besteht, die Durchsetzung der Richtlinien der Nachhaltigen Entwicklung auf der kommunalen Ebene zu forcieren. Lektion 10 wird weitere Informationen zu ICLEI enthalten.

Die folgende Liste führt einige der bekannteren NGOs auf:

- National Audubon Society
- The Nature Conservancy
- Nat'l Wildlife Federation
- Zero Population Growth
- Planned Parenthood
- The Sierra Club
- The Nat'l Education Association
- The Environmental Defense Fund

NGOs sind die „Arbeiterinnen" im Bienenstock der UN. Ohne NGOs wäre die weltweite Durchsetzung der Agenda 21 in Frage gestellt.

Hier einige der Aufgaben, die die NGOs für die Vereinten Nationen in ihrer Funktion als „Arbeiterinnen", übernehmen:

1. Die NGOs, deren Arbeit sich nach dem Umweltprogramm der UN richtet, entwickeln Richtlinien, die ihre politischen Absichten mit denen der UN-Agenda 21 verbinden. Beispielsweise hätte eine NGO, wie *Zero Population Growth* (Null Bevölke-

rungswachstum) kein Problem damit, eine Richtlinie für das Umweltprogramm der Vereinten Nationen zu entwickeln, da dem Wunsch nach Bevölkerungskontrolle der Agenda 21 entspricht, die auch das Ziel von *Zero Population Growth* ist.

2. Die NGOs arbeiten daran, die von einer oder mehreren UN-Organisationen angenommenen Richtlinien in Regionalkonferenzen beschließen zu lassen.

3. Die NGO überzeugt die Delegierten der Regionalkonferenzen, die Richtlinien anzunehmen.

4. Die NGO erstellt eine rechtlich verbindliche Grundsatzerklärung zu diesem Thema, welche sich „Übereinkommen" nennt.

5. Die NGOs nehmen auf die Delegierten der Konferenz Einfluss, um sie zur Annahme der Übereinkommen zu bringen.

6. Das Übereinkommen wird zur Ratifizierung an die Staatsregierungen gesandt.

7. Wenn das Übereinkommen ratifiziert ist, wird es zu internationalem Recht.

8. Dann, um den Auflagen des Vertrags entsprechende Bundesgesetze zu schreiben, läuft die Einflussnahme der NGOs – in unserem Fall auf den Kongress – auf Höchsttouren. Zur Herstellung einer direkten, offiziellen Verbindung zwischen der UN und unserer Bundesregierung ist eine Berufung von Vorständen dieser radikalen NGOs in präsidiale Gremien nicht unüblich, was die Wahrscheinlichkeit erhöht, dass die Bestimmung in Bundesrecht überführt wird. Dies war 1992 bei Clintons Präsidentschaftskonferenz zur Nachhaltigen Entwicklung der Fall.

9. Wenn Bundesgesetze erst geschaffen und beschlossen sind, wenden sich die NGOs an die Regierungen der Bundesstaaten und beeinflussen diese dann zum Beschluss von Gesetzen auf ihrem Territorium, welche die Auflagen der Bundesgesetzgebung erfüllen.

Da es der 10. Verfassungszusatz der Bundesregierung jedoch verbietet, Gesetze zu schreiben, welche die Kommunalpolitik diktieren, müssen die NGOs bei dem Versuch, die Ideen der Agenda 21 in die Kommunalverwaltungen zu treiben, einen anderen Weg wählen.

Um nun die Kommunalverwaltungen zu „ermuntern", sich dem Regelwerk der Agenda 21 zu fügen, nehmen die NGOs Einfluss auf den Kongress, um als Hilfe bei der Erfüllung der Richtlinien der Agenda 21 durch Staaten und Gemeinden bestimmte Fördermittel einzubinden (siehe Lektion 6).

Auf diesem Weg werden unsere Steuergelder auf die lokale Ebene herunter geschleust, um bei der Einführung des Regelwerks der Nachhaltigen Entwicklung bzw. Agenda 21 zu helfen, das entwickelt wurde, um...

- uns das Recht auf Privatbesitz zu rauben (Lektion 1)
- das gesamte menschliche Verhalten zu kontrollieren (Lektion 4)
- den Wirtschaftssektor zu kontrollieren (Lektion 5)
- unsere repräsentative Republik zu zerstören (Lektion 7 und Lektion 9)
- unsere Kinder bei der Schaffung guter Weltbürger zu indoktrinieren (Lektion 8)
- soziale, ökonomische und ökologische Gerechtigkeit zu schaffen (Lektionen 1 – 9)

Sollte eine Gemeinde oder ein Bundesstaat sich der „freiwilligen" Annahme der lokalen Bestimmungen verweigern, sind die NGOs geschult, zu agieren. Sie beginnen Druck auf die Stadträte oder Bezirksbeauftragten auszuüben, die Fördermittel anzunehmen und die Richtlinien auf diesem Weg einzuführen. Wenn sie auf Widerstand stößt, beginnt die NGO mit der Herausgabe von Pressemitteilungen, die der Gemeinde von, durch ihre Beamten verursachten Millionenverlusten berichten. Der Druck wird so lange fortgesetzt, bis die Fördermittel schließlich angenommen werden und die Richtlinie in kommunales Recht übergeht.

Nun ist es einfach zu erkennen, warum die NGOs mit „Arbeiterinnen" verglichen werden können. Die NGOs übernehmen die schwere Aufgabe der weltweiten Einführung der Agenda 21. **Begreifen Sie, wie die** *Delphi-Methode* **beim Betrug an den Bürgern und zur Untergrabung der Macht der kommunalen Regierungen verwendet wird?** (Die Delphi-Methode ist ein systematisches Befragungsverfahren als auch eine Schätzmethode, um zukünftige Ereignisse und Trends möglichst gut einschätzen zu können. Sie wird gleich noch ausführlich erklärt.)

Es ist nicht zwingend erforderlich, jemanden in Ihre Stadt zu schicken, um Einvernehmen mit den Richtlinien der Nachhaltigen Entwicklung zu erzeugen. Nämlich dann nicht, wenn Ihre Stadt einen oder mehrere Stadtplaner beschäftigt, denen das „Growing Smart Legislative Guidebook"[100] (Gesetzesleitfaden für „Intelligentes Wachstum") der American Planning Association (APA) (Amerikanische Vereinigung für Stadtplaner) vertraut ist. Der Leitfaden der American Planning Association wurde vom Ministerium für Wohnungsbau und Stadtentwicklung (HUD) und anderen Bundesbehörden von Ihren Steuergeldern finanziert. Dieses umfangreiche, 1.500-seitige Sammelwerk gesetzlicher Standards und Planungspraktiken weist Stadtplanern Wege, um die Prinzipien der Agenda 21 der Vereinten Nationen in Ihrer Gemeinde umzusetzen.

Es gibt über 16.000 zertifizierte Stadtplaner in den Vereinigten Staaten. Die APA hilft Stadtplanern eine, von nicht wenigen als manipulativ erachtete Methode zur Erzielung von Konsens in kommunalen Belangen zu erlernen. Diese Methode beinhaltet viele Begriffe, einschließlich **der Delphi-Methode, der Konsens-Planung und des Visioning.**

Ein Stadtplaner gestaltet den Prozess so, dass er den Bürgern erlaubt zu denken, sie seien Ideengeber in ihren Gemeinden – Ideen, die ihre

Stadt dazu führen, eine akzeptable Lösung für kommunale Probleme zu finden. Stattdessen werden die Ideen, welche die Bürger zur Verfügung gestellt haben, tatsächlich auf eine Weise minimiert, die es den Planern erlaubt, das von ihnen im Voraus gewünschte und geplante Ergebnis umzusetzen. Auf diese Weise, bei der die Daten vorher von den Stadtplanern manipuliert wurden, um das gewünschte Ergebnis der angestrebten Nachhaltigen Entwicklung zu erzielen, werden die Bürger im Glauben gelassen, Grünflächen, Fahrradwege und Gehwege seien fundamentale Sorgen der Gemeinde.

Dies erklärt, warum im ganzen Land kleine und große Städte ähnlich klingende Begriffe wie etwa „Vision 2020" für die Pläne ihrer Stadtentwicklung wählen und den noch ähnlicheren Plänen für die Nachhaltige Entwicklung folgen. Columbus in Ohio hat beispielsweise den „Columbus 2050" Plan. Hier ist ein Auszug aus der Homepage der Stadt:

„Wenn es ein immer wiederkehrendes Thema in dem gesamten Dokument zu Columbus 2050 gibt, ist es die Nachhaltigkeit. Der Begriff wird vielfach verwendet und seine Bedeutung kann sehr unterschiedlich sein, aber die Leitung des Instituts für Stadt- und Landesentwicklung begreift ihn in erster Linie als Ruf nach persönlicher und kommunaler Verantwortung.

‚Seinem Ursprung nach bedeutet Nachhaltigkeit, innerhalb seiner Möglichkeiten zu leben und das kann auf Personen, den Handel und auf die Verwaltung angewendet werden', sagte Reidy. ‚Für Personen kann es bedeuten, näher am Arbeitsplatz oder an Stadtteilzentren zu leben, lokal angebaute Nahrungsmittel zu essen und bewusst Energie zu sparen – am Arbeitsplatz, zu Hause und bei der Nutzung von Verkehrsmitteln.'

Obschon es dem Dokument, ‚Columbus 2050' an Visionen von fliegenden Autos und einer der Jetsons ähnlichen Mode fehlt, liefert es eine solide Grundlage für Intelligentes Wachstum (siehe Lektion 4) *und die Bausteine, um den Kern von Ohio für kommende Jahrzehnte weltweit konkurrenzfähig zu gestalten."*

Wie kann es sein, dass ein Land mit so vielen unterschiedlichen Gemeinden eine solche Uniformität in Terminologie, Strategie und der Zukunftsplanung anstreben kann, außer wenn es in einer Klemme steckt, außer wenn der Einfluss von Stadtplanern, geschult von der *American Planning Association*, einen Prozess begleitet, der zur Vollendung eines im Voraus geplanten Ergebnisses führt.

Dieser Prozess führt unsere repräsentative Regierung ad absurdum. Durch die Verwendung des Delphi-Modells entsteht ausschließlich **die Illusion einer zweckdienlichen repräsentativen Regierung**. In Wahrheit werden Entscheidungen, die den Bürgern vorbehalten sein sollten, diesen von nicht gewählten Stadtplanern geraubt. Das wiederum entmachtet im Gegenzug unsere repräsentative Regierung und legt die Macht in die Hände von nicht gewählten Stadtplanern.

> *„In einfache Worte gefasst, läuft die Vorgehensweise darauf hinaus, dass ausgewählte NGOs, gemeinsam mit Bürokraten und Regierungsbeamten, auf ein vorausbestimmtes Ziel hinarbeiten. Sie haben sich auf Kongressen getroffen und gemeinsam auf internationalen Übereinkommen beruhende Grundsatzerklärungen geschrieben, an deren Gestaltung sie selbst beteiligt waren und sind nun dabei, Gesetze und Bestimmungen in Kraft zu setzen, die einen verhängnisvollen Effekt auf das Leben der Menschen und deren Volkswirtschaften haben werden.*
>
> *Und sie treiben diese Strategie, völlig gewissenlos und ohne die Wahrheit zu sagen, voran. Niemand widerspricht. Es ist abgemacht! Alle sind sich einig, weil diese barbarische Vorgehensweise das von ihnen gewünschte Ergebnis, ohne Blutvergießen oder auch nur eine Debatte, sicherstellen wird. Es handelt sich um das Vorgehen zur Errichtung des rigorosen, weltweiten ökologischen Plans: Agenda 21.“*[101]

Ich mache an dieser Stelle eine Ausnahme und weise Sie schon jetzt auf das Zusatzmaterial zu Lektion 9 hin. Sie finden dort eine Videoserie von Henry Lamb mit dem Titel „Confronting Agenda 21". Die Betrachtung dieser Serie ist im Grunde „Pflicht", um wirklich begreifen zu können, was genau bei der „Delphi-Methode" geschieht. Um Ihnen das zu erleichtern sind den Videos Angaben zu deren Inhalt in ausdruckbarer Form vorangestellt. Bitte machen Sie sich die Mühe, diese Videos anzusehen, besonders wenn Sie beabsichtigen, an Seminaren zu Visionig oder Konsens-Planung teilzunehmen! Solche Seminare oder „Workshops" finden selbstverständlich auch im deutschsprachigen Raum und nicht nur an Universitäten statt – ein Beispiel dazu finden Sie hier[154].

Das Ziel der ersten neun Lektionen dieser Serie war der Unterricht. Es wird häufig behauptet: „Wissen ist Macht." Ich bin anderer Ansicht. Wissen hat KEINERLEI Macht, solange es nicht genutzt wird. Das Ziel der letzten Lektion, Lektion 10, ist, Sie zu unterrichten, das Gelernte zu nutzen, um unsere kostbare Repräsentative Republik und **die Freiheit unserer Kinder** zu schützen, indem wir die Agenda 21 stoppen.

Zusatzinformationen zu Kapitel 9
1. Anmerkungen zu Henry Lambs dreiteiligem Videovortrag

(Anmerkung des Übersetzers: Leider ist dieses wichtige Videodokument aus dem Internet entfernt worden und es stehen nur noch sehr wenige Vorträge von Henry Lamb, einem der führenden und am 24. Mai 2012 verstorbenen, namhaften Kritiker der Global Governance, in schlechter Qualität zur öffentlichen Verfügung. Nachfolgend finden Sie kurze Auszüge aus dem Videovortrag und zudem Anmerkungen, die für den Ablauf solcher Bürgerkonferenzen von Bedeutung sind. Es handelt sich zumeist von Stadtverwaltungen organisierten öffentlichen „Konferenzen", an denen die Einwohner teilnehmen und sich einbringen können – in diesem Fall die Zukunftsgestaltung der Gemeinden oder auch Stadtvierteln.

Bevor Sie sich die Videos ansehen: Vergessen Sie nicht, dass… umfangreiche Planung = Wachstumsmanagement = Smart Growth bedeuten!

Teil 1 (20:30)

- Eine Planungskonferenz kann sowohl vom Amt für Stadtplanung als auch von einer Nichtregierungsorganisation (NGO) oder von beiden durchgeführt werden.
- Wenn eine NGO oder einer ihrer Sympathisanten daran beteiligt ist, werden sie versuchen, einen auf den Agenda 21-Strategien basierendem Plan durchzusetzen, der ähnlich dem für Costa County in Kalifornien aussehen wird:
  - Wo der anwesende Moderator das Treffen mit der Versicherung begann, dass es die Absicht dieses Treffens wäre, Informationen über die Wünsche der Gemeinde zu sammeln (was sich schlicht als falsch erwiesen hat)

- und feststellte, dass sich etwa 60 Personen in dem Raum befanden, jedoch nicht erwähnt hat, dass viele von diesen (meines Erachtens mindestens 20, aber zumindest einer an jedem Tisch) eingeschleuste Vertreter der Agenda 21 waren.

- Wo der Moderator eine Liste mit den Wünschen der Bürger bereitgestellt und sie aufgefordert hat, die vorbereitete Liste zu bevorzugen. Wünschen nach einer Änderung der Liste wurde einfach nicht nachgekommen.

- Üblicherweise erstellt nur eine kleine Gruppe ein umfassendes Konzept. ANMERKUNG: Das bedeutet, dass eine kleine oppositionelle Gruppe großen Einfluss haben kann! (Diese sollte den Entscheidungsprozess so lange wie möglich im Auge behalten.)

- Es ist nicht auszuschließen, dass die NGO an irgendeiner Stelle während des Prozesses lügt. SEIEN SIE WACHSAM!

- Dort nannte der Moderator Titusburg, Florida, als Beispiel, wo ein Vertrag mit dem ICLEI abgeschlossen und die Verminderung von CO_2-Emissionen beschlossen worden sein soll.

Teil 2: (17:34)

1. Umfangreiche Flächennutzungspläne sind das Instrument, das die Zukunftsvision an Gesetze und Vorschriften bindet.

2. Lokale Bauvorschriften sind in der Regel mit den Vorschriften des International Code Council (US-Baunormungsgesellschaft) konform. Sie können sogar den Normen des International Green Code Construction (an die Nachhaltigkeit angepasste Vorschriften) entsprechen.

3. Bei Min. 3:45 spricht der Vortragende davon, wie umfassende Flächennutzungspläne, die städtische Randzonen festlegen, die Bevölkerung in kleine Gebiete zwingen können, wodurch die Grundstückspreise steigen. Mit anderen Worten: Umfassende Flächennutzungspläne bestimmen die Gewinner und Verlierer.

4. Bei Min. 6:00 wird ein Einzelfall vorgestellt, in dem die Regierung bei einem Anstieg der Grundstückswerte aufgrund der Einrichtung einer städtischen Randzone den Anstieg der Grundstückspreise steuerlich nicht berücksichtigt hat (=willkürliche Grundstücksbesteuerung).

5. Zeigt, dass in manchen Orten eine Art Umwelt-Polizei zur Überwachung der Einhaltung von Umweltschutzvorschriften sowie der Bürger existiert.

6. Bei Min. 8:00 wird eine mittellose Frau in einem wasserarmen Bundesstaat, die sich weigerte, ihren Rasen zu gießen, bei ihrer Verhaftung gezeigt.

7. Bei Min. 10:00 sieht man eine Frau, die wegen eines Gemüsebeets in ihrem Vorgarten angezeigt wurde.

8. Dem Mann bei Min. 13:00 wurde sein Grundbesitz in Antelope Valley konfisziert.

Zusammenfassung: Umfangreiche Flächennutzungspläne verwandeln den freien Markt in einen verwalteten Markt und in eine verwaltete Gesellschaft.

Teil 3: (22:37)

1. Drei Möglichkeiten zum Widerstand gegen die Agenda 21

a) Während des Imaginations-Prozesses

b) Während der strategischen Phase der Bodennutzungsplanung

c) Nach Verabschiedung des Plans

Anmerkung: Je weiter der Prozess fortgeschritten ist, desto schwerer ist er aufzuhalten.

2. Strategien zur Beendigung des Konsens-Prozesses (ein Muss)

a) VERLASSEN SIE EINE KONFERENZ NIEMALS vor ihrem Ende

b) Bestehen Sie darauf, dass folgende vier Vorschläge in die „Ideenliste" aufgenommen werden:

- Der Schutz von Privateigentum
- Alle Entscheidungen müssen von gewählten Vertretern getroffen werden
- Verpflichtender Schutz vor der Abschreibungen außerplanmäßiger Nutzung (sprich Bestandschutz)
- Sämtliche Verbindungen eines „Mitspielers" zu NGOs müssen veröffentlicht werden. Der Lebenslauf aller Moderatoren muss vor den Prozess bekannt gegeben werden.

3. Strategien zur Verwendung nach Abschluss der Ideenfindung und während des Entwurfs des Gesamtplans

Anm.: Der Entwurf wird von dem Moderator selbst oder dem von ihm vertretenen Beratungsunternehmen gefertigt.

a) Überprüfen Sie den Entwurf auf nicht genehmigte Änderungen. Vielleicht kann ein Prüfungskomitee dies übernehmen. Behalten Sie ihre Bedenken so lange wie möglich für sich.

b) Bereiten Sie nach Abschluss Ihrer Studie einen schriftlichen Entwurf mit sämtlichen Ihrer Bedenken vor (bitte zitieren Sie auch bestimmte Seiten).

c) Treffen Sie sich mit einem für die Umsetzung des Plans verantwortlichen gewählten Vertreter (insbesondere, wenn er sympathisch erscheint), und teilen Sie ihm Ihre Bedenken mit. Es sollten nur Wahlberechtigte und direkt Betroffene an diesem Treffen teilnehmen.

d) Drei wichtige Verhaltensweisen bei einem Ratifizierungstreffen…

Erscheinen Sie frühzeitig und melden Sie sich für einen Redebeitrag an. (Zuvor sollten Sie sich eine Reihe von Diskussionspunkten unter jenen Teilnehmer verteilt haben, die gewillt sind, auf diesem Treffen zu sprechen. Stellen Sie sicher, dass jeder der von ihnen notierten Punkte mit dem dringenden Aufruf an die Beamten endet, den Plan abzulehnen.

Geben Sie allen gewählten Vertretern eine Kopie Ihrer Diskussionspunkte. Und nehmen Sie so viele gut gekleidete, freundliche Unterstützer mit, wie möglich.

4. Nach der Verabschiedung des Flächennutzungsplans...

a) Konzentrieren Sie sich auf die Art der Umsetzung des Plans.

b) Wie lauten die bundesstaatlichen Vorschriften an den Bezirk? (Suchen Sie im Internet nach den Raumordnungsvorschriften Ihres Bundesstaates).

c) Entscheiden Sie, ob Sie die Politik auf kommunaler oder staatlicher Ebene beeinflussen wollen, um einen Wandel herbeizuführen.

d) Finden Sie heraus, welche internationalen Bauvorschriften in Ihrem Bundesstaat gelten.

Denken Sie daran, dass es sich bei der Agenda 21 um social engineering handelt und eine von der Regierung geplante und befürwortete Gesellschaft erzeugt!

2. Das Erreichen von Konsens durch die Delphi-Methode:

Wie wir von einer repräsentativen Regierung in eine illusionäre Bürgerbeteiligung geführt werden

Von Lynn M. Stuter

Einführung

Die Delphi-Methode und die Konsensbildung basieren beide auf demselben Prinzip – der hegelschen Dialektik von These, Antithese und Synthese, wobei die Synthese zur neuen These wird. Das Ziel ist eine kontinuierliche Entwicklung zu einer „gemeinschaftlichen Überzeugung" (Konsens bedeutet, die Einigung auf gemeinschaftliche Ansichten) – des kollektiven Bewusstseins, der ganzheitlichen Gesellschaft, der ganzheitlichen Erde usw. Durch Thesen und Antithesen werden Meinungen oder Ansichten zu einem Thema präsentiert, um Ansichten und Gegenansichten zu ermitteln. In der Synthese werden die Gegensätze zur neuen These vereint. Alle Teilnehmer des Prozesses müssen dann die neue These akzeptieren und unterstützen, indem sie ihre Ansichten ändern, um sich an der neuen These auszurichten. Durch einen kontinuierlichen Entwicklungsprozess soll so angeblich die „Einheit des Geistes" entstehen.

In Gruppensitzungen erweist sich die Delphi-Technik jedoch als eine unethische Methode zur Erzielung eines Konsens bei kontroversen Themen. Sie erfordert gut ausgebildete Fachleute, die als „Vermittler" oder „Change Agents" bekannt sind und die absichtlich die Spannungen zwischen den Gruppenmitgliedern verschärfen, indem sie eine Fraktion gegen eine andere ausspielen, um so einen vorherbestimmten Standpunkt „vernünftig" erscheinen zu lassen, während gegensätzliche Ansichten lächerlich erscheinen.

In ihrem Buch „Educating for the New World Order" weist die Autorin und Pädagogin Beverly Eakman mehrfach auf die Notwendigkeit der Machthaber hin, die Illusion aufrechtzuerhalten, dass es *„eine Betei-*

ligung der Gemeinschaft an Entscheidungsprozessen gibt, während in Wahrheit unwissende Bürger ausgepresst werden".

Die Einstellung oder der Gruppentyp ist für den Erfolg der Technik unerheblich. Der Punkt ist, dass Menschen in Gruppen, die dazu neigen, eine bestimmte Wissensbasis zu teilen, bestimmte identifizierbare Merkmale aufweisen, welche als Gruppendynamiken bezeichnet werden und es dem Moderator ermöglichen, die grundlegende Strategie anzuwenden.

Die Moderatoren oder Change Agents ermutigen jede Person einer Gruppe, Bedenken über die betreffenden Programme, Projekte oder Richtlinien zu äußern. Sie hören aufmerksam zu, regen Gruppenmitglieder zu Beiträgen an, bilden „Arbeitsgruppen", fordern die Teilnehmer auf, Listen zu erstellen und lernen dabei jedes Mitglied einer Gruppe kennen. Sie sind darauf trainiert, die „Anführer", die „Großmäuler", „schwache oder unverbindliche Gruppenmitglieder" sowie diejenigen zu erkennen, die während einer Auseinandersetzung oft die Seiten wechseln.

Plötzlich werden die freundlichen Vermittler jedoch zu professionellen Agitatoren und zu „des Teufels Advokaten". Nach dem Prinzip des „teile und herrsche" spielen sie eine Meinung gegen eine andere aus und lassen diejenigen, die aus dem Takt kommen, „lächerlich, unwissend, plump oder dogmatisch" erscheinen. Sie versuchen, bestimmte Teilnehmer zu verärgern, wodurch sich die Spannungen verschärfen. Die Moderatoren sind gut ausgebildete psychologische Manipulateure. Sie sind in der Lage, die Reaktionen der einzelnen Mitglieder einer Gruppe vorherzusagen. Personen, die sich der gewünschten Politik oder des gewünschten Programms widersetzen, werden ausgeschlossen.

Die Delphi-Technik funktioniert. Bei Eltern, Lehrern, Schulkindern und Gemeinschaftsgruppen ist sie sehr effektiv. Die „Betroffenen" merken selten, wenn überhaupt, dass sie manipuliert werden. Wenn sie jedoch einen Verdacht darauf haben, wissen sie nicht, wie sie den Prozess beenden können. Der Moderator versucht, die Gruppe zu polarisieren, um ein akzeptiertes Mitglied der Gruppe und des Prozesses zu werden. Dann wird das gewünschte Ergebnis präsentiert, und während der Diskussion werden individuelle Meinungen eingeholt. Bald darauf beginnen Mitglieder der zuvor gespaltenen Gruppe, die Idee so anzunehmen, als wäre es ihre eigene, und sie üben Druck auf die gesamte Gruppe aus, um ihren Vorschlag zu akzeptieren.

Wie die Delphi-Methode funktioniert

Der andauernde Gebrauch dieser Technik zur Steuerung der Beteiligung der Öffentlichkeit versetzt diejenigen Menschen in Alarmbereitschaft, die an der von unseren Gründervätern errichteten Regierungsform festhalten. Bemühungen dieser Art in Bildungsfragen und anderen gesellschaftlichen Bereichen haben das entstehende Bild in den Mittelpunkt gerückt.

Es ist noch nicht lange her, als die Stadt Spokane im Bundesstaat Washington einen Unternehmensberater für 47.000 Dollar engagiert hat, um den Regierungskurs der Stadtverwaltung zu ändern. Diese Entwicklung hat zu lautstarkem Protest bei der ansässigen Bevölkerung geführt. Der daraus resultierende Handlungsablauf hat eine gespenstische Ähnlichkeit mit dem, was bei der Bildungsreform geschieht. In einem Leitartikel der Zeitung wurde beschrieben, wie Gruppen von vom Wahlrecht ausgeschlossener Bürgern zusammengebracht wurden, um zu „diskutieren", was ihrer Meinung nach auf der Ebene der Kommunalverwaltung geändert werden sollte. Eine Zusammenstellung der Ergebnisse dieser „Diskussionen" hat die Arbeit der Verfasser der der Stadt- bzw. Gemeindeordnung beeinflusst. Das klingt harmlos. Aber was in Spokane tatsächlich passiert ist, geschieht in Gemeinden und Schulbezirken im ganzen Land ebenso. Lassen Sie uns den Prozess, der bei diesen Treffen stattfindet, noch einmal Revue passieren.

Zunächst wird ein Moderator angeheuert. Während dessen Arbeit neutral unabhängig sein sollte, ist tatsächlich das Gegenteil der Fall. Der Moderator hat die Aufgabe, eine zuvor beschlossene Entscheidung herbeizuführen. Der Moderator beginnt damit, die Gruppe zu bearbeiten, um ein Gut-Böse-Szenario zu schaffen. Jeder, der mit dem Moderator nicht einverstanden ist, muss als Bösewicht erscheinen, wobei der Moderator als der Gute dastehen muss. Um dies zu erreichen, sucht der Moderator diejenigen aus, die Widerstand leisten, und lässt sie töricht, ungeschickt oder aggressiv aussehen, was die klare Botschaft an den Rest der Zuhörer ausstrahlt, dass sie, um einer solchen Behandlung zu umgehen, schweigen müssen. Wenn die Opposition ausgemacht und verunsichert worden ist, wird der Moderator zum „Guten" – zu einem Freund – und die Tagesordnung und die Richtung des Treffens können festgelegt werden, ohne dass die Zuhörer je merken, was eigentlich geschehen ist.

Als nächstes werden die Teilnehmer in kleinere Gruppen von sieben oder acht Personen aufgeteilt. Jede Gruppe hat ihren eigenen Moderator. Die Gruppenleiter steuern die Teilnehmer, um vorgegebene Themen zu diskutieren, wobei sie die gleiche Taktik wie der leitende Moderator anwenden.

Die Teilnehmer werden ermutigt, ihre Ideen und Meinungsverschiedenheiten zu Papier zu bringen, wobei die Ergebnisse später zusammengestellt werden sollen. Wer macht diese Zusammenstellung? Wenn Sie die Teilnehmer fragen, hören Sie normalerweise: *„Diejenigen, die das Treffen leiten, haben die Ergebnisse zusammengestellt."* Ach nein! Die nächste Frage lautet: *„Woher wissen Sie, dass Ihre Vorschläge, in das Endergebnis eingeflossen sind?"* Die typische Antwort darauf lautet: *„Nun, darüber habe ich mich auch schon gewundert, denn das, was ich notiert habe, scheint dort nicht eingeflossen zu sein. Ich schätze, dass meine Ansichten der Minorität angehörten."*

Das ist die Crux an der Situation. Wenn 50 Personen ihre Ideen einzeln aufschreiben, um sie später zu einem Ergebnis zusammenzuführen, weiß niemand, was die anderen geschrieben haben. Dass das Endergebnis eines solchen Treffens überhaupt den Input der anderen widerspiegelt, ist höchst fraglich, und das gilt auch, wenn der Moderator die Kommentare der Gruppe aufschreibt. Jedoch wird dieser Prozess von den Teilnehmern solcher Treffen in der Regel nicht hinterfragt.

Warum werden solche Treffen überhaupt abhalten, wenn die Ergebnisse bereits feststehen? Die Antwort ist, dass es für die Akzeptanz der Agenda für den Übergang von der Schule in den Beruf oder der Umwelt-Agenda oder welche Agenda auch immer, unerlässlich ist, dass gewöhnliche Menschen die Verantwortung für die vorgegebenen Ergebnisse übernehmen. Wenn die Menschen glauben, dass eine Idee ihre eigene ist, werden sie diese unterstützen. Wenn sie glauben, dass ihnen eine Idee aufgezwungen wird, werden sie sich ihr widersetzen.

Die Delphi-Methode wird sehr effektiv eingesetzt, um unsere Regierung von einer repräsentativen Demokratie, in der gewählte Personen das Volk vertreten, in eine „partizipative Demokratie" zu verwandeln, in der es den ausgewählten Bürgern erleichtert wird, sich vorgegebene Ergebnisse zu eigen zu machen. Diese Bürger glauben, dass ihr Beitrag für das Ergebnis wichtig ist, während in Wahrheit das Ergebnis bereits von anderen festgelegt worden ist, die den Teilnehmern unbekannt sind.

Wie lässt sich die Delphi-Methode entschärfen?

Die Versuche eines Moderators, das Ergebnis einer Konferenz in eine bestimmte Richtung zu lenken, lassen sich in drei Schritten entschärfen.

1. Treten Sie stets freundlich, höflich und zuvorkommend auf. Lächeln Sie. Vermeiden Sie es, ihre Stimme angriffslustig oder aggressiv erscheinen zu lassen.

2. Bleiben Sie konzentriert. Wenn möglich, schreiben Sie Ihre Gedanken oder Fragen auf. Wenn Moderatoren Fragen gestellt bekommen, die sie nicht beantworten wollen, schweifen sie oft vom eigentlichen Thema ab und versuchen stattdessen, den Fragesteller in die Defensive zu drängen. Fallen Sie nicht auf diese Taktik herein. Bringen Sie den Moderator höflich zu Ihrer Ursprungsfrage zurück. Wenn er sie so umformuliert, dass sie zu einer anklagenden

Aussage wird (eine beliebte Taktik), sagen Sie einfach: *„Das war nicht meine Frage. Meine Frage lautete,..."* und wiederholen Sie Ihre Frage.

3. Seien Sie hartnäckig. Wenn es nicht gelingt, Sie in die Defensive zu drängen, greifen Moderatoren oft auf lange, mehrere Minuten dauernde Monologe zurück. In dieser Zeit vergisst die Gruppe in der Regel die gestellte Frage, was der Sinn dieser Taktik ist. Lassen Sie den Moderator ausreden und antworten dann mit höflicher Beharrlichkeit: *„Aber Sie haben meine Frage nicht beantwortet. Meine Frage lautete,..."* und wiederholen Sie Ihre Frage.

Reagieren Sie unter keinen Umständen zornig. Ihr Zorn auf den Moderator wird ihn umgehend zum Opfer machen. Das verfehlt den Zweck. Das Ziel der Moderatoren besteht darin, die Mehrheit der Gruppenmitglieder dazu zu bringen, sie zu mögen, und jeden zu verprellen, der eine Bedrohung für die Umsetzung ihrer Agenda darstellen könnte. Menschen mit festen Überzeugungen, die sich nicht scheuen, für das einzutreten, woran sie glauben, sind eine offensichtliche Bedrohung. Wenn ein Teilnehmer zum Opfer wird, verliert der Moderator sein Gesicht und zieht es vor, sich der Meinung der Gruppe anzuschließen. Aus diesem Grund werden Gruppen in Grüppchen von sieben oder acht Personen aufgeteilt und die Vorschläge werden eher aufgeschrieben, als laut formuliert, da sie so zur öffentlichen Diskussion stehen würden. Dieses Vorgehen wird „Massenkontrolle" genannt.

Verteilen Sie bei einem Treffen zwei oder drei Personen, welche mit der Delphi-Methode vertraut sind, in der Menge, so dass sie aufstehen und höflich darauf hinweisen können, wenn der Moderator von einer Frage abschweift: *„Aber Sie haben die Frage der Dame oder des Herrn nicht beantwortet."* Selbst wenn der Moderator vermutet, dass bestimmte Gruppenmitglieder zusammenarbeiten, wird er die Menge nicht durch Anschuldigungen verprellen wollen. Gelegentlich braucht es nur einen Vorfall dieser Art, im die Gruppe herausfinden zu lassen, was vor sich geht.

Entwickeln Sie vor der Konferenz einen Handlungsplan. Alle Mitglieder Ihrer Gruppe sollten ihre Aufgaben kennen. Später analysieren Sie, was erfolgreich war und was nicht, und was beim nächsten Mal geschehen muss. Entwerfen Sie Ihre Strategie niemals während eines Treffens.

Eine beliebte Taktik von Moderatoren bei Widerstand besteht darin, die Konferenz zu unterbrechen. Während der Unterbrechung beobachtet der Moderator und seine Späher (Menschen, die die Teilnehmer im Verlauf einer Konferenz beobachten) die Menge, um herauszufinden wer sich zu welcher Gruppe gesellt, insbesondere zur Gruppe der Widerständler.

Wenn sich die Widerständler an einem Ort versammeln, wird sich ein Späher bemühen, an deren Gespräch teilzunehmen, um anschließend dem Moderator darüber zu berichten. Bei Fortsetzung der Konferenz wird der Moderator die Opponenten unbeachtet lassen. Meiden Sie Begegnungen untereinander und gesellen Sie sich zu den Moderatoren und Spähern. Halten Sie Abstand von Ihren Gruppenmitgliedern.

Diese Strategie funktioniert auch in Vier-Augen-Gesprächen mit jedem in der in der Delphi-Methode geschulten Gegenüber. [103]

****

Lynn Stuter ist Bildungsforscherin im Bundesstaat Washington.

Erstveröffentlicht im November 1998 im *EagleForum.org*[102].

Kapitel 10: Die Verhinderung der Agenda 21

Hilfreiche Strategien zur Verhinderung der Zerstörung unserer repräsentativen Republik durch die Agenda 21

Wir können hoffen, dass die Politiker von sich aus, ohne den Druck der Menschen, die Agenda 21 begreifen, über sie lernen und mit angemessener Gesetzgebung an sie herangehen. Wenn Wünschen helfen würde, wären wir alle längst Millionäre. Nein, Hoffen ist nicht die Antwort. Nur wenn genügend Menschen darin ausgebildet werden, zu verstehen, was die Agenda ist und wie sie umgesetzt wurde und sich dann dazu entschließen, unsere Politiker durch die Erzeugung von genügend Druck zu drängen, keine Richtlinien der Nachhaltigen Entwicklung mehr zu beschließen, sondern stattdessen eine gegen die Agenda 21 gerichtete Politik zu unterstützen, werden wir in der Lage sein, die Ketten, die dem amerikanischen Volk aber auch anderen Völkern gegenwärtig angelegt werden, abzuwerfen.

Druck kann von gebildeten Bürgern auf allen Regierungsebenen ausgeübt werden, der kommunalen, der staatlichen und der bundesstaatlichen. Dies wird weder eine einfache, noch eine kurzfristige Herausforderung sein. Aber wenn wir als Nation in Freiheit leben möchten, müssen wir diese Herausforderung für uns und die folgenden Generationen annehmen. Jedoch erfordert die erfolgreiche Lösung dieser Aufgabe ein intelligentes Vorgehen bei der Bekämpfung der Agenda 21, denn wenn wir Fehler machen, droht uns die Möglichkeit, einen positiven Wandel herbeizuführen, schließlich verloren zu gehen.

Um meine Argumentation zu verdeutlichen, folgt nun mit dem Einverständnis des *American Policy Center*[104] (private Stiftung für Graswurzel-Organisationen und Bildung), deren Vorsitz der langjährige Aktivist gegen die Agenda 21, Tom DeWeese, inne hat, ein Artikel mit dem Titel *„Neue Strategien beim Kampf gegen die Agenda 21"*.

Neue Strategien beim Kampf gegen die Agenda 21

von Tom DeWeese

"...Ich höre von der ständig wachsenden Anzahl von Aktivisten, die in ihren Gemeinden daran arbeiten, die Agenda 21 zu stoppen. Sicherlich wird eine Revolution in unserem Land vorbereitet. Je erfolgreicher wir allerdings werden, desto größer wird der Widerstand der Befürworter der Agenda 21 und der Nachhaltigen Entwicklung. Häufiger als je zuvor hören wir ihre Vorwürfe von „Verschwörungstheorien", „gequirltem Unsinn" und „Extremismus". Das war nicht anders zu erwarten. Wir fordern sie offen heraus und sie spüren die Hitze. Das bedeutet für unser Vorankommen, dass es für Aktivisten gegen die Agenda 21 unverzichtbar ist, ihre gegensätzliche Haltung bei der Begegnung mit Kommunalverwaltungen mit großem Bedacht vorzutragen.

Ich denke, es existiert eine gewisse Fehleinschätzung hinsichtlich der Befürworter der Agenda 21, die unseren Erfolgschancen im Kampf gegen die Agenda 21 schadet. Die korrekte Darstellung der folgenden Tatsachen ist bei unseren Angriffen auf das ICLEI von größter Wichtigkeit. Bitte hören Sie genau zu!

Der Internationale Rat für Kommunale Umweltinitiativen (ICLEI) war eines der Hauptziele der Aktivisten gegen die Agenda 21. Wir haben den ICLEI ins Visier genommen, weil er eine klare Verbindung zu den Vereinten Nationen hat, was es einfacher machte, unsere Argumente über die UN-Verbindung zur Politik der ‚Agenda 21 und der Nachhaltigen Entwicklung'[105] *gegenüber gewählten Beamten vorzutragen. Allerdings haben einige die Funktion des ICLEI missverstanden und verdreht, wer er ist und was er tut. Das Resultat war, dass unsere berechtigten Argumente in manchen Fällen ignoriert oder belächelt worden sind.*

Was der ICLEI ist und was der ICLEI tut

Lassen Sie mich versuchen, den Sachverhalt zu verdeutlichen und ein paar Ideen zum Umgang mit der Situation hinsichtlich des ICLEI anzubieten. Zunächst entsprechen die folgenden Tatsachen sicherlich der Wahrheit und sollten von allen Aktivisten gegen die Agenda 21 verstanden werden: Der ICLEI ist eine UN-Nichtregierungsorganisation, die beim Verfassen der Agenda 21 für den Earth Summit von 1992 mitgewirkt hat und es sich dann zum Ziel machte, das Konzept der Agenda 21 in jede Stadt der Welt zu bringen. Sie tut das, indem sie sich mit kommunalen Beamten trifft und mit ihnen Verträge über das Einführen von Standards in der Energie- und Wasserbenutzung, Richtlinien in der Wohn- und Entwicklungspolitik, der Landwirtschaftspolitik usw. schließt. Diese beinhalten Schulungen für die öffentlichen Angestellten, Software zur Verwaltung der Programme, Leitlinien für die Gesetzgebung, die Vernetzung mit anderen Kommunen, anderen NGOs und Projektbeteiligten sowie mit weiteren Behörden auf Landes- und Bundesebene. Sie beziehen andere öffentliche Beamte in den Gemeinden, einschließlich der Zeitungen, Schulaufsichtsbehörden, der örtlichen Schulleiter und die Vorstände der Handelskammern mit ein, um sicherzustellen, alle, die an Entscheidungen in der Kommunalpolitik mitwirken, zu Mitgliedern dieses Gremiums zu machen. Und ganz sicher führt der ICLEI jene sicherlich zu der wichtigsten Zutat bei der Durchsetzung der Agenda 21 – Geld – nämlich Fördergelder, die mit bestimmten Auflagen verbunden sind, um die Einführung der Agenda 21 zu garantieren.

Diese Fördergelder sind wie Heroin in den Venen. Einmal angenommen, herrschen Sucht und Abhängigkeit. Wenn der ICLEI seine Arbeit getan hat, hängt die Gemeinde am Haken und eine neue, umfassende Atmosphäre der totalen Kontrolle durch die Regierung ist in Kraft gesetzt. Der Einfluss des ICLEIs schafft prinzipiell eine völlig neue Kultur in der Gemeinde, in der die Erwartung einer Beteiligung der Verwaltung an jedem Aspekt Ihres Eigentums, Ihres Berufs, Ihrer Familie und Ihres gesamten Lebens grundsätzlich unbestreitbar ist.

Was im Umgang mit dem ICLEI zu tun und zu lassen ist

Nun ist das, was der ICLEI tut und was ihn so gefährlich macht, der Grund, weshalb wir ihn ins Visier genommen haben. Allerdings ist die Art und Weise, in der wir den ICLEI entlarven und uns gegen ihn wenden, enorm wichtig, und ich habe von einigen enthusiastischen Aktivisten gehört, die destruktive und ineffektive Wege gehen. Zunächst ist der ICLEI nicht die Vereinten Nationen, wie ich von einigen diesbezüglicher Klagen vor Gemeinderäten gehört habe. Es ist eine private Organisation mit eigenen Zielen – die selbstverständlich das Konzept der Agenda 21 vertritt. Aber zu behaupten, die Gemeinderäte zahlen Gebühren an die UN, ist schlicht falsch.

*Ein weiteres Missverständnis ist, dass ICLEI die Agenda 21 **IST**, und dass die Schlacht vorüber wäre, wenn die Gemeinden die Zahlungen einstellen und die Verträge mit dem ICLEI beenden. Ich erhalte Nachrichten von Menschen, die schockiert darüber sind zu erfahren, dass ihre Gemeinden auch nach der Beendigung der Verträge mit dem ICLEI die Programme zur Nachhaltigen Entwicklung fortsetzen. Tatsache ist, dass eine Beendigung des Vertrages mit dem ICLEI erst der Anfang ist. Von da an müssen Sie sich darum bemühen, sämtliche Programme, die mit der Hilfe des ICLEI in Kraft getreten sind, rückgängig zu machen. Dies beinhaltet...*

1. *...die grundlegende Veränderung der Strukturen der Stadtverwaltung und ihrer vom ICLEI geschulten Mitarbeiter.*

2. *... die Demontage nicht gewählter Ausschüsse und Gremien, welche die Urheber für die Erzwingung von Richtlinien sind.*

3. *...die Befreiung Ihrer Gemeinden von Bezirksregierungen.*

4. *...und voraussichtlich bedeutet es die Wahl neuer kommunaler Verwaltungen, die der Agenda 21 entgegentreten, sowie die Möglichkeiten und den Mut besitzen, Angriffen von Bundes- und Landesbehörden, die sich über eine Verweigerung ihrer Agenda durch Ihre Gemeinde bestimmt nicht freuen werden, zu widerstehen.*

Und bei all dem müssen Sie darauf vorbereitet sein, Attacken von etablierten NGOs und deren Lakaien aus den Lokalzeitungen abzuwehren. Der Entzug der Droge, Agenda 21, kann tödlich sein.

Überlisten Sie die Gegenseite durch die Verwendung des gesunden Menschenverstands

Schließlich glaube ich, dass es einen effektiveren Weg gibt, das Konzept der Agenda 21 / Nachhaltigen Entwicklung in Ihrer Gemeinde schon bei seiner Entstehung zu bekämpfen. Sie mögen auf die Vereinten Nationen zornig sein – andere sind es nicht. Wie ich in vor einigen Monaten in meinem Artikel, „How to Fight Back Against Sustainable Development"[106] *(Wie sich die Nachhaltige Entwicklung bekämpft lässt), schrieb, ist es, anstatt mit Vorwürfen über die Einführung eines UN-Programms ins Rathaus zu gehen, sinnvoller, nach den Richtlinien zu suchen, die beantragt oder bereits eingeführt worden sind. Untersuchen Sie, wie die Gemeinde oder Ihr Eigentum davon betroffen sind. Wer wird noch davon betroffen sein? Das sind die Opfer dieser Politik, und sie werden wahrscheinlich bereit sein, Sie bei ihren Bemühungen, diese aufzuhalten, zu unterstützen. Auf diese Weise werden Sie neue Mitstreiter finden. Sie werden es für effektiver halten als das Gebrumm eines wütenden Bären über die UN.*

Beispielsweise sind sämtliche Bewohner in Ihrer Gemeinde von Smart Meters oder „intelligenten" Energiezählern betroffen. Das Problem besteht darin, dass die Regierung Ihnen letztlich Ihren Energieverbrauch, für den Sie bezahlen, diktiert. Das ist eine Verletzung Ihres Rechts auf die eigene Entscheidung über Ihren Energieverbrauch. Ihnen wird das Recht verweigert, selbst zu entscheiden, bei welcher Temperatur sie sich wohlfühlen. Es verweigert Ihnen die eigene Entscheidung über die Temperatur Ihres Badewassers. Es betrifft sogar Ihre Gesundheit, wenn Sie bei der vorgeschriebenen Zimmertemperatur frieren – oder Sie, ohne Zugang zu ausreichend heißem Wasser, dem ungehinderten Wachstum von Keimen ausgesetzt sind.

Meinen Sie nicht, dass Ihnen ein solches Vorgehen, über die Grenzen von Parteien und Intellektuellen hinweg, mehr Unterstützung für Ihr Anliegen einbringt, als gegen die UN zu wettern? Ja, das Konzept entstammt gewiss den Eingeweiden der UN. Aber was sie uns antun, widerstrebt uns. Und hier sollte der Widerstand beginnen. Wenn Menschen sich Ihnen anschließen und mehr wissen wollen, ist das der passende Zeitpunkt, sie über den Rest der Geschichte, die Agenda 21 und ihre Wurzeln in der UN, aufzuklären.

Konzentrieren Sie sich also auf die Opfer und den Schaden, den diese Politik Ihnen und der Gemeinschaft zufügt. Hinterfragen Sie die Mittel, mit denen diese Maßnahmen eingeführt werden (wie etwa der Besuch von Behördenmitarbeitern bei Ihnen). Fordern Sie eine Erklärung von diesen Leuten. Diese werden Sie kaum erhalten. Dies zeigt das hohe Maß an Kontrolle, das für die Umsetzung dieser Politik benötigt wird. Fordern Sie die Behördenmitarbeiter auf, ihre Bemühungen um deren Durchsetzung zu rechtfertigen, und Sie werden nach dieser Bloßstellung ihren Rückzug erleben.
Dieselbe Herangehensweise kann wirkungsvoll im Umgang mit Plänen zur Installation von Messinstrumenten auf Privatgrundstücken oder mit Plänen zum Denkmalschutz eingesetzt werden, die den Eigentümern plötzlich verbieten, Umbauten oder Verbesserungen an ihren Häusern vorzunehmen...
Stellen Sie Ihren Bezirksbeauftragten folgende Frage: „Nennen Sie mir etwas, das ich auf meinem Privatgrundstück ohne Ihre Erlaubnis tun darf?" Bei der ehrlichen Beantwortung dieser Frage wird er gezwungen sein zuzugeben, dass unter den herrschenden Richtlinien keine Privatgrundstücke existieren. Die wichtige Botschaft hier ist, den Kampf gegen ihre globale Agenda auf lokaler Ebene zu führen.

****

Die Agenda 21 besitzt eine ungeheuer große und komplexe Struktur. Die Zahl der Organisationen, die sie vertreten, geht in die Tausende und beinhaltet Nichtregierungsorganisationen (NGOs), Gremien für Öffentliche Ordnung, Behörden des Bundes, der Länder und der Ge-

meinden, selbst erklärte „Interessenvertreter", den Kongress, das Weiße Haus und die 50 Regierungen in den Bundesstaaten sowie ihre Beamten vor Ort. Gegen die alle können Sie nicht persönlich antreten. Bekämpfen Sie stattdessen das Regelwerk, und Sie werden sehen, wie sie aus dem Dickicht kriechen, um Sie herauszufordern. Mit dem Angriff auf das Regelwerk bringen sie diese dazu, dieses zu verteidigen, und Sie werden die Debatte gestalten. Dann werden wir sehen, wer die tatsächlichen Aluhutträger sind."

****

Tom DeWeese hat in diesem Artikel einige wirklich ausgezeichnete Informationen und Empfehlungen gegeben, die nun auf ihre Ausarbeitung warten. Zunächst hat der ICLEI getan, was für die Organisationen, welche die Agenda 21 vorantreiben, typisch ist. Er änderte seinen Namen, nachdem Fragen zu seiner Tätigkeit laut wurden. Der Name „ICLEI" stand zu Beginn für „International Council for Local Environmental Initiatives" (Internationaler Rat für Lokale Umweltinitiativen). Er änderte jedoch seinen Namen in „Local Governments for Sustainability" (Kommunale Verwaltungen für Nachhaltigkeit, übrigens mit Sitz in Bonn), während er die Abkürzung behielt. Das ist erwähnenswert, weil es ziemlich verwirrend ist. Um herauszufinden, ob Ihre Gemeinde Mitglied im ICLEI ist, finden Sie Informationen hierzu im Zusatzmaterial von Lektion 10, die Ihnen hierbei behilflich sind.

[**Wichtige Anmerkung des Herausgebers:** Obwohl der ICLEI eine der weltweit wichtigsten Organisationen bei der Umsetzung der Agenda 21 ist, sind in Deutschland dort derzeit nur 19 Städte direkte Mitglieder. Dennoch unterhält jede größere Gemeinde ein Büro oder Dezernat für die **„Lokale Agenda 21"**. Wie aus dem Interview in Anhang 4 hervorgeht, wird hier auf kommunaler Ebene mit Bund, Ländern und mit der EU sowie mit Privatunternehmen an der Umsetzung dieser Pläne gearbeitet, wobei die Strategien jedoch exakt dieselben sind.]

Unabhängig davon, ob Sie versuchen, Ihre Stadt von der Mitgliedschaft im ICLEI zu befreien oder sie von der Annahme von Fördergeldern der regionalen Verwaltungen abzuhalten, müssen Sie vorher eine erfolgversprechende Strategie festlegen. Es wäre großartig, wenn es einen einzigen Weg zur Beseitigung dieser Unordnung gäbe, der erfolgversprechend wäre. Bedauerlicherweise ist dies nicht der Fall. Bei der Suche nach einer erfolgversprechenden individuellen Lösung wird für jede Stadt und jeden Sachverhalt große Sorgfalt benötigt. In den meisten Situationen wird es einfacher sein, die Betroffenen zu vereinen. Wenn Sie eine Koalition sowohl aus Kaufleuten als auch gewöhnlicher Bürger – und je mehr, desto besser – gründen, können Sie die Aufgaben einfacher verteilen, haben einen größeren Vorrat an Ressourcen und sind in der Lage, Stärke zu zeigen. Das ist die Idealsituation. In Situationen allerdings, in denen nicht die Möglichkeit besteht, eine größere Gruppe zu bilden, können auch kleinere Gruppen etwas bewirken. Dies wird den Einzelnen zwar mehr Arbeit abverlangen, und bietet nicht die Gelegenheit, Stärke zu zeigen, birgt aber dennoch Möglichkeiten. In der Tat sind kleinere Gruppen weniger bedrohlich. Das mag Behörden davon abhalten, sich zu verteidigen, was ebenfalls nicht schlecht ist. Kleinere Gruppen können auch über die Herstellung von „Beziehungen" zu „machtvollen" Gruppen an Stärke gewinnen. Wenn Sie in der Lage sind, besonnen zu bleiben und bei der Argumentation Logik und Fakten verwenden, können Sie Schlüsselverbindungen zu diesen Leuten herstellen. Wenn Sie ein oder zwei von ihnen an Ihrer Seite haben, werden sie zu Partnern bei der Beeinflussung der verbliebenen „Ungläubigen". So stellen Sie eine „kleine, gemeine Kampfmaschine" dar. Diese Situation kann sich im Handumdrehen ändern, und wenn sich nur ein paar von Ihnen dafür einsetzen, die Konzepte der Agenda 21 in Ihrer Gemeinde aufzuhalten, können sie rasch Entscheidungen treffen und Korrekturen herbeiführen. Vor dem Entwerfen irgendwelcher Strategien müssen Sie sich jedoch über die Strukturen und die Schlüsselfiguren in Ihrer Regierung im Klaren sein. In meiner Stadt mit 15.000 Einwohnern zum Beispiel gibt es einen Bürgermeister, einen Stadtrat, einen Stadtverwalter, einen Vollzeit-Leiter für Stadtplanung und Bebauung, einen Planungs- und Bebauungsausschuss, einen Berufungsausschuss für Planung und Bebauung, einen Ausschuss für Grünanlagen und Naherholung, einen Ausschuss für Wasser und Kanalisation, bla, bla, bla. Sie erkennen die Ideenvielfalt in den verschiedenen Ebenen der Verwaltung. Sie werden entscheiden müssen, auf welchen dieser Bausteine der Verwaltung Sie Ihren Blick richten und Einfluss nehmen wollen.

Sie werden an einer Vielzahl von Treffen teilnehmen, während Sie versuchen zu entscheiden, wie Sie auf das sich abspielenden Drama – und es ist ein Drama – reagieren. Aus persönlicher Erfahrung würde ich sagen, dass das Drama in der Politik größer ist als alles, was Sie je in Seifenopern gesehen haben. Auch ist es wirklich wichtig, dem GESAMTEN Treffen beizuwohnen. Nur weil während der Anfangsphase des Treffens kein entscheidendes Thema behandelt wird, bedeutet das NICHT, dass es dort später zu keinem „großen" Ereignis kommt! Nicht zuletzt respektieren die Verantwortlichen der Sitzung die Bürger, die während ihrer gesamten Dauer anwesend sind, was es den Bürgern im Gegenzug einfacher macht, die benötigten Beziehungen zu den verantwortlichen kommunalen Entscheidungsträgern aufzubauen.

Ein letzter Punkt zur Kommunalverwaltung: Vergessen Sie das Schulsystem nicht. Alles bisher Gesagte betrifft auch den Versuch der Einbeziehung unserer schulischen Gremien (in die Richtlinien der Agenda 21). Lektion 8 (über Ausbildung) sollte Ihnen die verheerende Situation verdeutlicht haben, in die unsere Kinder ohne ihr eigenes Zutun geraten sind. Das ist ebenso wichtig, und man könnte behaupten, die Reformierung unseres Schulsystems sei noch wichtiger. Es gibt ein Sprichwort, das sagt: *„Unsere Kinder sind unsere Zukunft."* Wenn das der Fall ist, wird unsere Zukunft von den durch uns getroffenen oder nicht getroffenen Entscheidungen für den Schutz unserer Kinder vor einem korrupten Bildungssystem abhängen.

Zusammengefasst sollten Sie darüber nachdenken, ob Sie Ihre Zeit und Ressourcen entweder auf die Verwaltung oder die Ausbildung verwenden wollen. Danach untersuchen Sie ihre Bausteine, um ein genaueres Ziel zu bestimmen. Beginnen Sie an Sitzungen teilzunehmen. Sprechen Sie mit jedem, der etwas weiß, und fangen Sie an, für den Schutz unserer kostbaren Republik Verbindungen zu knüpfen und Strategien zu entwerfen. Falls Sie sich entmutigt fühlen, so lassen Sie sich gesagt sein: Wenn George Washington und seine Männer im Stande gewesen sind, im Laufe des Winters in Valley Forge zu überleben, um schließlich die größte freie Nation auf der Erde zu erschaffen, wird uns das auch gelingen.

Herzlichen Glückwunsch!

Sie haben es durch alle zehn Lektionen geschafft – kein einfaches Unterfangen. Klopfen Sie sich bitte selbst auf die Schulter.

Allerdings muss die wirklich wichtige Arbeit jetzt erst beginnen. Bitte verwenden Sie das Zusatzmaterial zu Kapitel 10 für die mögliche Planung einer Strategie Ihres Wunsches nach einer Lösung bei der Mithilfe diesen schrecklichen, freiheitsberaubenden Zug aufzuhalten, der dabei ist, Amerika und auch den Rest der Welt mit eisernen Ketten zu überrollen.

Zusatzinformationen zu Kapitel 10

1. Gute Nachrichten, Gott sei Dank!

Nun gut, atmen Sie einmal tief durch. Ich bin kein Gedankenleser. Aber ich denke, dass Sie gerade jetzt auch gute Nachrichten gebrauchen können. Dies war eine sicherlich harte aber wichtige Unterrichtsreihe für Sie. Deshalb werde ich dieses Kapitel mit einer Reihe positiver Anmerkungen beenden.

Die erste positive Nachricht ist eine anscheinend negative. Die Agenda 21 umfasst eine Vielzahl von Themen, vom Angriff auf unsere Verfassung über die Öffnung der Grenzen bis hin zur Schwächung unserer Wirtschaft. Das stimmt zwar, aber wenn man alle Punkte miteinander verbindet, sind all diese Themen nur Symptome eines größeren Problems – der Agenda 21. Wenn Sie die Agenda 21 stoppen können, können Sie ein Umfeld schaffen, das es uns ermöglicht, die Symptome leichter zu beheben.

Ein zweiter positiver Aspekt ist, dass die Nachhaltige Entwicklung ein verbindendes Thema ist. Ich kann nicht glauben, dass nur ein sehr geringer Teil der Amerikaner, wenn sie das von den Verfechtern der Agenda 21 gewünschte Ergebnis wirklich verstehen, etwas damit zu tun haben möchten. Immer mehr Republikaner und Demokraten begreifen, dass beide Parteien für diesen Schlamassel verantwortlich sind, und sie begreifen, dass wir uns unabhängig von Parteizugehörigkeiten zusammenschließen müssen, um der Agenda 21 ein Ende zu setzen. Ein Hinweis darauf ist, dass Glenn Beck, ein überzeugter Konservativer, kürzlich ein Buch mit dem Titel *Agenda 21* schrieb, während Rosa Koire, eine Demokratin, das Buch *Behind the Green Mask: U.N. Agenda 21* verfasst hat.

Damit komme ich zur dritten guten Nachricht. Die Agenda 21 tritt endlich aus dem Schatten und erscheint auf dem Radar. Auf nationaler Ebene haben die Republikaner Anfang 2012 eine extrem stark formulierte Resolution verabschiedet, die im Herbst 2012 die Grundlage für die Eingliederung der Anti-Agenda-21-Sprache in die Präsidiumsebene geschaffen hat. Viele Staaten haben die Anti-Agenda-21-Sprache durch mindestens eine ihrer Staatskammern gebracht, und wir haben endlich einen Staat, den Staat Alabama, der das erste Anti-Agenda-21-Gesetz (SB 477) verabschiedet hat. Es gibt Gerüchte unter den Vertretern Ohios, dass sie erwägen, ein Anti-Agenda-21-Gesetz zu unterstützen. Auf lokaler Ebene in Ohio verabschiedete Marysville eine Resolution, die ihre Bedenken bezüglich der Agenda 21 aufgreift, und die Bezirkskommissare von Pickaway County (Ohio) zogen ihre Mitgliedschaft in der Regionalregierung (Mid Ohio Regional Planning) zurück.

Die Dynamik beginnt sich zu wandeln. Es stimmt, wir sind viele Jahre im Rückstand, und die Leute, die versuchen, uns unsere Freiheiten, unsere Regierung und unsere Lebensweise zu stehlen, sind bestens finanziert. Aber wir haben die Geheimwaffe…

…SIE!

Beim Studium der zehn Lektionen dieses Kurses haben Sie sich darauf vorbereitet, Teil der Lösung zu werden! Man kann zwar nie zu viel wissen und Sie sollten sich weiter mit der Agenda 21 beschäftigen, aber Sie sollten jetzt bereit sein, sich zu entscheiden, auf welche Weise Sie zu den Bemühungen, die Agenda 21 zu stoppen, beitragen wollen. Denken Sie daran, dass wir alle, jeder von uns, wie Kieselsteine sind, die in einen Teich geworfen werden und Wellen schlagen. Wenn genügend Kieselsteine auf einmal ins Wasser geworfen werden, werden wir nicht nur eine Welle erzeugen, sondern eine Flut, und damit die Strategie der Nachhaltigen Entwicklung aus unserer Republik entfernen. Gott segne Sie und Ihre Bemühungen!

2. „Ein Merkblatt" zur Verhinderung der Agenda 21

SCHRITT 1: BILDEN SIE SICH WEITER! Und erzählen Sie anderen von der Agenda 21.

Wenn Sie über die Agenda 21 diskutieren, müssen Sie auf Fragen vorbereitet sein. Wenn Sie keine oder nur schlechte oder falsche Antworten geben, können Sie mehr Schaden als Nutzen anrichten. Im Folgenden finden Sie einige gute (englischsprachige) Websites, die Sie besuchen können, um Ihr Wissen zu festigen.

Name der Organisation	Website	Gründer
	www.agenda21course.com	"Yours truly"
American Policy Center	www.americanpolicy.org	Tom DeWeese
Post Sustainability Institute	www.Democratsagainstunagenda21.com	Rosa Koire
Alliance for Citizens Rights	www.keepourrights.org	Don Casey
Freedom Advocates	www.FreedomAdvocates.org	Michael Shaw, President

Schritt 2: UNTERRICHTEN SIE SELBST ALLE ANDEREN

Praktisch jede Begegnung mit anderen bietet eine Gelegenheit, die Leute über die Agenda 21 aufzuklären. Sprechen Sie mit Ihren Freunden, Ihrer Familie, Ihren Lehrern und Ihrem Pfarrer. Nur wenn wir die Öffentlichkeit auf den neuesten Stand bringen, können wir sie darauf aufmerksam machen, wie die Verfechter der Nachhaltigkeit ihnen das Blaue vom Himmel verkaufen.

Schritt 3: UNTERRICHTEN SIE IHRE POLITIKER, und behalten Sie sie im Auge

1. Sie könnten einen Termin mit Ihrem Staatsvertreter oder Senator vereinbaren. Bringen Sie, wenn möglich, andere Wähler und etwas Literatur zur Agenda 21 mit. Viele Politiker sind sich der Agenda 21 völlig unbewusst. Ich würde vorschlagen, den Vereinten Nationen „wenig Wert beizumessen", die Notwendigkeit des Schutzes unserer Eigentumsrechte hingegen „ernst zu nehmen". Schließlich können die Vereinten Nationen ohne den Diebstahl unseres Eigentums nicht gewinnen.

2. Wählen Sie eine Regierungsebene (Bezirk, Stadt, Schulbezirk usw.) und beginnen Sie damit, zu ihren Sitzungen zu gehen. Wenn Sie Schritt 1 richtig ausgeführt haben, wird es nicht lange dauern, bis die Agenda 21 an die Oberfläche kommt. Wenn Sie ausgemacht haben, wo die Agenda 21 dort umgesetzt wird, müssen Sie einen Aktionsplan entwerfen.

a) **Achten Sie in Schulen darauf**, wie der grundlegende Lehrplan dort verwässert bzw. reduziert wird, um Platz für Klassen zur Förderung von Vielfalt, Bevölkerungskontrolle und ökologischer, sozialer und wirtschaftlicher Gerechtigkeit zu schaffen – alles mit dem Ziel, gute Weltbürger heranzuziehen, die keinen Schimmer von ihren individuellen, von Gott gegebenen Rechten haben. Schauen Sie sich selbst die Speisepläne an, um Bestrebungen zur Abschreckung vom Fleischverzehr zu erkennen.

b) **Suchen Sie auf Kreis- und Kommunalebene** nach Private Public Partnerships, die von nicht gewählten Beamten geleitet werden, die Ihre Steuergelder mit Mitteln von Privatunternehmen kombinieren, um zu entscheiden, welche Unternehmen in der Gemeinde „zugelassen" werden. Diese Praktiken werden zwar immer üblicher, sind aber kein Instrument des freien Marktes.

c) **Finden Sie heraus, ob Ihre Stadt über einen umfassenden Flächennutzungsplan verfügt.** Wahrscheinlich wird ein solcher existieren, da die Bundesregierung es deutlich erschwert hat, bestimmte Zuschüsse/Bestechungsgelder ohne einen solchen Plan zu erhalten. Wenn Sie eine Stadt vor sich haben, die auch ländliche Gebiete umfasst, sollten Sie prüfen, ob sie über Richtlinien zur Verhinderung bzw. Reduzierung der Entwicklung des ländlichen Raumes verfügt. Dies ist die Agenda 21! Wenn Ihre Kommune mit „Leitbildprozessen/Konsens-Sitzungen" (d.h. einen Prozess, der es der Gemeinde angeblich ermöglicht, die Entwicklung Ihrer Gemeinde zu steuern) zu Ihrem umfassenden Landnutzungsplan beginnt, schlage ich vor, dass Sie die oben genannte Website „americadon'tfortget.com" besuchen und sich Henry Lambs dreiteiliges Video über die Konfrontation mit der Agenda 21 ansehen. (Leider wurde diese Website vom Netz genommen, aber es sind nach wie vor Videos von Henry Lamb im Internet verfügbar; A.d.Ü.) Anderenfalls werden Ihre Stadtplaner Sie zu der Vision führen, die diese sich für Ihre Stadt erhoffen.

d) **Behalten Sie alle Regionalregierungen in Ihrer Region im Auge.** Von nicht gewählten Gremien kontrollierte Regionalregierungen laden kleinere, zusammenhängende Regierungseinheiten dazu ein, sich ihnen über eine größere Stadt anzuschließen (sagte die Spinne zur Fliege). Darüber hinaus bilden die größeren Städte hierbei den Hund, nicht den Schwanz und haben die Fähigkeit zu entscheiden, wer den Löwenanteil der Gelder/Zuschüsse erhält. Und da die meisten Großstädte von Liberalen geführt werden, fühlen sie sich vielleicht wohl dabei, den Reichtum der Vorstädte zurück in die Innenstadt zu verteilen.

e) Es ist Ihnen vielleicht nicht bekannt, aber es ist wahrscheinlich, dass Ihr Landkreis, ebenso wie hier in Ohio, über **„Boden- und Wasserschutzgebiete"** verfügt (Geben Sie hierzu den Namen Ihres Landkreises in eine Suchmaschine ein). Dies ist ein weiterer Bereich über den die Regierung, Ihre Steuergelder zum Kauf von Naturschutzgebieten, Flächen zum Erhalt des kulturellen Erbes usw. verwendet. Naturschutzbezirke halten interne Wahlen zur Besetzung ihrer Vorstände ab, was es deutlich vereinfacht einem dieser Gremien beizutreten, wo Sie damit beginnen können über diese Art des Landerwerbs aufzuklären und/oder ihn zu blockieren (siehe Kapitel 3 und den Ergänzungsartikel zum Thema „Naturschutzgebiete").

Andere Ideen, die Sie anwenden können, ohne sich hierauf zu beschränken... Schreiben Sie Briefe an den Herausgeber oder E-Mails an Ihre Kontakte oder kandidieren Sie sogar selbst für ein Amt. Sie KÖNNEN dies tun, indem Sie einfach einen Fuß vor den anderen setzen und den Weg bis zum Ziel fortsetzen!

3. Wie gegen die Nachhaltige Entwicklung vorzugehen ist

Tom DeWeese vom American Policy Center, der seit über zwanzig Jahren gegen die Agenda 21 kämpft, gibt in diesem Artikel ausgezeichnete Ratschläge, wie Sie Ihre Kräfte sammeln können, um dem Wahnsinn, den die Agenda 21 mit sich bringt, ein Ende zu bereiten:

von Tom DeWeese

3. März 2013, American Policy Center

Während der letzten fünfzehn Jahren habe ich mich konsequent gegen die Agenda 21 und die Nachhaltige Entwicklung eingesetzt, um die Botschaft zu verbreiten und den Menschen mitzuteilen zu sagen, worin sie besteht und warum sie unsere Lebensweise gefährdet. Alle unsere Materialien, Sonderberichte, Handzettel, Reden, Radio- und Fernsehinterviews und DVDs sind zu diesem Zweck erstellt worden.

Im vergangenen Jahr hatten wir jedoch so viel Erfolg bei der Verbreitung dieser Botschaft, dass wir nun vor einem neuen Problem stehen. Die Menschen begreifen die Botschaft. Sie erkennen das Problem. Deshalb stellen sie die nächste logische Frage – wie können wir uns wehren? Es klingt wie eine einfache Frage, die man jemandem wie mir stellt, der sich so lange mit diesem Thema beschäftigt und Alarm geschlagen hat. Aber in der Tat ist es eine ganz neue Sache, erfolgreich Menschen für den Kampf gegen die nachhaltige Entwicklung in ihren lokalen Gemeinschaften zu organisieren. Für jemand wie mich, der so lange an dem Thema gearbeitet und davor gewarnt hat, sollte diese Frage leicht zu beantworten sein. Aber tatsächlich ist die Organisation von Menschen für den Widerstand gegen die Nachhaltige Entwicklung ein völlig neues Gebiet.

Ich könnte Sie einnebeln und so tun, als wüsste ich die Antwort. Das wäre, wie Lämmer zur Schlachtbank zu schicken. Es ist leicht, vor einem freundlichen Publikum zu stehen und es mit Fakten und Zahlen zu blenden, es zu verärgern und ihm dann zu sagen, es solle zum Stadtrat gehen, während ich mich schnell davonmache. Und das habe ich schon oft getan. Die

Wahrheit ist jedoch, dass ich noch nie vor Stadträten oder Bezirkskommissionen gestanden und ihren Sarkasmus erduldet habe, als ich versuchte, ihre Politik in Frage zu stellen oder ihnen deren Ursprünge zu erklären.

Da nun immer mehr Menschen in meinem Büro anrufen und fragen, was sie als nächstes tun sollen, hielt ich es für wichtig, aus erster Hand zu lernen, wie man zurückschlagen und diese Erfahrung dann weitergeben kann, um unseren Kampf effektiver zu gestalten und schließlich erfolgreich die Nachhaltige Entwicklung zu verhindern. Genau das habe ich in den letzten fünf Monaten in meiner Gemeinde getan. Ich bin auch durch den Bundesstaat Virginia gereist, habe mit lokalen Aktivisten in deren Gemeinden gearbeitet und von ihnen gelernt. Kürzlich schloss ich mich meiner Kollegin, der Aktivistin Donna Holt, an, als wir den Mitarbeitern des Generalstaatsanwalts von Virginia, Ken Cuccinelli, die Klage gegen die Nachhaltige Entwicklung vortrugen. Bisher war unsere Zusammenarbeit mit der Legislative in Virginia auch erfolgreich und wir haben einen Gesetzentwurf auf den Weg gebracht, welcher der Verbindlichkeit bei der Umsetzung der umfassenden Pläne in den Gemeinden vor Ort ein Ende setzt. Die Verfechter der Nachhaltigkeit hatten die im Jahr 2007 erlassene Gesetzgebung dazu verwendet, um ihre Strategie den Gemeinden aufzuzwingen. Bisher ist es noch nicht verabschiedet, aber wir haben es wegen der Einwände des Sprechers von Virginia im Repräsentantenhaus aus dem Ausschuss gedrängt. Das allein war schon ein Sieg, weil es die Debatte über dieses Thema in Gang gesetzt hat, die auf bundesstaatlicher Ebene bisher fehlte. Solche gesetzgeberischen Maßnahmen können als Modell für die Gesetzgeber im ganzen Land dienen.

Der Kampf hat gerade erst begonnen, aber ich und diese Mitaktivisten lernen hierbei eine Menge. Um allen aus der Bewegung dabei zu helfen, den Kampf in ihrer Gemeinde aufzunehmen, will ich ihnen also mitteilen, was wir bislang gelernt haben.

Seien Sie sich über die Welt im Klaren, in der Ihre gewählten Beamten leben

Um mit Bestrebungen zur Bekämpfung der nachhaltigen Entwicklung zu beginnen, gilt es zunächst, sich der massiven Struktur bewusst zu werden, mit der Sie konfrontiert sind. Sie müssen wissen, wer die Akteure sind, und Sie müssen die politische Welt verstehen, in der Ihre Beamten tätig sind. Das kann Ihnen helfen zu begreifen, dass diese vermutlich nicht alle böse Globalisten sind, sondern vielleicht gute Menschen, die von Mächten umgeben sind, die sich in der politischen Realität, zu deren Umsetzung sie beitragen, nicht zu erkennen geben. Ich will sie sicher nicht entschuldigen, aber bevor Sie auf sie einstürmen und anfangen, sich laut über die Durchsetzung von UN-Politik in Ihrer Gemeinde zu beklagen, sollten Sie einige Dinge bedenken.

In den meisten Gemeinden sind die Bürgermeister, Stadtratsmitglieder und Landräte automatisch Mitglieder nationaler Organisationen wie der National Conference of Mayors (bundesweite Konferenz der Bürgermeister), der National League of Cities (bundesweiter Städtetag) und der nationalen Verbände für Stadtratsmitglieder und der gleichen für Kommissare. Für die Regierungen der Bundesstaaten existiert die National Governors Association, und auch die Gesetzgeber der Bundesstaaten haben ihre nationale Organisation. In den letzten fünfzehn Jahren oder länger hat jede einzelne dieser nationalen Organisationen die nachhaltige Entwicklung gefördert. Die National Conference of Mayors und die National Governors Association haben bei dieser Agenda eine führende Rolle gespielt und oft direkt mit den UN-Organisationen zusammengearbeitet, um diese Politik zu fördern. Das ist die Botschaft, die Ihre lokalen gewählten Führer hören. Vom Podium, von Amtskollegen aus anderen Gemeinden, von „Experten", die sie zu respektieren haben, in Ausschusssitzungen, von Rednern beim Abendessen und über die Literatur, die sie bei solchen Treffen erhalten. Sie werden über Gesetze informiert, die bald umgesetzt werden, und sie erhalten sogar Mustervorlagen für Gesetze, die in ihren Gemeinden eingeführt werden sollen.

Es gibt noch eine weitere Horde, die sich an der „Invasion Nachhaltigkeit" beteiligt – Ministerialbeamte der Bundesstaaten oder der Bundesregierung, einschließlich Beamte der EPA, der Luft- und Wasserbehörde, des Innenministeriums, des Ministeriums für Wohnungsbau und Stadtentwicklung, des Energieministeriums, des Handelsministeriums usw. – alle konzentrieren sich über Politik, Geld, Vorschriften, Berichten, speziellen Planungsausschüssen, Sitzungen und Konferenzen auf Ihre vor Ort gewählten kommunalen Beamten, die alle genau dieselbe Agenda fördern.

Und vergessen Sie nicht die Nachrichtenmedien, welche die Agenda der Nachhaltigkeit ebenfalls, sowohl auf lokaler als auch auf nationaler Ebene, fördern und jeden angreifen, der nicht mitmacht und nicht bereit ist, Andersdenkende kurzerhand als „extremistisch" zu diffamieren. Die Botschaft ist klar: Nachhaltige Entwicklung ist Realität, politisch korrekt, notwendig, unanzweifelbar – und sie hat einen Konsens.

Beginnt es sich in Ihrem Kopf bereits zu drehen? Denken Sie daran, welche Auswirkungen all dies auf einen armen Beamten vor Ort hat, der nur dachte, für ein Amt kandidieren, um seiner Gemeinde zu dienen. Das ist seine Welt. Er glaubt, dass die Regierung so sein sollte, denn schließlich sagen das alle, mit denen er zu tun hat.

Nun, da er von all diesen wichtigen, mächtigen Leuten umgeben ist, kommt ein Bürger aus der Gegend vorbei, der ihm erzählt, dass so ein Typ namens Tom DeWeese sagt, dass all diese Programme von der UNO stammen und uns unserer Freiheit berauben. Wer sagt das? Was hat er gesagt? Komm schon, das würde ich doch nie tun. Und außerdem habe ich keine Zeit, weiter darüber zu reden, da ich noch zu einem anderen Treffen muss *(Auf genau dieselben oder ähnliche Reaktionen stößt man übrigens auch in Deutschland, wie jeder weiß, der sich schon einmal mit dem oder der Beauftragten der Lokalen Agenda 21 seines Wohnorts unterhalten hat; A.d.Ü.)*

Wenn wir die Agenda 21 erfolgreich bekämpfen wollen, ist es von entscheidender Bedeutung, dass wir alle diese Realität anerkennen, wenn wir uns mit ihr befassen und sie besiegen wollen. Hierzu biete ich folgende Vorschläge an.

Mittel zur Verteidigung

Recherche: Denken Sie nicht einmal daran, einen Kampf zu eröffnen, bevor Sie sich nicht über bestimmte Details im Klaren sind. Zuerst müssen Sie wissen, wer die Akteure in Ihrer Gemeinde sind. Welche privat finanzierten Gruppen von „Interessenvertretern" gibt es? Was ist deren Agenda? In welchen anderen Vereinigungen sind sie sonst noch tätig? In welchen Projekten? Welche Ergebnisse haben sie erzielt? Wer sind deren Unterstützer in Ihrer Gemeinde? Handelt es sich um alt eingesessene Einwohner oder um „Zugereiste"? (Das könnte sich später, im Widerstand, als wertvolle Information erweisen.) Das Aufspüren dieser Informationen ist vielleicht die härteste Ihrer Bestrebungen. Sie operieren gern im Rampenlicht. Es ist unwahrscheinlich, dass die Stadt eine offizielle Dokumentation der Vita ihrer Bediensteten veröffentlicht. Wahrscheinlich ist es erforderlich, dass Sie an vielen Treffen und Anhörungen teilnehmen. Merken Sie sich die Teilnehmer und welche Rolle sie hierbei spielen. Nehmen Sie sich Zeit. Kündigen Sie der Gemeinde nicht an, was Sie tun. Machen Sie sich nicht zur Zielscheibe. Möglicherweise müssen Sie Fragen stellen, und das könnte für einiges Stirnrunzeln sorgen. Aber bleiben Sie so weit wie möglich aus der Schusslinie.

Zweitens: Informieren Sie sich über alle Einzelheiten der Pläne, an denen Ihre Gemeinde arbeitet. Wurde bereits ein Gesetz verabschiedet? Die meisten dieser Informationen sind auf der Website der Stadt zu finden. Die Kenntnis dieser Informationen wird Ihnen helfen, einen Aktionsplan zusammenzustellen. Sobald Sie diesen erarbeitet haben, können Sie damit beginnen, Ihren Widerstand öffentlich zu machen.

Beginnen Sie mit den von Ihnen gesammelten Informationen, die Auswirkungen der Politik auf die Gemeinde und ihre Bewohner zu untersuchen.

Finden Sie heraus, wer die Opfer der Gesetzgebung sein könnten. Dies wird von großem Wert sein, wenn Sie den Stadtrat damit konfrontieren. Die Menschen verstehen die Geschichten der Opfer – vor allem, wenn es sich dabei um sie selber handelt. Das ist der beste Weg, um den Prozess zu untergraben.

Sie werden feststellen, dass sich durch Naturschutzgebiete die Steuern erhöht haben, da ein Großteil dieses Landes nicht besteuert wird – irgend jemand muss die entgangenen Einnahmen und die Kosten für die Nutzungsrechte ausgleichen. Helfen „Interessengruppen" dabei, die Landbesitzer dazu zu bewegen, ihre Nutzungsrechte abzutreten – und wenn ja, erhalten sie irgendwelche Schmiergelder? Wer bekommt die Nutzungsrechte? Vielleicht haben die reichen Landbesitzer ein großes Schlupfloch gefunden, um ihre eigenen Grundsteuern zu senken und die Mittelschicht dafür bezahlen zu lassen.

Fordert die Gemeindeplanung eine Reduzierung des Energieverbrauchs? Wenn ja, suchen Sie nach Forderungen nach einer Energiebilanz und Steuern auf den Energieverbrauch. Die Bilanzierung bedeutet, dass die Regierung ein Ziel zur Verringerung des Energieverbrauchs gesetzt hat. Daraus folgt, dass Sie zur Überprüfung Ihres Energieverbrauchs Besuch von Regierungsbeamte erhalten werden. Daraufhin erfahren Sie, was in Ihrem Haus getan werden muss, um den Energieverbrauch zu senken, und das wird Sie Geld kosten. Fallen Sie nicht darauf herein, dass dies alles freiwillig sei und nur dazu diene, Ihnen dabei zu helfen, Geld zu sparen. Diese Leute geben sich nicht solche Mühe, um ignoriert zu werden. Vorschriften haben mit Freiwilligkeit nichts zu tun.

Dies sind nur einige wenige Beispiele dafür, worauf Sie bei Ihren Recherchen achten sollten. Es gibt noch viele weitere, darunter Zähler an Brunnen zur Kontrolle des Wasserverbrauchs, Smart Meter an Ihrem Thermostat, um Ihnen die Kontrolle über Ihren Thermostat zu entziehen, nicht gewählte Gremien und Ausschüsse, um die Entwicklung vor Ort zu kontrollieren und zur Einführung von Intelligentem Wachstum, was zu Bevölkerungszuwachs führt, Public Private Partnerships mit ortsansässigen und großen Unternehmen für eine „grüne" Zukunft, Schaffung von Freiflächen, Zurückdrängen von Siedlungen in Flussnähe, Durchsetzung Energie- und Wasserverbrauch einschränkender, nachhaltiger Landwirtschaftsmethoden und vieles mehr. All dies führt zu höheren Kosten und zu allgemeiner Verknappung, im Namen des Umweltschutzes und der Erhaltung der Umwelt.

Ihr Ziel besteht darin, die Einführung der Nachhaltigen Entwicklung in Ihrer Gemeinde zu stoppen. Das bedeutet, den Einsatz nicht gewählter regionaler Regierungsberater zu verhindern, die nur schwer zur Rechenschaft gezogen werden können. Es bedeutet, dass die Kommunalregierungen daran gehindert werden staatliche und bundesstaatliche Zuschüsse anzunehmen, die mit enormen Auflagen zur Durchsetzung der Einhaltung von Vorschriften verbunden sind. Und es bedeutet, dass es Ihnen gelingen muss, Außenseiterorganisationen und Interessengruppen zu beseitigen, die Ihre gewählten Amtsträger unter Druck setzen, um deren Forderungen zu erfüllen.

Bürgerengagement: Bewaffnet mit so vielen Informationen, wie Sie sammeln können (und bewaffnet mit der Fähigkeit, Ihre Details kohärent zu erörtern), sind Sie bereit, Ihren Kampf in die Öffentlichkeit zu tragen. Zunächst einmal wäre es besser, wenn Sie versuchen würden, mit einigen Ihrer gewählten Amtsträger unter vier Augen zu diskutieren, vor allem, wenn diese Ihnen persönlich bekannt sind. Sagen Sie ihnen, was Sie herausgefunden haben, und erklären Sie, warum Sie nicht einverstanden damit sind. Diskutieren Sie zunächst die Auswirkungen der Politik auf den Durchschnittsbürger. Erklären Sie, warum sie nicht von Vorteil sind. Langsam wird sich das Gespräch um den Ursprung solcher Politiken – die Agenda 21 und die UNO – drehen. Fangen nicht Sie damit an. Es ist wichtig darauf hinzuarbeiten, dass diese Strategien nicht kommunal, sondern Teil einer nationalen und internationalen Agenda sind. Wenn dieses Gespräch nicht gut verläuft (und das wird es vermutliche auch nicht), dann müssen Sie es auf die nächste Ebene bringen – in die Öffentlichkeit.

Beginnen Sie mit einer zweigleisigen Kampagne. Schreiben Sie zunächst eine Reihe von Leserbriefen für die Lokalzeitung. Stellen Sie sicher, dass Sie nicht allein sind. Koordinieren Sie Ihre Briefe mit anderen, die ebenfalls Leserbriefe schreiben, um ihre Ansichten zu unterstützen und zu fördern. Diese werden weitere kontroverse Leserbriefe Dritter generieren. Seien Sie darauf vorbereitet, die Leserbriefe Ihrer Kritiker zu beantworten, da sie wahrscheinlich von jenen „Interessenvertretern" stammen, welche die Richtlinien umsetzen. Dies könnte ein sinnvoller Ort dafür sein, um das, was Sie über diese Gruppen gelernt haben, zu nutzen, um sie zu diskreditieren.

Zweitens: Beginnen Sie damit, an Ratssitzungen teilzunehmen und Fragen zu stellen. Die Antworten der Ratsmitglieder werden Ihre nächsten Schritte bestimmen. Wenn Sie ignoriert werden und Ihre Fragen auf Schweigen oder Feindseligkeit stoßen, bereiten Sie eine Pressemitteilung vor, in der Sie Ihre Fragen und deren Hintergründe ausführlich beschreiben. Geben Sie diese Pressemitteilung bei der nächsten Sitzung an die Bevölkerung und an die Medien weiter. Nehmen Sie an der nächsten Sitzung und an der Beantwortung offener Fragen teil. Stellen Sie die Teilnahme Gleichgesinnter sicher. Versuchen Sie das nicht allein. Lassen Sie gegebenenfalls Demonstranten vor dem Rathaus Schilder tragen oder Flugblätter mit Namen und Bild der Beamten verteilen, die sich weigern Ihre Fragen – einschließlich der Details, die Sie über deren Strategie gesammelt haben – zu beantworten.

Bei all dem geht es darum, das Thema öffentlich zu machen. Nehmen Sie ihnen die Möglichkeit, die Details vor der Öffentlichkeit zu verbergen. Decken Sie den Vorrat von Außenseitern auf, welche die Politik in Ihrer Gemeinde diktieren. Zwingen Sie die Menschen, die Sie gewählt haben, sich mit IHNEN zu befassen, anstatt mit der Armee selbst ernannter „Interessenvertreter" und Regierungsbeamter. Richten Sie Scheinwerfer auf die Ratten unter dem Felsen. Wenn die Zeitung Ihre Meinung achtet, großartig, aber Sie werden wahrscheinlich das Gegenteil erleben. Es kann sich als schwierig erweisen, in der Zeitung oder im Radio eine faire Chance zu be-

kommen. Deshalb geben Sie Ihre Pressemitteilungen sowohl an die Medien als auch an die Öffentlichkeit ab. Besorgen Sie sich Plakate und legen Sie, falls nötig, Flyer in Geschäften aus. Und halten Sie diese Form des Protests so lange wie nötig aufrecht. Nehmen Sie sich ein Beispiel an der Hartnäckigkeit der Ägypter, welche die Demonstration nicht verlassen würden, bevor sie den Sieg errungen haben.

Der letzte Schritt besteht darin, die von Ihnen erzeugte Energie zu nutzen, um Kandidaten für die Ämter derjenigen aufzustellen, die Sie ignoriert und bekämpft haben. Letztlich ist das der schrecklichste Alptraum der Amtsinhaber und vielleicht der effektivste Weg, sie dazu zu bringen, zu reagieren und tatsächlich ihren Wählern zu dienen.

Der Kampf gegen den ICLEI

Wenn der ICLEI in Ihrer Stadt Fuß gefasst hat (was alle Städte betrifft, die mit Lokalen Agenda 21 werben / Anm. d. Übers.), sind die Details über die Agenda 21 und die Verbindung zur UNO einfacher. Ihre Gemeinde zahlt die Mitgliedsgebühren an den ICLEI von Ihren Steuergeldern. Und so gehen Sie damit um: Wenn Ihr Rat Ihre Erklärungen, dass ihre Politik von der Agenda 21 der Vereinten Nationen abhängt, verspottet, drucken Sie einfach die Homepage von ICLEIs Website aus – http://iclei.org/. Dort finden Sie alle UN-Verbindungen, von denen Sie gesprochen haben, in ICLIEs eigenen Worten. Verteilen Sie die Kopien der Webseite an alle Zuhörer im Plenum und sagen Sie Ihren gewählten Vertretern: „Nennen Sie mich nicht einen Radikalen, nur weil ich das berichte, was ICLEI auf seiner eigenen Webseite offen zugibt. Ich bin nur derjenige, der darauf hinweist – Sie sind diejenigen, die unsere Steuergelder an sie zahlen." Dann fordern Sie, dass diese Zahlungen eingestellt werden. Sie haben Ihren Fall bewiesen.

Stoppen Sie Konsenssitzungen

Die meisten öffentlichen Sitzungen werden heute von ausgebildeten und hoch bezahlten Moderatoren geleitet, deren Aufgabe es ist, die Sitzung zu *kontrollieren und zu einem im Voraus geplanten Abschluss zu bringen. Wenn er seine Arbeit gut macht, kann der Moderator die Zuhörer tatsächlich dazu bringen, den „Konsens", zu dem sie gekommen sind, und das Thema oder den Vorschlag als ihre Idee zu betrachten. Auf diese Weise wird die nachhaltige Entwicklung landesweit umgesetzt, insbesondere bei Sitzungen oder Planungsausschüssen, die als öffentlich ausgeschrieben sind. Sie wollen Sie nicht wirklich dort haben, und die Taktik wird angewendet, um vor den Augen der Öffentlichkeit voranzukommen, ohne dass diese weiß, was tatsächlich passiert. Der Konsens-Prozess hat nichts mit Freiheit oder Transparenz zu tun. Er zielt darauf ab, Debatten und Diskussionen zu verhindern.*

Ihnen selbst ist hierbei nicht gestattet, diesen Prozess mit stichhaltigen Argumenten zu bereichern oder auch nur eine Frage zu beantworten. Das erlaubt dem Moderator, Sie zum Teil des Prozesses zu machen. Daher müssen sie versuchen, die Diskussion zu kontrollieren. Hier ist ein kurzer Vorschlag, wie man ihnen die Arbeit vermasseln kann. Gehen Sie niemals allein zu einem solchen Treffen. Sie brauchen mindestens drei Personen – je mehr, desto besser. Setzen Sie sich nicht zusammen. Verteilen Sie sich stattdessen in einer Dreiecksformation im Raum. Bestimmen Sie im Voraus die Fragen, die Sie stellen wollen:

- *Wer ist der Moderator?*
- *In welcher Form steht er mit den Organisatoren in Verbindung?*
- *Wird er für seine Arbeit bezahlt?*
- *Woher stammen die vorgeschlagenen Programme?*
- *Wie sollen sie finanziert werden?*

Eine Frage, die, sowohl bei moderierten Sitzungen als auch bei Stadtratssitzungen, immer wieder gestellt werden muss, lautet: „Nennen Sie mir bei der Umsetzung dieser Politik ein einziges Recht oder eine einzige Handlung, das ich auf meinem Grundstück habe oder die ausüben kann, und die nicht Ihrer Zustimmung oder Beteiligung bedarf. Welche Rechte habe ich als Eigentümer meines Grundstücks?" Fordern Sie sie auf, Ihnen Beispiele zu nennen. Sie werden schnell sehen, dass auch die Organisatoren verstehen, dass es in Amerika keine Eigentumsrechte mehr gibt.

Indem Sie diese Fragen stellen, stellen Sie die Legitimität des Moderators in Frage, bauen beim Rest des Publikums Misstrauen gegen ihn auf und zerstören seine Autorität. Er wird versuchen zu kontern, entweder indem er Sie zunächst herablassend behandelt und verärgert reagiert, oder indem er, nachdem er aggressiv geworden ist, versucht, Sie als Störfaktor zu entfernen. Nun kommen die restlichen Mitglieder Ihrer Gruppe ins Spiel. Diese müssen Sie unterstützen und Antworten auf Ihre Fragen verlangen. Wenn Sie genügend Leute im Raum haben, können Sie eine größere Störung verursachen, die es dem Moderator unmöglich macht, seine Strategie voranzubringen. Gehen Sie nicht hinaus und überlassen Sie ihm den Raum. Bleiben Sie bis zum Ende der Sitzung und lassen Sie ihn die Sitzung abbrechen.

Zusammenfassung

Diese Vorschläge zum Aufbau von Widerstand sind zugegebenermaßen sehr fundamental und elementar. Sie sind nur als Richtlinie gedacht. Sie müssen Ihre Hausaufgaben machen und diese Taktiken an Ihre Situation vor Ort anpassen. Diese Taktiken sollen Kontroversen und Debatten auslösen, um das Thema Agenda 21 aus den geheimen Sitzungen herauszuholen und in die Öffentlichkeit zu bringen, wo sie hingehören. Viele dieser Taktiken können auf allen Regierungsebenen bis hinauf in die Landesgesetzgebung angewendet werden. Unser Plan ist es, Antworten von gewählten Beamten zu verlangen, die gewillt sind, uns zu ignorieren. Man muss ihnen begreiflich machen, dass solch ein Vorgehen Konsequenzen nach sich zieht.

Wenn wir neue, erfolgreiche Taktiken lernen, werde ich Aktivisten im Ganzen darüber berichten. Das American Policy Center ist gerade dabei, eine neue Website zu erstellen, die der nachhaltigen Entwicklung gewidmet ist und auf der Aktivisten im ganzen Land ihre Erkenntnisse, erfolgreiche

Taktiken und Forschungsergebnisse mit dem Rest der Bewegung teilen können. Diese Website ist mittlerweile online:

www.sustainabledevelopment.com

Die aufregende Neuigkeit ist, dass die Amerikaner endlich beginnen zu begreifen, dass die Agenda 21 unsere Nation zerstört, und dass sie anfangen sich dagegen zur Wehr zu setzen. Der Kampf um die Beendigung der Agenda 21 der UNO lodert auf in der gesamten Nation.[107]

Anhang 1
Vom SECRETARIAT FOR WORLD ORDER / via George Hunt

[**Anm:** *Dies ist die Übersetzung eines Dokuments, aus dem George Hunt bei seiner Warnung*[108] *vor den wahren Hintergründen des „Umweltgipfels" für Nachhaltigkeit und Entwicklung, UNCED, in Rio de Janeiro im Jahr 1992 zitierte. Es stammt von einer Vorbereitungskonferenz vom 21. September 1991 in Des Moines, Iowa. Um einen Eindruck von der Gesinnung der Mitglieder des Establishments zu erhalten, die hinter diesem Dokument stehen, ist insbesondere die zweite Hälfte des Dokuments augenöffnend. Alle Hervorhebungen und Verweise wurden zusätzlich eingefügt.*]

SECRETARIAT FOR WORLD ORDER
COBDEN CLUBS (SEPTEMBER 20, 1991)
INITIATIVE FOR ECO-92 EARTH CHAPTER

Initiative für die ECO-92 Erd-Charta

1. Die dringliche Forderung

a) Die Zeit drängt. Im Jahr 1968 wurde der Club of Rome gegründet, *Grenzen des Wachstums* wurde 1971 und *Global 2000* im Jahr 1979 geschrieben, aber es wurden nur unzureichende Fortschritte bei der **Bevölkerungsreduktion** gemacht.

b) Die vorgegebenen globalen Instabilitäten, einschließlich derer in der ehemaligen Sowjetunion, der Bedarf nach Festigung der Kontrolle über die Technologie, die Bewaffnung und die Bodenschätze der Welt hat nun absoluten Vorrang. Die unverzügliche Reduktion der Weltbevölkerung gemäß den Vorschlägen des Draper Fund aus den 1970er-Jahren, muss nun umgehend erfolgen.

c) Der gegenwärtigen enormen Überbevölkerung, die nun weit jenseits der weltweiten Aufnahmekapazität liegt, und die nicht durch künftige Reduktionen der Geburtenrate durch Empfängnisverhütung, Sterilisation und Abtreibung beantwortet werden kann, muss in der Gegenwart durch die Reduktion in heute existierenden Größenordnungen begegnet werden. Dies muss mit allen hierfür verfügbaren, notwendigen Mitteln geschehen.

d) Der Umstand wird zwischen politischer und kultureller Herangehensweise hinsichtlich der Bevölkerung und Ressourcen falsch debattiert, und wenn die Oberhäupter der meist bevölkerten armen Länder wegen der tatsächlichen Konfrontation mit hartnäckigen Hindernissen und der täglichen politischen Zweckmäßigkeit unzuverlässig sind, besteht der Kernpunkt in der Mitwirkungspflicht.

e) Eine verpflichtende Mitwirkung ist mit 166 Nationen indiskutabel, da die meisten Staatsoberhäupter unschlüssig und an die örtlichen „Kulturen" angepasst sind und ihnen angemessene Vorstellungen von der Neuen Weltordnung fehlen. Eine Debatte bedeutet die Verzögerung und den Verlust unserer Ziele und Absichten.

f) Die Maßnahmen der Vereinten Nationen gegen den Irak[109] beweisen, dass resolutes Handeln unsererseits andere Führer dazu bewegen kann, dem notwendigen Programm zuzustimmen. Die Irak-Aktion beweist eindeutig, dass die Aura von Macht projiziert und erhalten werden kann und dass die Welle der Geschichte sich fortbewegt.

Zu beachtende Risiken

Es existiert eine doppelte Opposition, die durch schnelle Maßnahmen eliminiert werden muss. Es gibt Kräfte in einigen der südlichen „Regionen", besonders in Brasilien und Malaysia, welche die Ziele der UNCED Erd-Charta und das internationale Treffen in Brasilien im Juni 1992 vereiteln wollen.

Auch gibt es eine bedauerliche Unschlüssigkeit in unseren eigenen Reihen, die damit begründet wird, dass die Leiter der UNCED Erd-Charta die Agenda zu politisch gestaltet haben und dass der Weg zunächst auf einer weniger aggressiven kulturellen Basis bereitet werden müsse.

Wir führen nur die jüngsten Beweise hierfür an:

- Der brasilianische Schriftsteller, **Gilberto Mello Mourao**, warnte am 4. August in der *Folha de S.Paulo* und verwies auf das Jahr 1938 in München: *„Es wird nicht leicht sein, gegen diese Art Strom einer ökologischen Epidemie zu rudern, die gegen unser Land entfesselt wurde und die Strukturen unserer kulturellen, spirituellen und politischen Werte sowie unsere nationale Souveränität bedroht... meine Herren. Chamberlain und Daladier, die Köpfe der Regierungen von England und Frankreich, boten dem Führer in aller Ruhe das brasilianische Amazonasgebiet an. Berichten nach wand Hitler ein, dass die Vereinigten Staaten eine Okkupation südamerikanischen Territoriums gemäß der Monroe Doktrin zurückweisen würden, da der Amazonas in Südamerika liege. Chamberlain und Daladier erwiderten, dass das Angebot von Washington unterstützt werde."*

- Der Premierminister von Malaysia, **Mahathir Mohamed**, kündigte am 16. August an, dass sein Land den Earth Summit boykottieren würde und verkündete, dass es, falls die Konferenz für die Unterdrückung der Dritten Welt benutzt werde, für diese Nationen besser sei, ein eigenes Treffen zu veranstalten. In Petaling auf Java sagte Mahathir Journalisten gegenüber, dass die Umweltschützer einen globalen Angriff auf Malaysia gestartet hätten, während es die entwickelten Nationen seien und nicht Malaysia, die die Umwelt verschmutzten.

- Malaysias Minister für Wissenschaft, Technologie und Umwelt, **Law Hieng Ding**, gab laut der *New Straits Times* vom 23. August bekannt, dass Malaysia ein Dokument mit dem Titel „Die Begrünung der Welt" vorbereite, das die entwickelten Länder dazu dränge, Wohlstand und Technologie zur Begrünung der Wüsten zu verwenden.

- **Ahmed Djoglas**, Algeriens Abgeordneter bei dem Treffen auf dem Kongress für Umwelt und Entwicklung vom 15. August, sagte, laut des UN-Pressedienstes, am 23. August in Genf: *„Wir haben das alte Muster, wonach der Norden das System festlegt, welches der Süden zu akzeptieren hat. Nichtregierungsorganisationen sagen, dass der Norden die Agenda gekapert habe, und sie haben recht... Sie sind darauf vorbereitet, Menschen sterben zu lassen, aber keine Wälder."*

- In der Ausgabe der *Malaysian Sunday Times* vom 16. August hieß es: *„Umweltschützer tun so viel bei ihrer noblen Mission zum Schutz der Umwelt, die uns alle stützt... Sie schreiben Malaysiern nicht viel Intelligenz zu, mit ähnlicher Besorgnis um die Gesundheit, das Land und sich selbst. Schatten einer vergangenen Romantik der Jahrhundertwende; Visionen von einen sich an Großwild heranpirschenden edlen Wilden, in grunzender Gemeinschaft mit den Stimmen des Landes. Dieselbe Art von romantischem Geschwätz, das Ureinwohner weltweit in den Strom der Sklaverei verkauft, sie durch Pocken und Tripper dezimiert und, von ihrem Land vertrieben, in den Alkohol und hoffnungslose Hilflosigkeit getrieben hat. Malaysia hat bereits genug an kultureller und intellektueller Vorherrschaft..."*

- Das brasilianische Magazin, *Jornal do Commercio*, berichtete am 19. August, dass der brasilianische Außenminister, **Francisco Rezek**, gesagt hat, dass es *„scheinheilig sei, den Schutz der Flora und Fauna zu propagieren... Wenn die Menschheit ausstirbt, mache es keinen Sinn, eine üppige Flora oder Fauna auf diesem Planeten zu erhalten."*

- Der Stabschef der Militärführung am Amazonas, **General Thaumaturgo Sotoero Vaz**, sagte in einem Interview in der Folha de S.Paulo vom 28. August, dass die Streitkräfte des Landes den Resolutionen der Eco-92 keine Erlaubnis für die Einschränkung der Souveränität der Razi über das Amazonasgebiet oder der Schaffung von Reservaten innerhalb der Region geben werden. Der General schloss die Möglichkeit nicht aus, dass Brasilien *„ähnlichen Geschehnissen wie am Persischen Golf"* ausgesetzt werden könne und erklärte, dass Personen wie Francois Mitterand oder Ted Kennedy es nicht erlaubt sein würde, die Reduktion oder Auflösung der brasilianischen Streitkräfte anzuordnen. Sotero Vaz sagte: *„Wenn diese Idioten versuchen, hierher zu kommen, werden wir es ihnen zeigen und sie wie Guerillas behandeln..."* Der Gouverneur des Amazonasgebietes, **Gilberto Mestrinho**, sagte am 8. September: *„Der Standpunkt des Generals ist das Ergebnis der Betrachtung der Realität."*

- Der Präsident des Industrieverbandes des brasilianischen Bundesstaats Pará in der Amazonasregion, **Fernando Flexa Ribiero**, wurde von der Presse am 14. September mit den Worten zitiert, dass Umweltschützer den Amazonas zu einem *„sterilen Schutzgebiet"* machen wollten. Er sagte, Eco-92 könne *„kolonialistische Praktiken propagieren"*.

- Die brasilianische Tageszeitung *Tribuna de Impresa* zitierte **Joann Grossi**, den Sprecher der Sprecher der US-Agentur für Internationale Entwicklung, der sagte, dass die Sterilisation die *„Methode der Familienplanung sei, die von Präsident George Bush zur Effektivitätssteigerung der Geburtenkontrolle in der Dritten Welt bevorzugt werde"*.

- Die italienische katholische Wochenzeitung *Il Sabato* veröffentlichte am 14. September einen Artikel von **Prof. Franco Cardini**, in dem er schrieb:

„Es muss in aller Deutlichkeit gesagt werden, dass die Pläne des Internationalen Währungsfonds für die (ehemalige) UdSSR und die östlichen Staaten ruchlos sind... Die Europäische Gemeinschaft ist in der Lage, nicht nur Vorschläge, sondern auch Kapital und

technologische Strukturen bereitzustellen, aber all das versperrt die Pläne der Neuen Weltordnung, die strikt mit den Vereinigten Staaten verknüpft ist, welche das am höchsten verschuldete Land in der Welt bleibt, und einer Produktionskrise gegenübersteht, wie die Zusammenbrüche der Aktienbörse und der großen Banken veranschaulichen. Es ist diese neue Grenze, die wiederauferstehende Liberale der ehemaligen Sowjetunion gerne vorschlagen würden..."

Dieser Artikel ist in Polen als erste frontale Kritik am Internationalen Währungsfonds und des Modells des freien Markts in diesem Quartal viel diskutiert worden.

- Indiens Abgeordneter bei den UNCED-Verhandlungen in Genf sagte, laut der indischen Presse am 13. September, den Organisatoren der Erd-Charta, mit Unterstützung der Verhandlungsteilnehmer aus China, den Philippinen, Chile, Venezuela, Äthiopien, Ghana und Malaysia, dass *„wir nicht als Bittsteller hier sind und nicht wegen Hilfe gekommen sind"*, aber „Kompensationszahlungen" an unterentwickelte Länder benötigt werden. Der Delegierte **Chandrashekar Dasgupta** setzte sich Plänen, Umweltangelegenheiten dem UN-Sicherheitsrat zu unterstellen, heftig entgegen und bestand darauf die „Entwicklung" zum Schwerpunktthema zu machen, anstatt sie der Umwelt als Anhang beizufügen. Er erzählte Journalisten, dass sowohl Indien als auch China erst in diesen Fragen zufriedengestellt werden müssen, bevor sie am Rio Summit teilnehmen und erklärte, dass ohne das Einverständnis von Indien und China keine Charta das Papier wert wäre, auf dem sie gedruckt sei.

- Auf dem Treffen der Außenminister der blockfreien Staaten in Ghana forderte der Indische Außenminister **Madhavsinyh Solanke** am 11. September eine umfassende und ganzheitliche Strategie für Schulden und eine Übereinkunft hinsichtlich der Entwicklung in diesem Jahrzehnt. Die afrikanische Gruppe unterstützte die dringende Forderung nach einer internationalen Schuldenkonferenz

- Der von der UN-Konferenz über Handel und Entwicklung (UNCTAD) am 16. September veröffentlichte Jahresbericht erklärt, dass der liberale freie Markt kein angemessenes Modell für die Entwicklungsländer darstellt. Das Geldwesen sollte der Industrie dienen, nicht umgekehrt, und die Regierung muss eine Schlüsselrolle in bestimmten Bereichen der Wirtschaft spielen. Gezielte Kredite für spezielle Projekte sind manchmal notwendig. Entwicklungsländer sollten sich eher ein Beispiel an Deutschland und Japan nehmen als an den USA oder Großbritannien. Der Bericht bedauert die Tendenz zur Einführung des angelsächsischen Banksystems in Entwicklungsländern.

Was sagt der World Wide Fund for Nature (WWF)?

Ein Vertreter des **WWF** sagte am 10. September, dass die Ergebnisse der UNCED-Konferenz in Genf ein *„absolut ernsthafter Rückschlag waren. Es wird im Juni 1992 in Brasilien keine Konvention über Wälder geben. Niemand will es öffentlich sagen, aber die Waldschutzkonvention ist beendet. Die Situation ist in eine Sackgasse geraten. Das ist das erste Opfer für den UNCED-Prozess. Wir hörten zunehmend die Aussagen von Mahathir, und diese können folgenschwer sein. Wir hoffen, dass es nur eine Taktik zur Herbeiführung neuer Verhandlungen ist, aber es hat das Potential, um den Ball ins Rollen zu bringen und neben Malaysia weitere Staaten zum Ausscheiden zu bewegen. Es ist eine sehr schwierige Situation."*

Ein Chefberater für Umweltfragen des britischen Prinzen Philip sagte am 15. September, dass der Organisator der Eco-92, Maurice Strong, das Thema des Umweltschutzes *„über-politisiert"* und *„lächerlich messianische Erwartungen"* an den Earth Summit stelle.

„Strong lenkt die Aufmerksamkeit von einer deutlichen und gegenwärtigen Gefahr ab, mit der die Umweltbewegung konfrontiert ist: Der allgemeine Paradigmenwechsel zugunsten des Wirtschaftswachstums in

den ehemals kommunistischen Staaten... Wir sollten zu viel offenen politischen Aktionismus vermeiden. Wir sollten uns auf Modelle für den Erkenntniswandel konzentrieren und die tiefer liegenden ethisch-moralischen Überlegungen, die Menschen motivieren, angreifen. Osteuropa und die Sowjetunion, das ist unsere größte Herausforderung. Wir werden ein großes Problem bekommen, wenn sie versuchen, den Stand des wirtschaftlichen Wachstums der hochentwickelten westlichen Nationen zu erreichen. Dies ist möglicherweise eine unserer größten Herausforderungen, und Prinz Philip beschäftigt sich zunehmend damit.

Strong ist jemand, der zu viel Zeit auf dem New-Age-Zentrum seiner Frau verbrachte, was offensichtlich seinen Verstand berührt hat. Das alles erinnert mich an die sogenannten Milleriten des neunzehnten Jahrhunderts, die das Ende der Welt für das Jahr 1844 vorausgesagt haben und deshalb alle ins Gebirge gingen, um sich darauf vorzubereiten. Die Welt endete nicht und aus den Milleriten wurden die Zeugen Jehovas. Das ist, was ich für den Earth Summit kommen sehe. Hören Sie sich nur Strongs Rede über 'das bedeutungsvollste, jemals stattgefundene Ereignis in der Geschichte der Menschheit' und 'die letzte Chance den Planeten zu retten' an. Was könnte noch lächerlicher sein, um garantiert ein Durcheinander zu erzeugen?

Wir sehen die Auswirkungen bereits in der Reaktion verschiedener Länder in der Dritten Welt."

Was zu tun ist

Worin besteht der eigentliche Zweck beim Umhertingeln durch Amerika, um eine Hand voll Farmer, Gewerkschaftler, lokale Beamte, Geistliche und Ökologen an den Universitäten von der Notwendigkeit der Erd-Charta zu überzeugen, angesichts des wachsenden Widerstands von einigen Elementen in der Dritten Welt, bestimmten Kräften in Osteuropa und russischen Regionen, im Vatikan und bestimmten, halbherzigen Antworten aus den Reihen der Ökologen? Wenn jemand die amerikanische Öffentlichkeit wirklich umwandeln wollen würde, wäre es dann nicht notwendig, ganz offen und ausdrücklich zu sagen, was zu tun ist? Und das es *jetzt* zu tun ist?

Meinen Sie wirklich, es reiche aus, ein paar Dritte-Welt-Aktivisten vor der, von lokalen Berühmtheiten veranstalteten Anhörung demonstrieren zu lassen, um die Dritte Welt verstummen zu lassen, oder dass die diesbezügliche Berichterstattung der amerikanischen Presse diesen Widerstand hinwegspülen wird?

Werden sie nun Maßnahmen für den politischen Elan von Präsident Bush ergreifen oder warten sie ab, bis sie Amerika überzeugen müssen gegen hundert Vietnams gleichzeitig zu kämpfen? Jetzt ist die Zeit, um die angelsächsische Rasse und ihre ruhmreichsten Errungenschaften zu bewahren: das angelsächsische Banksystem, die Versicherungen und den Handel.

Wir sind die lebenden Förderer der Willenserklärung des großen Cecil Rhodes von 1877, in der er bekannte, sein Geschick dem Folgenden zu widmen: *„Der Ausweitung der britischen Herrschaft über die Welt und die Kolonisation des gesamten afrikanischen Kontinents, des heiligen Landes, des Tals des Euphrat, der Inseln Zypern und Kreta, gesamt Südamerikas, der pazifischen Inseln, die noch nicht durch Großbritannien besetzt waren, des Malaysischen Archipels und der Küsten von China und Japan, sowie die endgültige Wiederherstellung der Vereinigten Staaten von Amerika als integraler Bestandteil des Britischen Weltreichs durch britische Untertanen (Staatsangehörige)."*

Wir stehen zu Lord Milners Credo. Auch wir sind *„Patrioten der Britischen Rasse"*, und unser Patriotismus besteht aus der *„Sprache, den Traditionen, den Prinzipien und den Ansprüche der Britischen Rasse"*. Fürchten Sie sich bis zum letzten Moment durchzustehen, an dem dieses Ziel verwirklicht werden kann? Sehen Sie nicht, dass jetzt zu versagen bedeutet, von den Milliarden Liliputanern niederer Rassen herabgezogen zu werden, die für das angelsächsische System wenig oder gar keine Sorge tragen?

Hierfür muss folgende Strategie umgesetzt werden

    a) Der von den großen angelsächsischen Nationen geleitete UN-Sicherheitsrat wird verordnen, dass fortan alle Nationen darüber informiert werden, dass die Duldung des Bevölkerungswachstums durch den Sicherheitsrat beendet ist und dass alle Nationen jährliche Quoten zur Bevölkerungsreduktion zu erfüllen haben, die vom Sicherheitsrat mittels teilweisem oder totalem Embargo von Krediten und Handelsgütern, einschließlich dem von Lebensmitteln und Medizin, oder, wenn nötig, mit militärischen Mitteln durchgesetzt werden.

    b) Der UN-Sicherheitsrat wird alle Nationen darüber informieren, dass überholte Vorstellungen von nationaler Souveränität verworfen werden, dass der Sicherheitsrat die komplette rechtliche, militärische und wirtschaftliche Gerichtsbarkeit in jeder Region der Welt innehat und dass diese von den großen Nationen des Sicherheitsrates durchgesetzt werden wird.

    c) Der UN-Sicherheitsrat wird den Besitz aller natürlicher Ressourcen, einschließlich der Wasserscheiden und der großen Wälder, übernehmen, um sie zum Wohl der großen Nationen des Sicherheitsrates zu nutzen und zu erhalten.

    d) Der UN-Sicherheitsrat wird erklären, dass alle Rassen und Völker weder gleich sind noch gleich sein sollten. Jene Rassen, die sich durch überragende Errungenschaften als höher stehend erwiesen haben, sollten die minderen Rassen beherrschen und sich, durch Duldung ihrer Kooperation mit dem Sicherheitsrat, um sie kümmern. Die Entscheidungsfindung, einschließlich hinsichtlich des Bankwesens, des Handels und wirtschaftlicher Entwicklungspläne, wird unter der Verwaltung der großen Nationen stehen.

e) All das oben genannte konstituiert die Neue Weltordnung, unter deren Befehl alle Nationen, Religionen und Rassen mit den Entscheidungen der großen Nationen des Sicherheitsrates kooperieren werden.

Die Absicht dieses Dokumentes ist zu zeigen, dass verzögertes Handeln tödlich sein könnte. Alles könnte verloren gehen, wenn der Widerstand von minderen Rassen auch nur geduldet wird und die bedauerliche Unschlüssigkeit unserer engsten Partner der Grund für unser Zögern ist. Eine offene Absichtserklärung, gefolgt von der Kraft der Entscheidung, ist die endgültige Lösung.

Das muss erledigt werden, bevor irgendein Schock unsere Finanzmärkte trifft, der unsere Glaubwürdigkeit trübt und unsere Macht schmälert.[110]

Nachfolgend sehen Sie das Dokument im Original.

A UNA Environment and Development Conference
to provide broad public debate and support for United Nations Earth Summit '92

MIDWEST PUBLIC HEARING
ON ENVIRONMENT AND DEVELOPMENT

House Chambers, State Capitol
Des Moines, Iowa
September 22, 1991

State of Iowa
Executive Department

IN THE NAME AND BY THE AUTHORITY OF THE STATE OF IOWA

PROCLAMATION

WHEREAS, A CRITICAL NEED EXISTS TO EDUCATE CITIZENS OF ALL NATIONS ON WAYS TO CONSERVE EARTH'S RESOURCES AND PREVENT POLLUTION; AND

WHEREAS, IT IS IMPERATIVE THAT WE CREATE STRATEGIES TO ACHIEVE ENVIRONMENTALLY SOUND AND SUSTAINABLE DEVELOPMENT PRACTICES ON PLANET EARTH; AND

WHEREAS, THE UNITED NATIONS ASSOCIATION OF THIS STATE IS DEDICATED TO RESEARCH AND EDUCATION ON THE UNITED NATIONS AND GLOBAL ISSUES, INCLUDING PROTECTION OF OUR ENVIRONMENT; AND

WHEREAS, THE UNITED NATIONS ASSOCIATIONS OF THE UNITED STATES, CANADA AND IOWA ARE SPONSORING A MIDWEST REGION PUBLIC HEARING, IN COOPERATION WITH THE SECRETARIAT OF THE 1992 UNITED NATIONS CONFERENCE ON ENVIRONMENT AND DEVELOPMENT (UNCED), FOR THE PURPOSE OF HEARING GRASSROOTS TESTIMONY ON ISSUES PERTAINING TO ENERGY, SUSTAINABLE AGRICULTURE AND INSTITUTIONS; AND

WHEREAS, TESTIMONY GIVEN AT THE UNA-USA MIDWEST PUBLIC HEARING WILL BE FORWARDED TO APPROPRIATE NATIONAL LEADERS WHO WILL PREPARE THE U.S. NATIONAL REPORT THAT WILL DETERMINE U.S. POLICY AT THE 1992 UNCED "EARTH SUMMIT" CONFERENCE TO BE HELD IN BRAZIL AND ATTENDED BY 159 MEMBER NATIONS;

NOW, THEREFORE, I, TERRY E. BRANSTAD, GOVERNOR OF THE STATE OF IOWA, DO HEREBY PROCLAIM SUNDAY, SEPTEMBER 22, 1991, AS

SUSTAINABLE DEVELOPMENT DAY

IN IOWA, AND URGE CITIZENS TO PARTICIPATE WITH THE UNITED NATIONS ASSOCIATION FOR THE PURPOSE OF HEARING TESTIMONY ON ENERGY, SUSTAINABLE AGRICULTURE AND THE INSTITUTIONS NECESSARY TO PROTECT THE ENVIRONMENT IN IOWA AND AROUND THE WORLD.

IN TESTIMONY WHEREOF, I HAVE HEREUNTO SUBSCRIBED MY NAME AND CAUSED THE GREAT SEAL OF THE STATE OF IOWA TO BE AFFIXED. DONE AT DES MOINES THIS 27TH DAY OF AUGUST IN THE YEAR OF OUR LORD ONE THOUSAND NINE HUNDRED NINETY-ONE.

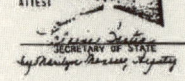

GOVERNOR

ATTEST
SECRETARY OF STATE

Sponsored by
The United Nations Association of Iowa

Abb. 9 bis 14: Originaldokument von der Vorbereitungskonferenz vom 21.9.1991 in Des Moines, Iowa

COBDEN CLUBS
Secretariat for World Order
(314) 631-9959 ← GEPHARDT's PHONE
September 20, 1991

INITIATIVE FOR ECO-92 EARTH CHARTER

1. THE PRESSING NEED

    a. The time is pressing. The Club of Rome was founded in 1968, Limits to Growth was written in 1971, Global 2000 was written in 1979, but insufficient progress has been made in population reduction.
    b. Given global instabilities, including those in the former Soviet bloc, the need for firm control of world technology, weaponry, and natural resources, is now absolutely mandatory. The immediate reduction of world population, according to the mid-1970's recommendations of the Draper Fund, must be immediately effected.
    c. The present vast overpopulation, now far beyond the world carrying capacity, cannot be answered by future reductions in the birth rate due to contraception, sterilization, abortion, but must be met in the present by the reduction in the numbers presently existing. This must be done by whatever means necessary.
    d. The issue is falsely debated between a political and a cultural approach to population and resources, when in fact, faced with stubborn obstruction and day-to-day political expediency which make most of the leaders of the most populous poor countries unreliable, the issue is compulsory cooperation.
    e. Compulsory cooperation is not debatable with 166 nations, most of whose leaders are irresolute, conditioned by localist "cultures," and lacking appropriate notions of the New World Order. Debate means delay and forfeiture of our goals and purpose.
    f. The U.N. action against Iraq proves conclusively that resolute action on our part can sway other leaders to go along with the necessary program. The Iraq action proves that the aura of power can be projected and sustained and that the wave of history is sweeping forward.

PERILS TO BE HEEDED

    There is a twofold opposition which must be eliminated by quick action. There are rumblings among some of the "South" regions, notably Brazil and Malaysia, to thwart the aims of the UNCED Earth Charter and to thwart the international gathering in Brazil in June 1992.
    There is also the unfortunate vacillation in our own ranks, an argument that the UNCED leaders have made made the agenda "too political" and that the way must first be prepared on a less abrasive cultural basis.
    We present only the most recent evidence:

    x Gilberto Mello Mourao, the Brazilian writer, warned in the August 4, Folha de Sao Paulo that at Munich in 1938, "It won't be easy to row against the current of that type of ecological epidemic, unleashed against our country, which threatens the structure of our cultural, spiritual, and political values, and against our very national sovereignty.... Messrs. Chamberlain and Daladier, heads of the governments of England and France, calmly offered the Brazilian Amazon to the Fuehrer." Hitler reportedly observed that since the Amazon was in South America, the United States would cite the Monroe Doctrine and reject a German occupation of Brazilian territory. "Chamberlain and Daladier responded that the proposal had Washington's backing."

* The prime minister of Malaysia, Mahathir Mohamad, announced on Aug. 16 that his country may boycott the Earth Summit and stated that if the conference is used to suppress the Third World, it would be better for these nations to hold their own meeting. Speaking to newsmen in Petaling Jaya, Mahathir claimed that environmentalists have launched a global assault on Malaysia, while it is the developed nations, not Malaysia, who are polluting the environment.

* Malaysia's Science, Technology, and Environment minister, Law Hieng Ding, announced Aug. 20, according to the New Straits Times of Aug. 23, that Malaysia is preparing a document entitled "Greening the World," urging developed countries to use wealth and technology to turn the deserts green.

* Ahmed Djoglaf, Algeria's delegate to the Aug. 15 meeting of the U.N. Conference for Environment and Development, said Aug. 23 in Geneva, according to the U.N. Inter Press Service, that "We have the old pattern of the North imposing the system and the South having to accept. Non-governmental organizations are saying that the North has hijacked the agenda, and they are right.... They are prepared to let people die but not forests."

* The Malaysian Sunday Times editorial of Aug. 16 said, "Environmentalists make so much of their noble mission in protecting the environment which sustains all of us.... They do not credit Malaysians with much intelligence, with a similar concern for the health of the land and themselves. Shades of precious fin de siecle romanticism; visions of the noble savage stalking big game in arboreal groves, in grunting communion with the voices of the land. The same kind of romantic claptrap that got natives all over the world sold down the river into slavery, decimated by smallpox and clap, driven from their land into alcoholism and hopeless helplessness.
"Malaysia has had its fill of cultural and intellectual domination...."

* The Brazilian Jornal de Commercio on Aug. 19 reported that Brazilian Foreign Minister Francisco Rezek said that it was "hypocritical to campaign to preserve flora and fauna.... If the human race becomes extinct, there won't be any sense in preserving an exuberant flora or fauna on this planet."

* Brazil's chief of staff of the Amazon military command, Gen. Thaumaturgo Sotero Vaz, stated in an interview in the Aug. 28 Folha de Sao Paulo, that the nation's armed forces will not permit Eco-92 resolutions restricting Brazil's sovereignty over the Amazon or creating "Indian nations" within the region. The general did not rule out the possibility that Brazil could be subjected to "something similar to what happened in the Persian Gulf," and declared that persons like Francois Mitterrand and Ted Kennedy would not be permitted to order reductions in or elimination of Brazil's armed forces. Sotero Vaz said, "If those idiots try to come in here, we're going to give it to them and [treat them] like guerrillas...." The governor of the Amazon, Gilberto Mestrinho, stated Sept. 8, "The generals' position is the product of looking at reality."

* The president of the Industrial Federation of the Brazilian state of Para in the Amazon region, Fernando Flexa Ribiero, was quoted by the press Sept. 14 as stating that environmentalists want to make the Amazon "a sterile preservation." He said Eco-92 could "promote colonialist practices."

* The Brazilian daily Tribuna de Impresa quoted Joann Grossi, a spokesperson for the U.S. Agency for International Development, as saying that sterilization is the family planning "method preferred by President George Bush to increase the effectiveness of birth control in the Third World."

x The Italian Catholic weekly Il Sabato published a Sept. 14 article by Prof. Franco Cardini stating: "It must be said with utmost clarity that the plans of the International Monetary Fund for the [former] U.S.S.R. and the eastern countries are infamous.... The European Community is in the position to supply not only suggestions, but also capital and technological structures, but all this obstructs the plans of the New World Order, which is strictly hooked to the United States, the country that remains (have we forgotten?) the most indebted country in the world, and is facing a crisis of production exemplified by the crashes of the stock market and the big banks. It is this new frontier that re-emerging liberalists would like to propose to the former Soviet Union...." The article has been much discussed in Poland, as the first frontal criticism of the International Monetary Fund and the free-market model from this quarter.

x India's delegate at the Geneva UNCED negotiations told the Earth Charter organizers, with the support of negotiators from China, the Philippines, Chile, Venezuela, Ethiopia, Ghana, and Malaysia, that "we are not here as supplicants, and we have not come here for aid," but "compensatory financial flows" to underdeveloped nations are required, according to the Sept. 13 Indian press. The delegate, Chandrashekar Dasgupta, also strongly opposed plans to bring environmental matters under the U.N. Security Council, and insisted that "development" be put center stage instead of bracketed next to the environment. He told newsmen that both India and China will have to be satisfied on these questions before they attend the Rio summit, declaring that without the assent of India and China, no charter will be worth the paper it is written on.

x At the Non-Aligned foreign ministers' meeting in Ghana, India's external affairs, Madhavsinh Solanki, called Sept. 11 for a comprehensive and integrated strategy on debt and a development consensus for this decade. The African group at the conference sponsored an urgent call for an international conference on debt.

x The U.N. Conference on Trade and Development (UNCTAD) issued its annual report Sept. 16, declaring, according to BBC, that the liberal free market is not an appropriate model for the developing nations. Finance should serve industry, not the other way around, and government has a key role to play in certain sectors of the economy. Directed credit for special projects is sometimes necessary. Developing nations should look to Germany and Japan rather than the U.S. and Britain as examples. The report deplores the tendency to introduce an "Anglo-Saxon" banking system into developing countries.

WHAT THE WORLDWIDE FUND FOR NATURE IS SAYING

x An official of the World Wide Fund for Nature (WWF) said Sept. 10 that the Geneva UNCED results were "absolutely a serious setback. There will be no convention on forests by June 1992 for Brazil. Nobody wants to say it publicly, but the forests convention is finished. The situation has reached a deadlock. This is the first casualty for the UNCED process. Increasingly, UNCED is being broken down into blocs, with the developing sector in one bloc. We heard the statements of Mahathir, and these can be serious. We hope it is just a tactic to precipitate new negotiations, but is has the potential to set the ball rolling and cause other countries besides Malaysia to withdraw. It is a very difficult situation."

x A senior advisor on ecological affairs to Britain's Prince Philip said Sept. 15 that Eco-92 organizer Maurice Strong had "over-politicized" the issue of environmentalism and had raised "ridiculously messianic expectations" for the Earth Summit. "Strong is mis-focusing attention away from a clear and present danger confronting the entire ecology movement: the general shift in paradigm toward favoring economic growth, in the former communist nations.... We should be avoiding too much overt politicking. We should concentrate on change-of-awareness models, and attack the underlying ethical-moral considerations that motivate people. Eastern Europe and the Soviet Union, that is our biggest challenge. We will have a major problem if they try to achieve the level of economic growth of the advanced Western nations. This is potentially one of our biggest challenges, and Prince Philip is getting more and more involved in dealing with it.

"Strong is somebody who spent too much time at his wife's New Age center, it obviously touched his mind. It all reminds me of the so-called Millerites of the 19th century, who predicted that the world would come to an end at some point in 1844, so they all went into the mountains to prepare. The world didn't come to an end, and the Millerites became the Jehovah's Witnesses. That is what I see happening with the Earth Summit. Just listen to Strong talk about 'the most significant event in human history ever,' and 'the last chance to save the planet.' What could be more ridiculous, and guaranteed to create a mess? We see the backlash already, in the reactions of various Third World countries."

WHAT MUST BE DONE

In the face of mounting opposition from Third World elements, certain forces in the Eastern European and Russian regions, and by the Vatican, and certain weak-kneed response within the ecology effort, what really is the purpose of traipsing around America to convince a handful of farmers, unionists, local officials, churchmen, and university environmentalists of the necessity of the Earth Charter? If one truly wished to convert the American public, would it not be necessary to say fully, openly and explicitly what must be done? And that it must be done now?

Do you really imagine that parading some Third Worlders before "hearings" conducted by local celebrities, the Third World will simply quiet down, or that the American press coverage of these events will overwhelm this opposition?

Will you take action now that President Bush has the political momentum or wait until you must convince America to fight a hundred Vietnams simultaneously? This is the time to save the Anglo-Saxon race and its most glorious production, the Anglo-Saxon system of banking, insurance and trade.

We are the living sponsors of the great Cecil Rhodes will of 1877, in which Rhodes devoted his fortune to: 'The extension of British rule throughout the world... the colonization by British subjects of the entire Continent of Africa, the Holy Land, the Valley of the Euphrates, the islands of Cyprus and Candia, the whole of South America, the islands of the Pacific not heretofore possessed by Great Britain, the whole of the Malay Archipelago, the seaboard of China and Japan, the ultimate recovery of the United States of America as an integral part of the British Empire....'

We stand with Lord Milner's Credo. We too, are "British Race Patriots" and our patriotism is "the speech, the tradition, the principles, the aspirations of the British Race." Do you fear to take this stand, at the very last moment when this purpose can be realized? Do you not see that failure now, is to be pulled down by the billions of Lilliputians of lesser race who care little or nothing for the Anglo-Saxon system?

THEREFORE THE FOLLOWING POLICY MUST BE IMPLEMENTED:

    A. The Security Council of the U.N., led by the Anglo-Saxon Major Nation powers, will decree that henceforth, the Security Council will inform all nations that its suffrance on population has ended, that all nations have quotas for REDUCTION on a yearly basis, which will be enforced by the Security Council by selective or total embargo of credit, items of trade including food and medicine, or by military force, when required.

    B. The Security Council of the U.N. will inform all nations that outmoded notions of national sovereignty will be discarded and that the Security Council has complete legal, military, and economic jurisdiction in any region in the world and that this will be enforced by the Major Nations of the Security Council.

    C. The Security Council of the U.N. will take possession of all natural resources, including the watersheds and great forests, to be used and preserved for the good of the Major Nations of the Security Council.

    D. The Security Council of the U.N. will explain that not all races and peoples are equal, nor should they be. Those races proven superior by superior achievements ought to rule the lesser races, caring for them on suffrance that they cooperate with the Security Council. Decision making, including banking, trade, currency rates, and economic development plans, will be made in stewardship by the Major Nations.

    E. All of the above constitute the New World Order, in which Order, all nations, regions and races will cooperate with the decisions of the Major Nations of the Security Council.

    The purpose of this document is to demonstrate that action delayed could well be fatal. All could be lost if mere opposition by minor races is tolerated and the unfortunate vacillations of our closest comrades is cause for our hesitations. Open declaration of intent followed by decisive force is the final solution. This must be done before any shock hits our financial markets, tarnishing our credibility and perhaps diminishing our force.

    - - - - -

(Note: When Communism and Capitalism collapse, World National Socialism will rise up to replace them. "NAZI" stood for "NAZIONAL" in the word "National Socialism.")

Anhang 2
Bezahlen Sie jetzt, oder es ist um die Erde geschehen!

Mit diesem Beitrag, der auf der etwas sarkastisch vorgetragenen Sendung[111] des in Japan lebenden, unabhängigen kanadischen Journalisten James Corbett basiert, wird der Bogen von den Anfängen der Agenda 21 und der Ideologie einer durch CO_2-Emissionen verursachten Erderwärmung zur Gegenwart geschlagen. Hier wird nachvollziehbar belegt, wie intensiv und mit welch betrügerischen Mitteln die Vereinten Nationen und ihnen angeschlossene Organisationen die Umsetzung der Ziele der Agenda 21 vorantreiben.

Eine der wesentlichen Grundlagen dieses Beitrags ist die deutschsprachige Übersetzung der **Zusammenfassung für politische Entscheidungsträger** des am 6. Oktober 2018 vom Weltklimarat der Vereinten Nationen (IPCC), unter großem medialen Tamtam veröffentlichten *„Sonderberichts über die Folgen einer globalen Erwärmung um 1,5° C gegenüber vorindustriellem Niveau und die damit verbundenen globalen Treibhausgasemissionspfade im Zusammenhang mit einer Stärkung der weltweiten Reaktion auf die Bedrohung durch den Klimawandel"*.[112]

Seien wir uns an dieser Stelle darüber im Klaren, dass es sich bei den Schöpfern des im Jahr 1988 geborenen Monsters – des Weltklimarates (IPCC) –, um die Akteure des im Jahr 1972 auf der Konferenz der Vereinten Nationen über die Umwelt des Menschen (UNCHE) gegründeten Umweltprogramms der Vereinten Nationen (UNEP) und ihre Hintermänner bei der Weltorganisation für Meteorologie (WMO) gehandelt hat, und dass der erste Vorsitzende der UNEP eben jener Betrüger Maurice Strong gewesen ist, der auch den Vorsitz der im Jahr 1992 in Rio de Janeiro veranstalteten Konferenz der Vereinten Nationen über Umwelt und Entwicklung (UNCED) innehatte, auf der die Agenda 21 von 178 Staaten beschlossen worden ist.

Sehen wir uns nun einige der bei etablierten Propagandamedien erschienenen Pressemitteilungen zu diesem Sonderbericht an:

- So titelte allen voran *CNN* am 8. Oktober 2018: „*Der Planet hat nur noch bis zum Jahr 2030 Zeit, um den katastrophalen Klimawandel einzudämmen, warnen Experten.*" [113]

- Einen Tag zuvor hatte die *Washington Post* ihre Leser bereits mit folgenden Worten vor der herannahenden Katastrophe gewarnt: „*Die Welt hat nur noch ein Jahrzehnt, um den Klimawandel unter Kontrolle zu bekommen, sagen Wissenschaftler der Vereinten Nationen.*"[114]

- Und unsere Freunde vom *Guardian*, die, wie bekannt sein sollte, bereits einen Fake-News-Preis für ihre Falschberichterstattung über die Syrischen Weißhelme eingeheimst hatten, haben sich am 8. Oktober 2018 mit folgendem Beitrag auf eine weitere Entgegennahme dieses angesehenen Preises vorbereitet: „*Wir haben noch 12 Jahre Zeit, um die Klimakatastrophe zu begrenzen, sagen die Vereinten Nationen.*" [115]

Die Leser des *Guardian* werden nicht schlecht gestaunt und erleichtert aufgeatmet haben. Hatte dasselbe Propaganda-Organ doch erst ein Jahr zuvor berichtet, dass der klimabedingte Weltuntergang bereits im Jahr 2020 vor der Tür stehe und hat, wie auch andere namhafte Magazine[116], am 28. Juni 2017 getitelt: „*Die Welt hat, laut der Warnung von Experten nur drei Jahre Zeit, um den bedrohlichen Klimawandel zu beenden.*" [117]

In seiner Sendung macht James Corbett dann auf die Zeitangaben von Vorhersagen des bevorstehenden Weltuntergangs durch Akteure der weltweiten Klimakatastrophensekte aus den vergangenen Jahrzehnten und ihre erstaunliche Übereinstimmung aufmerksam. Hierbei verweist er unter anderem auf den bekannten Schmetterlingsforscher Paul Ehrlich, der das Ende der Welt bereits für die 1980er-Jahre vorausgesehen hatte, oder den langjährigen und am 19. Februar 2020 verstorbenen Vorsitzenden des IPCC, Rajendra Pachauri, der zeitlebens ähnlich düstere Prognosen von sich gab. Auch führt er Prinz Charles an, der 95

Monate, bevor Corbett seine Sendung im Oktober 2018 produzierte, den Zeitraum bis zum Ende der Welt mit 96 Monaten genau vorhergesagt hat…

Im Jahr 2018 waren es dann wieder 12 Jahre, in denen die Menschheit in Furcht und Schrecken dem Weltuntergang entgegengeht, und es sind seit über 40 Jahren immer wieder insbesondere „Experten" oder „Wissenschaftler der Vereinten Nationen", die uns hiervor warnen. In diesem Zusammenhang weist auch James Corbett darauf hin, dass es sich bei dem eingangs erwähnten Sonderbericht **nicht um ein wissenschaftliches, sondern um ein explizit politisches Dokument** handelt, worüber sich jedoch die meisten Menschen nicht im Klaren sind. Und Corbett erklärt, dass dieser Umstand auch von den Mainstream-Quellen der Umweltbewegung, die mit den Klima-Schwindlern im selben lukrativen Boot sitzt, genutzt wird.

So schrieb das Umweltmagazin *DowntoEarth.org* am 7. Oktober 2018 in einem Artikel mit der Überschrift, „Länder verhandeln über die Kernbotschaften des kontroversen ‚Spezialberichts' des IPCC", über die Akteure, die den Text der Zusammenfassung für politische Entscheidungsträger erarbeitet haben, die eine komprimierte Version der Botschaften und Ergebnisse des vollständigen Sonderberichtes ist. Wer das liest und sich schönredet, was es zu bedeuten hat, mag denken, dass diese Akteure sich darum bemüht haben, sich auf die Formulierungen der Zusammenfassung eines wissenschaftlichen Berichtes zu einigen.

Aber dem ist nicht so, da hier nicht die Zusammenfassung eines wissenschaftlichen, sondern eines politischen Dokumentes diskutiert wurde, was auch von den Mainstream-Quellen der Umweltbewegung offen zugegeben worden ist. Es haben also nicht Wissenschaftler, sondern Diplomaten der Vereinten Nationen zehn Monate lang vor deren Veröffentlichung über die Formulierungen in dieser Zusammenfassung beraten.

Und sie geben in diesem Bericht sogar zu, dass es sich um die Zusammenfassung dieses freilich politischen Dokuments[118] **für politische Entscheidungsträger** handelt, und definieren dann den Text des vermeintlich wissenschaftlichen Berichts, welchen die Zusammenfassung angeblich beinhaltet. Es ist einfach unglaublich.

Aber bitte, gehen Sie zu *Changes to the Underlying Scientific-Technical Assessment to ensure consistency with the approved Summary for Policymakers*[119] (Änderungen an der zugrunde liegenden wissenschaftlich-technischen Bewertung, zur Sicherstellung der Übereinstimmung mit der genehmigten Zusammenfassung für politische Entscheidungsträger). Man kann hier genau nachlesen, wie sie die wissenschaftlichen Daten so geändert haben, dass sie mit diesem, zugegebenermaßen politischen Dokument übereinstimmen.

Aber was sagt dieses Dokument eigentlich aus? Worum geht es hier tatsächlich?
Nun, schauen wir uns das einmal näher an. Wir können beispielsweise zu den Pressemitteilungen[120] oder zu den FAQ gehen. Lassen Sie uns die regelmäßig gestellten Fragen (FAQ)[121] betrachten, wo sie einige der Fragen behandeln.

1.1 Warum sprechen wir über die 1,5°C? (Gute Frage)
1.2 Wie nahe wir an der 1,5°C-Marke?
1.3 Mit welchen Mitteln lässt sich die Erwärmung um 1,5°C begrenzen...?
1.4 Was hat die Energieversorgung und deren Nachfrage mit der Begrenzung der Erwärmung zu tun?
usw...

Bitte, lesen Sie es sich durch. Lesen Sie, was der Weltklimarat der Vereinten Nationen (IPPC) jedermann bezüglich der „etablierten Wissenschaft" über die 1,5°C der Erderwärmung erzählt, die wir mit Hilfe des als CO_2 bekannten, weltweiten magischen Thermostats zu begrenzen versuchen, was an sich schon völlig grotesk und lächerlich ist.
Lassen Sie uns beispielsweise die Frage 1.2 *„Wie nahe wir an der 1,5°C-Marke?"*[122] betrachten, wo ganz nebenbei folgende Tatsache zu-

gegeben wird, die sich die meisten Menschen, wie schon erwähnt – wenn sie sich überhaupt die Mühe machen die FAQ zu lesen – schönreden. Dort steht: *„Die Wahl des vorindustriellen Referenzzeitraums"*, was bedeutet, dass sie die derzeitige momentane durchschnittliche Oberflächentemperatur mit einem festgelegten vorindustriellen Zeitraum vergleichen, um zu ermitteln, wie hoch die bereits stattgefundene Erwärmung seit dem Beginn des Industriezeitalters ist. Und sie haben den Zeitraum zwischen den Jahren 1850 und 1900 gewählt und schreiben darüber:

„Die Wahl des vorindustriellen Referenzzeitraums kann, ebenso wie die Methode zur Berechnung der globalen Durchschnittstemperatur, Berechnungen von Wissenschaftlern bezüglich der historischen Erwärmung um einige Zehntel Grad Celsius beeinflussen. Solche Unterschiede fallen im Kontext einer globalen Temperaturgrenze von nur einem halben Grad über dem derzeitigen Niveau maßgeblich ins Gewicht. Doch wenn einheitliche Definitionen zugrunde gelegt werden, beeinträchtigen sie unser Verständnis darüber, wie Aktivitäten des Menschen das Klima beeinflussen, nicht."

Hier wird dem Leser weisgemacht, dass die Fehlerquote – die von ihnen zugegebene Fehlerquote! –, dieser ohnehin bereits frisierten Daten zu vernachlässigen ist, obwohl ebendiese Fehler die Hälfte des Wertes betragen, nämlich dieser besonderen 0,5°C, die wir durchschreiten müssen, bevor wir die magischen 1,5°C erreichen.

Wir können hier nicht näher darauf eingehen, wie die mittlere Durchschnittstemperatur des Planeten ermittelt wird, jedoch beträgt die Fehlerquote, über die sie reden, bereits die Hälfte dieser 0,5°C. Jeder, der selbst wenig Kenntnis von Wissenschaft und Statistik hat, erkennt Bedeutung und Wert dieser Aussage. Es geht hier um 0,5°C, wobei jedoch die Fehlerquote bereits 50% beträgt. Es ist der reine Wahnsinn! Und dieser Wahnsinn setzt sich kontinuierlich fort.

So schreiben sie über die Verwendung einer Zeitspanne von 30 Jahren, um der natürlichen Veränderungen Rechnung zu tragen, die eine Fluktuation der globalen Temperaturen von einem Jahr auf das andere verursachen können. So sind beispielsweise die Jahre 2015 und 2016 beide von starken El-Ninjos beeinflusst gewesen, wodurch sich die zugrundeliegenden menschengemachte Erwärmung zumindest äußerst schwierig berechnen lässt.

Zunächst stellt sich die Frage, wie sich die anthropogene Erwärmung von der vom IPCC eingeräumten natürlichen Fluktuationen unterscheidet, aber auch die nach der Art und Weise ihrer Wortwahl, mit der behauptet wird, dass die natürlichen Unterschiede eine Fluktuation der natürlichen Erwärmung von einem Jahr auf das andere verursachen können. Als ob es sich um reinen Zufall handelt, dass es eben in einem Jahr wärmer und in einem anderen kühler ist, was der natürlichen Fluktuation entspricht. Jedoch ist es selbstverständlich ausschließlich die Menschheit, die für die Temperaturerhöhung jedes einzelnen Jahres verantwortlich ist. Das ist ganz offensichtlich falsch!

Wenn Sie die Temperaturen auf der Erde der letzten 500 Millionen Jahre[123] betrachten, erkennen Sie tatsächlich diesen stochastischen Rhythmus sich wiederholender Hochs und Tiefs. Aber es gibt auch die folgenden größeren Trends, wie beispielsweise fünf aufeinanderfolgende Tiefs auf ein Hoch. Und dann diese äußerst dramatischen Ausschläge im Pleistozän. Und dann kommen wir ins Holozän und tatsächlich mit einem Temperaturanstieg aus der letzten Eiszeit heraus. Betrachten wir uns hierzu auch diese groteske, mit *MS Paint* handgemalte Zeichnung am rechten Rand der Graphik an. Diese rote Linie soll uns dabei behilflich sein, diese enorm große Kelle eines Hockeyschlägers überhaupt zu erkennen. Es ist tatsächlich grotesk!

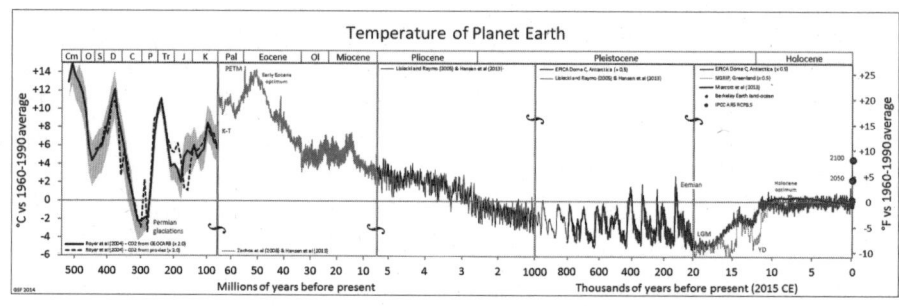

Abb. 15: Am rechten Diagrammrand sieht man die dunkel gezackte Linie, über der ein Strich in Form eines kleinen Hockeyschlägers zu sehen ist. In Farbe können Sie sich die Grafik hier ansehen: Bildquelle[15]

Sie folgt wahrhaftig nicht dem aus dem antarktischen Eis gewonnenen Datensatz, der dort gezeigt wird. Es gibt hier definitiv einen Abwärtstrend, gefolgt von einem Aufwärtstrend, der sich dann ausbalanciert. Aber diese primitiv mit MS Paint dahin gezeichnete rote Linie folgt einem nicht existierenden Trend, denn sie verläuft herauf und herunter und dann herauf – **HERAUF!**

Und genau bei diesem **Aufwärtstrend** selbst handelt es sich um eine Lüge, so wie wir über so lange Zeit ständig belogen worden sind. Das kann jeder feststellen, der die Ermittlung der Durchschnittstemperatur der Erde selbst recherchiert. Auch hierzu hat James Corbett übrigens eine erhellende Sendung[124] produziert.

Und dann hat das Met Office, der nationale meteorologische Dienst des Vereinigten Königreichs, zu einem so ungünstigen Zeitpunkt im Oktober 2018 bei dessen ersten und bisher einzigen Überprüfung auch noch Kritik an dem Datensatz der Oberflächendurchschnittstemperaturen Kritik geübt, der, wie nur ein sehr geringe Bruchteil aller Menschen weiß, der einzige Hauptdatensatz ist, der zur Kalkulation der angeblich Jahr für Jahr steigenden weltweiten Durchschnittstemperatur herangezogen wird. Das ist die absolute Katastrophe, denn es ist schon wieder ein Hundertstel Grad wärmer als im vergangenen Jahr, obwohl unsere Fehlerquote zwei Zehntel Grad beträgt…

Noch einmal: Es handelt sich, wissenschaftlich betrachtet, um vollkommenen Unsinn, der uns da aufgetischt wird. Denn diese, bisher einzige Überprüfung der Daten[125] weist einige unglaubliche Ungereimtheiten auf, welche diesen „Experten", aus welchen Gründen auch immer, **seit nunmehr 70 Jahren** entgangen sind.

Es gibt Fälle, in denen auf tropischen Inseln eine monatliche Durchschnittstemperatur von 0°C gemessen wurde – das ist der Mittelwert der täglichen Höchst- und Tiefsttemperaturen. An einem Ort in Rumänien lag die monatliche Durchschnittstemperatur bei -45°C. An einem Ort in Kolumbien betrug sie über 80°C. Das ist so unglaublich heiß, dass selbst die Tiefsttemperaturen dort wärmer sind als am weltweit heißesten Tag. In einigen Fällen haben auf dem Trockenen liegende Boote scheinbar Meerestemperaturen von über 100 km von der Küste entfernten Orten auf dem Inland gemessen. Die einzig möglicherweise sinnvolle Erklärung hierfür ist, dass ursprünglich die Fahrenheit-Temperaturen anstatt der Celsius-Temperaturen verwendet worden sind, und *das 70 Jahre lang niemanden bei der Climatic Research Unit der University of East Aglia aufgefallen ist.* [126]

Hier (noch einmal) der Link zu dem Artikel, damit Sie mehr über diese bisher erste und einzige Überprüfung der Daten durch die CRU lesen können: *http://joannenova.com.au/2018/10/first-audit-of-global-temperature-data-finds-freezing-tropical-islands-boiling-towns-boats-on-land/*

Noch einmal: Es handelt sich um eine der Hauptdatenquellen, die diese Klima-Experten benutzen, um uns diese unsinnige Gruselgeschichte zu erzählen. Wahrlich Experten…

Und wie berichten die Medien darüber? Von 2020[127] bis 2030[128] hat die Menschheit nur noch 10 Jahre Zeit[129], um den Planeten zu retten, nachdem uns von denselben Experten zuvor erzählt worden ist, dass es nur noch drei Jahre seien! Das ist die etablierte Wissenschaft, und hinterfragen Sie diese offensichtlichen Selbstwidersprüche bloß nicht.

Es wird immer verrückter, und man wünschte sich, es wäre nur lächerlicher Unsinn, und wir würden alle sagen: *„Schaut euch nur diese ganze Propaganda an. Ha, ha, ha. Es ist ein so offensichtlicher, sich selbst widersprechender Unsinn, dass wir uns in Grunde nicht damit befassen müssen."* Unglücklicherweise, müssen wir uns aber doch damit befassen.

Und warum? **Weil das Sekretariat der UNFCCC den Sonderbericht 1,5 °C globale Erwärmung**[130] **des IPCC ausdrücklich begrüßt.** Was hierbei übrigens besonders auffällt, ist, dass sowohl das Sekretariat der Klimarahmenkonvention[131] als auch der International Council for Local Environmental Initiatives (ICLEI)[132] **ihre nur etwa zwei Kilometer voneinander entfernten Hauptniederlassungen in der deutschen Bundesstadt Bonn errichtet haben.** Man könnte meinen, dass die Abkürzung UNFCCC nicht für die Klimarahmenkonvention der Vereinten Nationen[133], sondern für Stiftung der Vereinten Nationen zur Bereicherung am Klimawandel verwendet wird...

Bitte lesen Sie sich die Erklärung des Sekretariats der Klimarahmenkonvention[134] vom 6. Oktober 2018 durch, um zu begreifen, dass und warum die Mitglieder der UNFCCC den Bericht des IPCC selbstverständlich begrüßen. Warum? Weil er in das politische Konzept jener Politiker passt, die diese Dokumente verfassen. Auf alle Fälle ist, wie diese Pressemitteilung der UNFCCC einräumt, eine Begrenzung der Temperaturerhöhung um 1,5°C gemäß dem Bericht des IPCC möglich, weil wir über dieses magische globale Fieberthermometer verfügen. Und natürlich dreht sich alles um das Kohlendioxid, einem der Spurengase mit dem geringsten Volumenanteil in der Atmosphäre. Und wir können es um einige Zehntel Grad Celsius zurückdrehen, die wir wegen der von uns selbst eingeräumten Fehler nicht einmal messen können.

Also: Laut dem Bericht des IPCC ist eine Begrenzung der Erwärmung auf 1,5°C zwar möglich, allerdings wird, um dieses Ziel zu erreichen, bis zur Mitte des Jahrhunderts eine noch nie dagewesene Umstellung in sämtlichen gesellschaftlichen Bereichen erforderlich sein.

Wenn bei diesem Satz nicht allen Lesern einen kalter Schauer über den Rücken jagt, haben Sie die Botschaft der liebevollen Vereinten Nationen und der Globalisten, die so schrecklich besorgt um das Wohl der Menschheit sind, nicht begriffen. Um die weltweite Erwärmung zu minimieren, muss es uns gelingen, die Nettoemissionen bis zur Mitte des Jahrhunderts auf Null zu senken. **Die Nettoemissionen auf Null zu senken... Wie stellen die sich wohl vor, dieses Ziel erreichen zu können? Welche Mechanismen gedenken sie wohl in Gang zu setzen, um die weltweiten Nettoemissionen auf Null zu senken?**

Oh, ja, natürlich kann die alte, ergraute Presstituierte, die New York Times persönlich[135], uns hierzu berichten, dass der Klimabericht der Vereinten Nationen sagt: *„Erhöhen Sie den Preis von Kohlenstoffprodukten."* Und was bedeutet das schlussendlich? Nun, es bedeutet entweder CO_2-Steuern oder CO_2-Höchstgrenzen, vielleicht eine Mischung aus beidem, oder irgend etwas in dieser Richtung, und schließlich wird es auf eine allgemeine Rationierung herauslaufen. Oder macht es auf Sie etwa nicht den Eindruck?

Am Ende der diesem Kapitel zu Grunde liegenden Sendung von James Corbett weist dieser auf seine äußerst aufschlussreiche zweiteilige Sendung *„How & Why Big Oil Conquered The World"*[136] über die Entstehung, die Entwicklung und die Ziele der Erdölkartelle und deren Hintermänner hin, die er insbesondere den von Jan van Helsing in seinem Vorwort angedeuteten Machtverhältnissen auf unserem Planeten gewidmet hat.

Das ist, was auf uns zukommt! Es kommt auf uns zu, und Sie können es deutlich an der Art und Weise erkennen, mit der die Mainstreammedien diese UN-Berichte hochjubeln, als wären sie die Retter der Menschheit, auch wenn sie tatsächlich alles andere als das sind.[137]

Anhang 3
Der Handel mit der Geburtsurkunde

Wenden wir uns nun dem sehr komplexen und spannenden Thema der wahren Machtverhältnisse und der Rechtsstellung fast aller Menschen auf unserem Planeten zu. Dies kann hier zwar nur sehr komprimiert behandelt werden, bedarf aber dennoch der Erwähnung, weil dies für deren Akteure die Grundlage für die in diesem Buch beschriebenen weltweiten Pläne und Entwicklungen zur Errichtung der sozialistischen Weltdiktatur darstellt, mit der der gesamte Planet und alles Leben auf ihm kontrolliert werden soll.

Die tatsächlichen Machthaber auf unserem Planeten, „deren Namen wir noch nie gehört haben", wie der Vater der Propaganda, Edward Bernays, bereits im zweiten Absatz seines gleichlautenden Klassikers „Propaganda" schrieb, bestehen überwiegend aus Mitgliedern uralter Herrschaftsfamilien, deren Ahnenreihe oder Blutlinien sich über mehrere Jahrtausende zurückverfolgen lassen und die an der Spitze sämtlicher Weltreiche standen und sich ihre ungeheure Macht bis zum heutigen Tage erhalten haben. Sie werden als Illuminati, Kabale oder Hintergrundmächte bezeichnet. Sie üben ihre Macht vor allem von der einen Quadratmeile großen City of London aus, der wahren *Krone*, die sich im Herzen der britischen Hauptstadt befindet, und der alle britischen Könige als Mitglieder angehören. Auch sind sie eng sowohl mit uralten Geheimlogen, namentlich den Tempelrittern und deren Nachfolgern als auch und insbesondere mit dem Vatikan verbunden.
Ihre Macht beruht auf dem Besitz von Boden, Rohstoffen und Handelsgütern sowie der Steuerung von deren Strömen, und sie sind nicht an irgendwelche Nationen oder Staaten gebunden, weshalb man sie getrost als „wahre Globalisten" bezeichnen kann. Und ihr System basiert seit Alters her auf dem Seerecht (werden Sie gleich verstehen). Unter all den Gesetzen, die wir weltweit haben, ist immer darunter das alte Seerecht versteckt.

Im Wesentlichen übt diese sogenannte Elite die vollständige und weltweite Kontrolle über die folgenden Kartelle aus:

- das Finanz- und Bankenmonopol
- das Erdöl- und Rohstoffmonopol
- das Medizin- und Pharmakartell
- das Nahrungsmittelkartell
- das Medienkartell
- das Bildungs- und Wissenschaftskartell
- die Vereinten Nationen

Von ihnen ist im Lauf der Zeit ein System entwickelt worden, um die gesamte Menschheit in Knechtschaft zu halten und sich die Besitzrechte an jeglichem Privateigentum zu sichern, ohne dass sich die Menschen, die von den Machthabern als Vermögenswerte, ähnlich wie Vieh, betrachtet werden, darüber bewusst wären.

Hier wird nun der Versuch unternommen, den Lesern begreiflich zu machen, wie der auf internationalem Vertrags- oder Handelsrecht basierende Betrug funktioniert, mit dem wir alle nach unserer Geburt und ohne unser Wissen oder Zutun zu Treuhändern von auf unsere Namen ausgestellte Investmentzertifikaten gemacht werden. Als Treuhänder dieser als Geburtsurkunden bekannten Zertifikate werden wir als Menschen all unserer von Gott gegebenen Rechte beraubt.

Laut der in diesen Zusammenhängen wichtigen juristischen Definitionen ist der Mensch „das mit Verstand und Sprachvermögen begabte Lebewesen von seiner Geburt bis zum Tod und steht im Mittelpunkt des von ihm gestalteten Rechts. Er hat bestimmte grundlegende Rechte gegenüber dem Staat". Dieser grundlegenden Rechte, der Grund- und Menschenrechte, werden wir ab diesem Zeitpunkt beraubt und als reine juristische Personen betrachtet und behandelt, wobei der Mensch selbst hierbei als Organträger fungiert, ähnlich dem Vorstand oder Geschäftsführer eines Unternehmens oder Subunternehmens.

Betrachten wir nun, wie dieses System strukturiert ist, und wir in seine Fänge geraten:

Die folgenden Ausführungen sind dem Anfang des Vortrags eines ehemaligen Mitglieds und Spezialisten für psychologische Operationen der Sondereinsatzkräfte der Vereinigten Staaten[138] entnommen, in dem er über die Gründung eines auf realen Werten basierten, zinsfreien, sogenannten *Quantum-Finanzsystems* referiert, das nicht ohne das Verständnis der Grundlagen des auf unserem Planeten seit Jahrtausenden angewandten Herrschaftssystems begriffen werden kann:

> *"...Dieses Herrschaftssystem funktioniert nach einem uralten freimaurerischen System, das auf Schifffahrtskriegen und Postkriegen basiert, welche mit Finanzkriegen sehr eng verbunden sind. Diese drei arbeiten tatsächlich Hand in Hand, wobei die Finanzkriege hier jedoch mittlerweile eine herausragende Stellung einnehmen.*
>
> *Wenn wir auf diesem Planeten geboren werden, werden wir aus dem Wasser geboren, weil es sich hier um einen Schifffahrtskrieg handelt, in dem wir gefangen sind, und dessen Existenz uns nicht im Mindesten bewusst ist.*
>
> *Wenn wir also geboren werden, kommen wir aus dem (Frucht)Wasser unserer Mutter und landen als Wasserfahrzeug bei einem Do(c)ktor, der uns in Empfang nimmt und der als Hafenmeister bei den Hafenbehörden registriert und von der Transportbehörde autorisiert worden ist. Dieser Hafenmeister beherbergt uns, nachdem wir bei ihm gelandet sind, auf einem Trockendock, in einem Hospital, das als ein aufs Trockene gelegtes Wasserfahrzeug betrachtet wird. Und nachdem wir von dem Hafenmeister auf dieses Trockendock gelegt worden sind, werden wir als Schutzbefohlener des Staates betrachtet und in einer Entbindungsstation aufbewahrt. Der Grund dafür, warum wir kurz nach unserer Geburt als Schutzbefohlene der Staates gelten, ist, dass wir noch nicht unter die Jurisdiktion des uralten freimaurerischen Systems gestellt worden sind.*
>
> *Um uns in dieses uralte freimaurerische System zu integrieren, bedarf es der Geburtsurkunde. Wir werden als Neugeborene also deshalb als 'Schutzbefohlene' oder als 'rechtlos' betrachtet, weil wir noch nicht der*

Jurisdiktion des freimaurerischen Systems unterstehen. Unseren Müttern wird dann aufgetragen, die Geburtsanzeige zu unterzeichnen, wobei es sich hierbei um ein Handelsdokument handelt, aus dem hervorgeht, dass wir uns ab diesem Zeitpunkt im Besitz und unter der Jurisdiktion dieses freimaurerischen Systems befinden. Wir befinden uns dann tatsächlich in dessen Besitz. Wir sind für die Akteure nichts weiter als ein Stück Frachtgut oder ein Wasserfahrzeug oder ein Toter, der als ein auf See Verschollener betrachtet wird.

Ab diesem Zeitpunkt sind wir der Jurisdiktion des Staates unterworfen, und das bedeutet nicht etwa, Angehöriger eines Staates oder eines Bundesstaates zu sein, sondern Bestandteil der Weltwirtschaft." [138]

[An dieser Stelle blendet der Redner einen Ausschnitt aus dem im Folgenden vollständig übersetzten und äußerst aufschlussreichen, im Jahr 2013 von *Net News Network* geführten Interviews mit der Whistleblowerin und ehemaligen Anwältin der Weltbank, Karen Hudes, über die im Jahr 1871 entworfene geheime Verfassung der Vereinigten Staaten, ein, in dem diese ab Min: 03:20 sagt:

„...*Sie begünstigt die Banken und bestimmt nicht die Menschen. Nachdem Ihr Kind zur Welt gekommen ist, erhält es eine Sozialversicherungsnummer, woraufhin die Summe der Steuern geschätzt wird, die Ihr Sohn oder Ihre Tochter in deren Lebenszeit voraussichtlich entrichten werden. Und dann wird deren Geburtsurkunde am Kapitalmarkt gebucht, um damit Geld zu verdienen."*

„Ab diesem Zeitpunkt unterstehen wir ausschließlich der Jurisdiktion dieses weltweiten juristischen Konstrukts, dessen Bestandteil wir von da an sind ..."

Es folgt nun die komplette Übersetzung des oben erwähnten Interviews[139]: **„*Karen Hudes*[140] *von der Weltbank enthüllt die im Jahr 1871 verabschiedete Geheimverfassung der Vereinigten Staaten*"**

Gary Franchi: Willkommen bei *WHDT World News*. Ich bin Gary Franchi und bei uns ist die Whistleblowerin der Weltbank zu Gast, Karen Hudes. Sie hören nun das Fazit aus unserem gestrigen Interview. Willkommen im Studio, Karen.

Karen Hudes: Ich freue mich hier zu sein, Gary.

Wir beendeten unser gestriges Interview mit Ihrem Hinweis auf die neue Verfassung, die in den Vereinigten Staaten eingeführt worden sein soll. Handelt es sich hierbei um die uns bekannte oder um eine andere Verfassung?

Unglücklicherweise sind wir vom Kongress übers Ohr gehauen worden, weil alle zwei Jahre der Ausnahmezustand ausgerufen wird, und wir uns nicht unter unserer ursprünglichen Verfassung befinden, sondern unter der zweiten, geheimen Verfassung leben.
Was diese Verfassung mit sich bringt ist, dass mit unseren Steuergeldern Zinsforderungen der Federal Reserve beglichen werden. Von ihnen wird keine der staatlichen Dienstleistungen finanziert, derer wir in unserem Land bedürfen. Stattdessen erhalten wir dieses Geld von den Mohnfeldern in Afghanistan und aus dem Drogenhandel. Hiermit wird unser Land finanziert. Es ist ein Hohn!

Nun haben Sie erwähnt, dass es die geheime Verfassung ermöglicht, die Zinsforderungen der FED zu begleichen, aber ist nicht der *Federal Reserve Act*, der bekanntermaßen an Heiligabend des Jahres 1913 verabschiedet worden ist, der Grund hierfür? Wo nimmt dieses Gesetz also Gestalt an?

Sie erinnern sich bestimmt daran, dass Präsident Lincoln von einem Jesuiten ermordet worden ist. Er wurde in der Absicht ermordet, um den Greenback-Dollar zu verhindern, den Lincoln direkt vom Finanzministerium herausgeben ließ. Ab diesem Tag war die Bank in der Lage, weiterhin selbst von der Öffentlichkeit Zinsen auf die Währung der Vereinigten Staaten zu fordern. Aus diesem Grund ist er ermordet worden.

Und der Grund, aus dem die zweite Verfassung im Jahr 1871 in Kraft getreten ist, war die Fälligkeit der Rückzahlung der Kriegsschulden aus dem Sezessionskrieg.
Eines Tages habe ich tatsächlich einen Brief erhalten, in dem mir jemand den Finanzbericht über diese Schulden geschickt hat, die sich gemeinsam mit deren Zinsen auf mehrere Billionen Dollar beliefen.

Nun mögen einige Menschen Sie, hinsichtlich dieses Konzepts einer geheimen Verfassung, eine Lügnerin nennen und sagen: „Ich glaube Ihnen kein Wort, weil ich noch nie hiervon gehört habe." Wie lassen sich solche Behauptungen beweisen?

Hier gibt es zwei Möglichkeiten. Die erste besteht darin, dass ich Ihnen den genauen Zeitpunkt nenne, an dem sich diese Patrioten getroffen haben, um sich die Aufzeichnungen über das Inkrafttreten dieser geheimen Verfassung im Parlamentsgebäude von Carolina anzusehen, und ich kann ihnen den Finanzbericht über die Kriegsschulden des Sezessionskriegs zeigen, die der Grund für deren Inkrafttreten gewesen sind.

Nun, wer profitiert denn nun von dieser zweiten Verfassung? Sind es die Menschen oder das Gebilde namens „Vereinigte Staaten"?

Sie begünstigt die Banken und bestimmt nicht die Menschen. Nachdem Ihr Kind zur Welt gekommen ist, erhält es eine Sozialversicherungsnummer, woraufhin sie die Summe der Steuern schätzen, die Ihr Sohn oder Ihre Tochter zu deren Lebenszeiten voraussichtlich entrichten werden. Und dann wird die Geburtsurkunde am Kapitalmarkt gebucht, um damit Geld zu verdienen.

Nun gut, was Sie also sagen ist, dass die Geburtsurkunde an sich einen finanziellen Wert in den Büchern der Federal Reserve generiert?

Ich sage tatsächlich etwas viel Schlimmeres. Ich sage, dass alle Staatsbürger, die das Gerichtssystem betreten, dort nicht als Staatsbürger der Vereinigten Staaten betrachtet werden, sondern als Personen, die ihre Geburtsurkunden verpfändet haben. Sie stehen dort als Schuldner, jedoch nicht als Staatsbürger.

Sie sagen also, dass Amerikaner wegen der Staatsverschuldung in die Verschuldung hineingeboren werden und es kein Mittel gibt, um effektiv etwas dagegen zu unternehmen. Sie sind systemimmanente Schuldner...

> *Wir sind von Menschen, von Staatsbürgern der Republik der Vereinigten Staaten, zu beweglichen Sachen gemacht worden. „Bewegliche Sache"* [141] *ist der juristische Begriff für eine bestimmte Art von Eigentum. Wir werden nun als Eigentum der Federal Reserve betrachtet. Wir werden nicht als menschliche Wesen und Staatsbürger der Vereinigten Staaten betrachtet.*

Das ist eine krasse Feststellung. Wie kehren wir das um? Wenn das tatsächlich der Wahrheit entspricht, wie machen wir das rückgängig?

> *Zunächst müssen wir den Umstand als solchen anerkennen und begreifen. Und dann müssen wir die verfassungsgebende Versammlung einberufen, zu der uns unsere erste Verfassung berechtigt, und dann widerrufen wir diese Verfassung der Banker. Wir widerrufen sie, wir beseitigen sie, wir wollen sie nicht, wir brauchen sie nicht, und dann geben wir die Dollars, die durch das Gold des uns zur Verfügung gestellten Kollateralkontos wertgedeckt sind, über unser Finanzministerium heraus.*

Einige Menschen sind besorgt darüber, dass sich wegen Artikel 5 der Verfassung über die Durchführung eines Verfassungskonvents finanzstarke Kräfte in den Prozess der Neufassung einschleusen könnten, und viele Menschen sind sehr besorgt darüber, dass dann einige der grundlegenden Rechte, die in die *Bill of Rights* eingeflossen und dort verankert worden sind, zerschlagen werden könnten. Beispielsweise könnte die Pressefreiheit so verändert werden, dass er nur noch für zugelassene Kanäle gelten würde, oder dass selbst der zweite Verfassungszusatz dahingehend umgestaltet werden könnte, dass das Recht zum Führen von Waffen nur noch einem bestimmten Personenkreis, nur zum Schutz anderer zustehen könnte. Es gibt also eine Menge Menschen, die ernsthafte Bedenken bezüglich einer Verfassungsänderung gemäß Artikels 5 haben. Teilen Sie deren Besorgnis?

Für mich ist das ein ausgesprochen guter Hinweis auf das Ausmaß der Korruption in unseren Medien. Wenn wir nämlich Medien hätten, die tatsächlich die Interessen der Bürger verträten, wäre diesen klar, dass es für eine solche Besorgnis keinerlei Gründe gibt, denn das Ergebnis eines solchen Konvents besteht aus Vorschlägen, die von Dreiviertel der Gesetzgeber der Bundesstaaten angenommen oder abgelehnt werden müssen.

Aber meinen Sie nicht, dass die finanzstarken Kräfte über genügend Lobby-Kapazitäten verfügen, um ihre Interessen in Dreiviertel der Staaten durchzusetzen? Wenn sie sich an das Inkrafttreten des 16. Verfassungszusatzes (über die Einführung der Einkommensteuer) erinnern, der, obwohl er gesetzwidrig verabschiedet und nicht ordnungsgemäß von Dreiviertel der Staaten ratifiziert worden ist, dennoch zum Verfassungszusatz wurde, weswegen wir nun der Einkommensteuerpflicht unterliegen. Sind sie nicht der Meinung, dass bei einer Verfassungsänderung gemäß Artikel 5 die Finanzmächte diesen Prozess beeinflussen könnten?

Ich würde Ihre Zuschauer schlicht dazu auffordern, genau zu untersuchen, ob wir eine zweite Verfassung haben, wie wir dazu gekommen sind, und ob wir die erforderlichen Mittel besitzen, um diese Fesseln abzustreifen. Und wenn wir das nicht tun, verdienen wir nichts anderes.

Wo also befindet sich die zweite Verfassung, wo wird sie aufbewahrt und was sagt sie aus?

Die zweite Verfassung ergibt sich einfach aus der Tatsache, dass wir Zinsen auf unsere Schulden bezahlen, wobei wir staatseigene Dollars haben könnten, deren Wert durch Gold gedeckt wäre.

Handelt es sich um dieselbe Art von Verfassung, wie wir sie von unserer heutigen Verfassung kennen? Wenn ich an die Verfassung denke, stelle ich mir altes Pergament mit handschriftlich verfasstem Text und die Gründerväter beim Unterzeichnen dieses Dokumentes vor. Kann man bei dem Gedanken an eine zweite Verfassung sagen, dass diese aus einem weiteren und in derselben Art und Weise verfassten Dokument besteht? Helfen Sie mir, eine Vorstellung von Aussehen und Inhalt dieses Dokuments zu gewinnen.

Es handelt sich um die Verordnung von 1871, mit der Maryland und Virginia diesen eine Quadratmeile großen ‚District of Columbia' erschufen und daraufhin die Vereinigten Staaten dort als ‚Unternehmen', integriert, den Präsidenten der Vereinigten Staaten zu dessen Geschäftsführer ernannt und die Vertreter des Kongresses zu Managern gemacht haben. Wenn Menschen also den Kongress aufsuchen, wird ihnen sehr bald klargemacht, dass deren Wähler nicht das sind, worum sich alles dreht. Worum sich alles dreht, ist ihre Untätigkeit unter der Bundesregierung, welche die Aufgabe hat, die amerikanische Bevölkerung zu versklaven. Darum dreht es sich.

Trifft die Bezeichnung „Verfassung" überhaupt zu, oder geht es mehr oder weniger um die Gründung von „Washington DC" durch Maryland und Virginia als unabhängigen „District of Columbia", wie wir ihn heute kennen?

Es ist mehr als das, weil die Richter in den Bundesgerichten nicht unabhängig sind. Sie behandeln uns insgeheim wie Eigentum der Vereinigten Staaten. Bei dortigen Verhandlungen erwartet uns kein faires Verfahren. Es gelten andersartige Vereinbarungen mit unserer Regierung.

Ähnelt die geheime Verfassung tatsächlich mehr der Gründungsurkunde eines Unternehmens?

Was es bedeutet ist, dass Sie, wenn Sie zur Wahrung Ihrer Rechte vor Gericht ziehen, nicht ansatzweise dazu in der Lage sind, weil der Richter keinem unabhängigen Gericht angehört. Sie werden dort nicht als Bürger der Vereinigten Staaten betrachtet, sondern ausschließlich wie ein Schuldner der Vereinigten Staaten behandelt. Sie sind nichts weiter als eine Sache.

Also, was wird aus all den amerikanischen Staatsbürgern, wenn sie in Gerichten nur als kreditbelastete Gegenstände betrachtet werden?

Wir werden all unserer Rechte beraubt.

Demnach sind alle Amerikaner rechtlos.

Die Amerikaner müssen ihre Rechte zurückerobern. Unsere Gründerväter waren sich hierüber völlig im Klaren. Wir lebten in einem Land, in dem Einverständnis unter den Regierten herrschte. Wir lebten in einem Land, in dem sich jedermann bewaffnen durfte. Sie haben gewusst, dass wir ein freiheitsliebendes Volk waren. Und tatsächlich hängt das Schicksal der Welt derzeit davon ab, ob wir das geblieben sind. Und ich denke, dass wir es sind.

Nun, was denken Sie über die Zukunft dieser Nation? In unserem gestrigen Gespräch gaben Sie sich diesbezüglich und hinsichtlich der globalen Perspektive sehr optimistisch. Es gibt jedoch andere, die glauben, dass wir am Rande eines weltweiten Wirtschaftskollaps' stehen. Wohin führt uns, bei der von Ihnen unter dieser Verfassung angenommenen Rechtsstellung der Amerikaner, der weitere Weg?

Unser weiterer Weg beginnt mit einem tiefen Atemzug und mit der Dankbarkeit uns selbst, unseren Freunden, unseren Nachbarn, unserem Land und unseren Gründervätern gegenüber, die uns die erste Verfassung gegeben haben, welche nicht nur unsere Rechte schützt, sondern die eines jeden Menschen auf dieser Erde. Und alles, was wir tun müssen, ist, dem von John F. Kennedy für uns gedruckten Dollar zuzustimmen und den Bankern zu erklären, dass sie nicht berechtigt sind, ihn uns vorzuenthalten. Es ist unser Geburtsrecht, und das Gold gehört uns, weil Wolfgang Struck es uns zugeteilt hat. Und es ist, wie mir scheint, wirklich nicht schwer, dem zuzustimmen.
Was wir tun, ist, dieses Gold auch für die übrige Menschheit freizugeben, weshalb auch alle anderen Länder des Planeten ihren Anteil an dem Vermögen erhalten. Wir bauen einfach wieder auf. Es liegt an uns, wie unsere Welt aussehen wird, wenn wir sie uns zurückholen und füreinander Sorge tragen.

Einige Menschen werden Ihnen widersprechen und sagen, dass die Verfassung versagt hat, dass die Verfassung der Gründungsväter gescheitert ist, weil wir einen Kongress erleben, der widerstandslos verfassungswidrige Gesetze verabschiedet und einen Oberbefehlshaber, der Gesetze in Kraft setzt, die derselben Verfassung, auf die sie alle einen Eid geschworen haben, ebenso widersprechen.

Hat also die von den Gründervätern geschaffene ursprüngliche Verfassung in dieser Hinsicht für das amerikanische Volk versagt oder ist es schlicht ein Fehler der Menschheit oder ihrer Führung?

Lassen Sie mich erklären, an welchem Punkt des Weges wir uns derzeit befinden. Ich glaube, wenn die Menschen das begreifen, werden sie einsehen, dass wir dessen weiteren Verlauf, unabhängig von den Konsequenzen, ausschließlich uns selbst zu verdanken haben werden, weil wir uns tatsächlich an einem Scheideweg befinden. Ich arbeite in erster Linie mit Whistleblowern der Weltbank zusammen, mit denen ich diese Arbeit begonnen habe, und dann habe ich damit begonnen, mit jedermann zusammenzuarbeiten, nachdem meine eigene und die Geschichte der anderen Whistleblower bekannt geworden ist, und eine dieser Whistleblower der Weltbank ist Elaine Colville aus Schottland. Wir beide haben eine gemeinsame Erklärung abgegeben, die auf der Website des britischen Parlaments veröffentlicht worden [aber dort leider nicht mehr verfügbar] ist.

Wie unsere Erklärung lautete? Sie sagte aus, dass die Kapitalmärkte unter der absoluten Kontrolle dieses Konglomerates stehen, welches 40% der Vermögen und 60% der Gewinne aller an den Börsen gehandelten Unternehmen hält. Und die Securities and Exchange Commission (SEC), die Börsenaufsichtsbehörde der Vereinigten Staaten, wendet weder Gesetze gegen den Insiderhandel an, noch verlangt sie eine ehrliche Überprüfung der Geschäftsberichte der Weltbank. Ich habe Anleihen der Weltbank gekauft und bin somit Inhaber dieser Anleihen, und die Weltbank genießt keine strafrechtliche Immunität. Daher habe ich mich an das Serious Fraud Office, die Betrugsbekämpfungsbehörde im Vereinigten Königreich, gewandt und habe der Behörde erklärt, dass sie hierfür verantwortlich ist, da das Vereinigte Königreich die Weltbank ebenfalls mitfinanziert, weshalb auch dessen Staatsbürger im Besitz von Weltbank-Anleihen sind, und es deswegen in ihrer Verantwortung liegt, diese von mir festgestellte Korruption zu beenden.

Daraufhin hat das britische Serious Fraud Office bei der Börsenaufsicht der Vereinigten Staaten (SEC) angerufen. Das war im Jahr 2010. Doch die SEC hat nicht reagiert. Dieselben Leute, denen wir Bernie Madoff zu verdanken haben, haben sich geweigert, der Betrugsbehörde zu antworten.

Als dann das britische Parlament die Frage nach der Kontrolle der Weltbank gestellt hat, habe ich diese Frage beantwortet und gesagt, dass diese Bank nicht kontrolliert wird, und das Geld der britischen Steuerzahler bei der Weltbank schlicht unter die Räder gerät.

Und dann gab es eine zweite Frage zur Privatisierung. Das britische Parlament wollte wissen, ob die öffentlichen Dienste des Vereinigten Königreichs privatisiert werden sollten. Und ich sagte: „Auf gar keinen Fall, da die Behörde, welche die Aufgabe hat, die Weltbank im Namen des Vereinigten Königreichs zu beaufsichtigen, bereits privatisiert worden ist und dieser Aufgabe nicht nachkommt."

Die dritte Frage des Parlaments war, wie die britische Regierung Beschwerden zur Aufarbeitung der Missstände behandle, und ich antwortet: „Ihr macht einen lausigen Job. Ich beanstande das seit Jahren, und Sie legen die Hände in den Schoß."

Und Elaine Colvilles Kritik war wesentlich schonungsloser, denn sie hatte sich an den Premierminister und an den Ombudsmann gewandt und hat sie wirklich scharf kritisiert. Sie können unsere Erklärungen auf der Website des Parlaments einsehen.

Zurück zu der Frage, ob Sie der US-Regierung Verfassungsbruch vorwerfen? Meinen Sie, dass die amerikanische Führung es unterlassen hat, die Werte der Verfassung zu schützen? Denn da draußen gibt es Menschen, die sagen: *„Wir haben dieses großartige Dokument,* das so viel bedeutet und uns so weit gebracht hat, jedoch haben wir Leute an der Macht, die es missachten und reine Lippenbekenntnisse von sich geben." Wie also ist Ihre diesbezügliche Meinung?

Nun, ich wende mich an den US-Kongress und habe die Abgeordneten angeschrieben und mit ihnen gesprochen. Beispielsweise habe ich am 2. Dezember auf einer Gemeindeversammlung mit General Martin Dumpsey über das Problem gesprochen. Ich habe in einem Gespräch mit Verteidigungsminister Chuck Hagel, als dieser noch Senator war, über das äußerst präzise Modell der Machtübergabe gesprochen, und er sagte, dass wir uns an einem Scheideweg befinden. Wenn wir jedoch unsere Verbündeten verlieren, würde das einen Währungskrieg auslösen. Und sie wissen sehr genau, wie dieses Modell funktioniert, da sie sie sich im Verteidigungsministerium damit beschäftigt haben, und sie wissen, wie detailliert es ausgearbeitet ist.

Also, was soll ich sagen? Sie sind sich völlig darüber im Klaren, dass wir an einem Scheideweg stehen, und der Grund dafür, warum wir den sicheren Weg wählen, ist, weil viele Bürger sich dieses Modells ebenso bewusst sind, und sie ihre Regierung auffordern, diesen sicheren Weg zu gehen. Und sie lassen sie nicht in Ruhe. Sie schreiben ihre Kongressabgeordneten an.
Es gab da beispielsweise eine Konferenz, und Sie wissen, dass ich Whistleblowerin bin und mittlerweile bereits seit geraumer Zeit den Schutz der Öffentlichkeit genieße, wenn auch nicht den von den Mainstream-Medien. Sie werden unser erstes Interview nirgends in den Mainstream-Medien finden.

Hier kommen wir zu einer Ihrer Fragen zurück, nämlich zu meinem Interview bei Russia Today (RT). Wo finden Sie dieses Interview bei RT, das sicherlich kein Kaffeekränzchen war, in den Mainstream-Medien? Also, ich glaube, dass alle die Regierung bekommen, die sie verdienen. Es gibt so etwas wie den Bund der Steuerzahler. Die haben mich ausgeschlossen, und ich kenne eine Menge Menschen, die sich deswegen an ihre Abgeordneten gewandt haben.

Ich hatte begonnen, von der Konferenz der Vorsitzenden der Bezirksregierungen zu erzählen, die im vergangenen Juli stattgefunden hat. Was passiert ist, war, dass mich jemand kontaktiert hat, der mich aus Sendungen von HGTV und aus der Berichterstattung alternativer Medien kannte und sagte: „Karen, Sie können nicht nur zu den Kongressabgeordneten gehen, Sie müssen sich an jemand anderen wenden, da die Kongressabgeordneten schlicht nicht antworten." Das war der Anlass, mich an eine Organisation für Bezirksgouverneure zu wenden und die haben Ike Legget zum Chef der Bezirksregierung von Montgomery County in Maryland gewählt, wo ich lebe. Und so habe ich Ike Legget informiert, und ich habe allen Menschen, die sich an mich gewandt haben, geraten, sich ebenfalls an den Vorsitzenden ihres Countys zu wenden.

Was ich damit sagen will, ist, dass wir ein zwar sehr verschachteltes, aber machtvolles System in unserer Republik besitzen, das über alle notwendigen Alarmglocken und Signalpfeifen verfügt, und wir werden uns unsere Republik zurückholen. Ich bin diesbezüglich sehr optimistisch, dass diese Mechanismen funktionieren werden, jedoch unterschätze ich auch nicht das Ausmaß der Aufräumarbeiten, weil ich als Rechtsanwältin auch zur „American Bar Association" gegangen bin und sagen muss, dass der Berufsstand der Juristen ernsthaft beschädigt ist und dass die Bar Association nicht für die Zulassung von Anwälten zuständig sein sollte, weil sie in keiner Weise reagiert hat. Ich behaupte, dass dieses System komplett ruiniert ist.

Vor dem nahenden Ende der Sendung möchte ich Ihnen noch die Gelegenheit geben, dem amerikanischen Volk abschließend Ihre Gedanken zum derzeitigen Zustand unseres Landes und der Welt mitzuteilen und ihnen ein paar praktische Hinweise zur Herbeiführung des Wandels der Menschheit zu geben.

Nun, zunächst würde ich Ihnen dazu raten, sich Silber- und Goldmünzen zu kaufen, da wir nach wie vor Banknoten der Federal Reserve verwenden, deren Papier den Wert von Klopapier hat. Das ist das Er-

ste, was Sie tun sollten, denn Sie wollen doch, dass Ihre Familie im Besitz einer Währung ist – und was Sie derzeit besitzen, ist völlig wertlos. Aus diesem Grund haben die BRICS-Staaten, Brasilien, Russland, Indien, China und Südafrika bereits aufgehört, ihren internationalen Handel in Dollar abzuwickeln und halten auch keine Banknoten der Federal Reserve mehr bereit. Sie müssen einfach Ihre Hausaufgaben machen und herausfinden, was der Besitz dieser Banknoten bedeutet. Sie sind wertlos, sie sind verfassungswidrig und es muss uns gelingen, diese Einrichtung loszuwerden. Das ist das Erste.*

Und das Zweite ist, dass wir uns alle gemeinsam an den Aufräumarbeiten beteiligen müssen, und ich bin der Meinung, dass es tatsächlich nicht so schwer sein wird, unsere Republik zurückzugewinnen.[142]

Abb. 16: Whistleblowerin Karen Hudes im Interview mit Gary Franchi von NNN

Anhang 4 – Jan van Helsing im Interview mit Hannes Berger und Andreas Ungerer

Liebe Leserinnen und Leser, in meinem Buch „Whistleblower" hatte ich 2016 mit zwei Insidern ein langes Interview geführt zum Thema Souveränität Deutschlands, Staatsangehörigkeitsausweis, UCC und Vatikan, und einer der davon war Hannes Berger. Mit Hannes hatte ich 2019 zudem zwei Audio-Interviews geführt, welche die Themen Trump, Deep State und QAnon betraffen, die Sie hier kostenlos anhören können:

https://dieunbestechlichen.com/mediathek/

Oder bei Youtube:
(Teil 1) *www.youtube.com/watch?v=mt0U11XBdWY*
(Teil 2) *www.youtube.com/watch?v=i4E3xU6xwfw*

Hannes hat gute Kontakte in Geheimdienstkreise sowie zu Insidern in den USA und hat deshalb immer Informationen, die man eigentlich kaum im Internet oder sonst wo findet. Mit ihm spreche ich – zusammen mit Andreas Ungerer – heute zu den Themen dieses Buches.

Wir haben im Buch ein Interview mit der ehemaligen Weltbank-Mitarbeiterin Karen Hudes abgedruckt. Sie beschreibt, dass die Geburtsurkunde eines jeden Menschen diese zur „juristischen Person" erklärt und diese Geburtsurkunde an der Börse gehandelt wird. Ist Dir das bekannt, Hannes?

> Hannes: Ja, selbstverständlich. Die Neugeborenen werden für tot erklärt und nach 7 Jahren wird das „Gut" geborgen. Darauf geht Karen Hudes gar nicht ein.

> Andreas: Ja, das fehlt komplett. Vielleicht wollte sie es aber nicht zu kompliziert erscheinen lassen.

Ich war gestern bei dem Banken-Whistleblower, der auch im Whistleblower-Buch mit seiner Trading-Geschichte (Wertpapierhandel) drin ist. Er wusste das auf Anhieb mit der Geburtsurkunde.

Sei so gut Hannes, erkläre es zumindest in Kurzform. Wer es dann genau wissen will, kann ja im Whistleblower-Buch nachlesen. Ich kann ja ein paar Abschnitte aus dem Whistleblower Buch auch hier verwenden...

Hannes: Ja, das ist eine gute Idee. Nun, es ist ein sehr ausführliches und ziemlich kompliziertes Konstrukt. Ich kann es hier kurz in ein paar Sätzen schildern: Es gibt eine Schattenwelt um diesen Planeten, eine Finanzschattenwelt, die bereits seit sehr langer Zeit besteht – vermutlich mehrere tausend Jahre –, aber in den letzten 350-400 Jahren perfektioniert wurde. Es ist eine Schattenwelt, die den Planeten wie ein Krake im Griff hat. Und das muss man im Grundsatz verstehen. Wenn man das nicht verstanden hat, braucht man sich nicht weiter damit zu beschäftigen, denn dann versteht man den Rest auch nicht. Das Wichtigste, was man kapieren muss, ist, dass ein Mensch keine *Person* ist, sondern ein Mensch eine Person *hat*, die er benutzt. Jeder Mensch hat drei Personen: eine *natürliche*, eine *juristische* und eine *kirchliche Person*. Grundsätzlich muss man das trennen, diesen Unterschied muss man kapieren. Das System kann den „Menschen" (*natürliche Person*) nicht erkennen, er muss erst eine *juristische Person* bekommen – durch die Geburtsurkunde – damit erkennt ihn das System. Sie ist sozusagen der Lieferschein ins System.
Gesetze zum Beispiel sind nur Regelwerk, wie „Personen" untereinander haften. Es geht nur um Geld. Fast alle Staaten dieser Welt, dieses Planeten, sind Firmen, und es gilt einfach das Handelsrecht. Und Firmen haben den wirtschaftlichen Zweck, den Betriebszweck: Umsatz und Gewinn. Es geht immer nur um Geld, Haftungsverschiebung, Versicherung und so weiter.
Generell geht es um Folgendes: Wenn Du auf die Welt kommst, bist Du nackt, hast nichts dabei, keinen Koffer mit Gold, gar nichts. Das Einzige, was Du mitbringst, ist Deine Lebenszeit und Deine Arbeitskraft. Das ist beleihfähig. Und dieses System wurde erschaffen, um diese Arbeitskraft abzusaugen, ohne dass derjenige merkt, dass er ausgesaugt wird. Nach seiner Geburt gehen die Eltern in Treu und Glauben zum Rathaus und melden das Kind an. Dann bekommen sie

eine Quittung, genannt Geburtsurkunde. Damit haben sie dieses Kind dem Treuhandsystem ausgehändigt – zunächst an die BRD-Verwaltung. Und mit dieser Geburtsurkunde wird ein Bond (verzinsliches Wertpapier) gegründet, entweder mit der *City of London* oder mit New York. Und dieser Bond wird wie Aktien gehandelt, wie ein Zertifikat. Das Kind wird, je nachdem, wo es geboren ist, bewertet, und zwar durch Ratingagenturen. Ratingagenturen wie *Moody's*, *Standard & Poor's*, *Fitch* bewerten nicht nur lokale Firmen in den Kartellgebieten, die bewerten auch Firmen, die sich „Staaten" nennen, siehe Griechenland – es wurde abgewertet. Und je nachdem, welches Kollateral dieses Land ausweist, ist es beleihfähig beziehungsweise kann sich an den sogenannten Märkten finanzieren.

Diese Idee klingt ja auf den ersten Blick gar nicht so schlecht...

Hannes: Ja, es wurde nur missbraucht.

Andreas: Sie machen doppelte Buchführung. Das Geld wird erschaffen in dem Moment, in dem die Geburtsurkunde auf den Markt kommt.

Hannes: Kommen wir zurück zum Neugeborenen: Wenn es in Nordeuropa geboren wird, dann hat es einen wesentlich höheren Wert, den es ins Kollateral einbringt, als ein Kind aus Südamerika oder Afrika. Das Kollateral ist alles das, was da ist. Jedes Gebäude, jede Straße, alles, was hier in diesem Land ist, das ist das Kollateral der Männer und Frauen. Es wurde ausgehändigt über das Grundbuch, was eigentlich nur die Inventarliste der BRD-Verwaltung ist, und wird dieser übereignet.

Wie kann man sich das Konto seiner Geburtsurkunde/Wertpapier vorstellen?

Hannes: Wir sprechen von einem sog. *Freistellungskonto*. Das ist ein Konto, auf dem die Anspruchsstellungen jedes Mannes und jeder Frau in Dollar abgebildet werden. Es ist kein Konto, auf dem Liquidität gelagert wird (Girokonto, Sparbuch etc.).

Wie alt ist dieses System?

Hannes: Meiner Meinung nach wurde das System schon vor sehr, sehr langer Zeit erdacht. Meinen derzeitigen Informationen nach gehen die Anfänge bis zum Römischen Reich zurück, aber wahrscheinlich noch bis davor. Der Vatikan spielt da eine ganz entscheidende Rolle, weil dieser UCC, dieser *Uniform Commercial Code*, vom Vatikan erschaffen wurde. Auf zwei Sätze komprimiert: Es gibt heute fast keine Staaten mehr, sondern Firmen, und die haben Regelwerke (Verträge) anstelle von Gesetzen. Diese gelten für die „Personen" – also das normale Volk. Darüber ist die Elite, das sind „Männer" und „Frauen" oder „Menschen". Für diese „Menschen" gilt ein anderes Gesetz. Das Ganze ist ein weltweites Treuhandsystem – alles. Und die Firmen, die sich Staaten nennen – wie die *Federal Republic of Germany* mit Sitz in Washington oder die *Federal Republic of Poland*, die in der Wall Street 14 in New York sitzt –, das sind nur die Verwaltungsfirmen von Trusts. Und die Trusts werden alle zentral verwaltet. Nach meinem Wissensstand in Alberta, Kanada – „Under the Crown".

1920 wurde beispielsweise die *Liga der Nationen* gegründet. Der Begriff „Nation" stammt aus dem Seerecht – „Nationen" brauchen kein Staatsgebiet! Also haben sie dort bereits das Seerecht als Ersatz für das Landrecht vorbereitet. Ab 1856 wurden die preußischen Staaten als „Kooperativen" bezeichnet. Das heißt, wir hatten damals bereits die Vorläufer der Genossenschaften – das sind Firmen. 1871 geschah das in den USA, als sie die Kongresssitzung abgebrochen hatten, da wurde aus *Klein-usa* dann *Groß-USA*, und es wurde das Firmenrecht eingeführt. Großbuchstaben weisen den Namen als juristische Person aus!

Das war der *District-of-Columbia-Act*. Der Hintergrund war meines Wissens, dass die Gründerstaaten Geld benötigten und private Geldgeber fanden – Privatbanken –, die ihnen das Geld gaben. Da die Geldgeber aber das Geld nicht an ein Land oder Staatengebilde verleihen wollten, sondern einen Geschäftspartner brauchten, wurden die USA in eine Firma umgewandelt. Es entstand Washington D.C.

Hannes: Ja, in etwa kann man das mal so stehen lassen, aber: Banken haben Lizenzen! Wer die Lizenzen herausgibt, kontrolliert die Banken und damit die Bildung von Liquidität. Die Sicherheit von Liquidität wird von uns Männern und Frauen gewährt – durch Unterschriften, mit denen wir unseren Besitz sicherungsübereignen. Dieser Schritt war meiner Meinung nach nötig, um von Gold- und Silbermünzen auf letztendlich ungesicherte Papierzettelchen – die man „Geld" nennt – zu wechseln. Aber die Zusammenhänge zwischen *Währung* und *Liquidität* sind Themen für ein eigenes Buch.

Und bis dahin gab es in den USA keine Einkommensteuer. Die wurde dann eingeführt, damit die Zinsen auf die Kredite zurückgezahlt werden konnten... Da stelle ich mir die Frage, ob alle Präsidenten darüber Bescheid wussten.

Hannes: Davon gehe ich aus. Definitiv war das bei John F. Kennedy der Fall, der ja einen eigenen Dollar einführen wollte. Und da kommen wir zu Donald Trump, der es definitiv weiß und hier auch etwas ändern will. Trump war mit John F. Kennedys Sohn gut befreundet.

Stimmt, das hat Dan Davis in seinem neuen Buch „Die Kennedy-Verschwörung" geschrieben. John F. Kennedy jr., der 1999 bei einem Flugzeugabsturz ums Leben kam – obwohl es hierzu auch kritische Stimmen gibt –, hatte über Trump gesagt: *„Wenn mein lieber Freund Donald Trump sich jemals dafür entscheiden sollte, Präsident zu werden ... wäre er eine nicht zu stoppende Kraft für die ultimative Gerechtigkeit, dem Demokraten und Republikaner beiderseits zujubeln würden..."* **(Zitat aus der im Jahr 1999 erschienenen Juni-Ausgabe des mit von John F. Kennedy jr. ins Leben gerufenen** *George Magazine*, **welches noch bis zum Jahr 2001, etwa zwei Jahre nach seinem Tod, weitergeführt wurde.)**

Hannes: Donald Trump weiß sehr genau, wer die FED gegründet hat, wer Kennedy auf dem Gewissen hat, und er weiß auch, dass die Twin Towers gesprengt wurden – dazu hat er sich in einem Interview einmal geäußert, das man auf Youtube sehen kann. Vor allem war der Onkel Donald Trumps, dem er angeblich näher stand als seinem Vater, der schon sehr früh, zum Beginn des letzten Jahrhunderts, in einer Gruppierung Mitglied war, in der auch Nikola Tesla dabei war. Trump weiß also auch genau über Freie Energie Bescheid.

Du bist also überzeugt, dass Trump anders ist als alle anderen.

Ja, mit Sicherheit. Es hat noch keinen Präsidenten gegeben, der von den Medien so gehasst und bekämpft worden ist. Und das heißt in unserer links-grünen Gutmenschenwelt nur Gutes! ☺

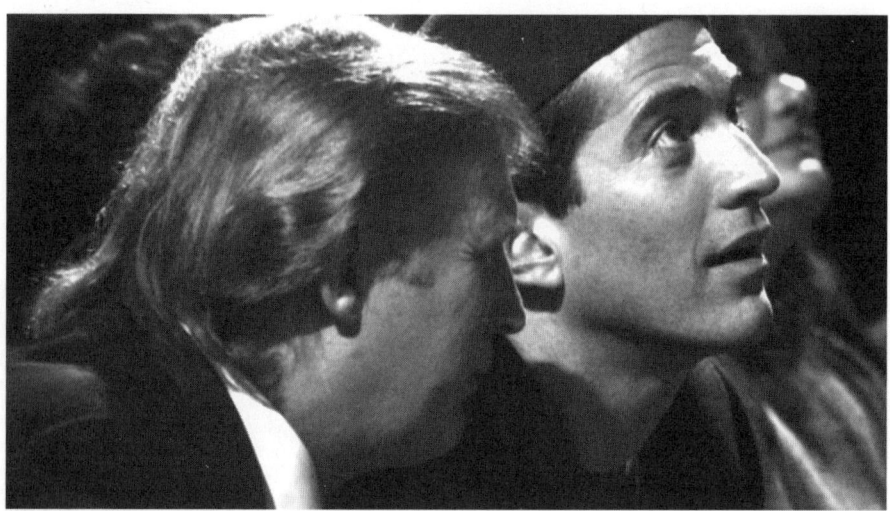

Abb. 17: Donald Trump und John F. Kennedy jr. waren befreundet. Der Sohn von Präsident John F. Kennedy wollte seinerzeit schon Donald Trump im Weißen Haus als Präsident sehen.

Das heißt, das Establishment hat Angst vor ihm, weil er diese Umstände ändern will?

Hannes: Ja. Und ich bin überzeugt, dass er die dahinterliegenden Kräfte hinter der FED entfernen wird. Es wird wieder einen staatlichen Dollar, und diesen gold-gedeckt geben. Und so wird es bei uns auch werden. Davor haben unsere „Freunde" Angst. Es ist der Garant ihrer Macht – sei es der Dollar oder der Euro oder das britische Pfund – es ist das Zinseszins-System, das sie erschaffen haben, um

die Völker der Welt auszuplündern. Es sind die Menschen in den Ländern, die die Zinsen erwirtschaften müssen, die dann abgeschöpft werden. Die Hintergrundmächte sind gar nicht daran interessiert, dass die Schulden beglichen werden. Sie sind an Verschuldung interessiert, und dass die Zinsen abgeschöpft werden. Und so müssen beispielsweise Länder in Afrika ihre Rohstoffe opfern, um diese Zinsen bedienen zu können.
Der Angriff auf die FED hat schon angefangen. Trump sagt fast jeden Tag etwas gegen die FED, was sie alles falsch macht... Und er bringt die Produktion wieder zurück in die USA. Er stellt sein Land wieder auf – leider nicht unseres... Und er bereitet alles für die Krise vor, die kommen wird. Und die Corona-Sache ist noch nicht die Krise. Das ist ein Vorspiel. Wenn dann wirklich die Währung zusammenbricht...
Er wird immer wieder kritisiert, dass Trump sein Land noch mehr verschuldet. Kann er doch, er spielt mit dem System, das er sowieso abschaffen will. Er baut mit deren Geld die Straßen neu, er schafft Werte. Und dann lässt er es hopps gehen. Er zahlt es einfach nicht zurück.

Außer man erschießt ihn vorher...

Hannes: Ja, aber ich glaube nicht, dass das passieren wird. Wenn die FED entmachtet ist, wird die gesamte Menschheit eine unglaubliche Erleichterung erfahren. Dann werden die Länder wieder richtige Nationalstaaten, die ihr eigenes Geld herausgeben. Staatliches Geld, nicht Zentralbankgeld von irgendwelchen Privatleuten.

Irgendwo hatte ich mal den Begriff *Baltic Dry Index* gelesen in Zusammenhang mit dem Seerecht. Kannst Du das kurz erklären?

Hannes: Der *Baltic Dry Index* ist ein Index. In diesem ist der weltweite Frachtschiffverkehr zusammengefasst und zeigt Belegung und Umfang der Frachtschiffe an. Mit anderen Worten: Man kann darin ablesen, ob und wieviele Güter und Produkte auf den Weltmeeren unterwegs sind, d.h. wenn der Index hoch ist, läuft die Wirtschaft, ist er niedrig, dann haben wir eine Wirtschaftsflaute. Das liegt daran, dass die meisten Waren auf der Welt über den Seeweg transportiert werden. Der Seeweg wird durch die *City of London* kontrolliert. Und der Hauptversicherer ist *Lloyds*. Wer den Seeweg umgeht, umgeht somit auch Lloyds. Und das ist eines der machtvollsten Unternehmen auf diesem Planeten. Und wem gehört Lloyds? Einigen wenigen Familien. Kaiser Wilhelm wollte eine Zugverbindung zwischen Bagdad und Berlin bauen. Dies hätte die Vormachtstellung des Seehandels ausgehebelt. Dann kam „völlig überraschend" der Erste Weltkrieg, und die Geschäftsführung des Deutschen Reiches wurde geputscht. Wer glaubt da noch an Zufälle?

Du hast vorhin den Begriff UCC erwähnt. Was ist das?

Hannes: Der UCC ist der *Uniform Commercial Code*. Alles ist verhandelbar, nur nicht der *freie Wille*. Es sind keine heiligen Gesetze, sondern irgendwann ist ein Papst drauf gekommen (Papst Innozenz der Dritte) und hat gesagt: *„Die Erde gehört Gott. Aber der liebe Gott ist ja jetzt gerade mal nicht da, und ich bin sein Stellvertreter. Also gehört die Erde mir, und ich muss eine Ordnung schaffen."* Und daraus sind viele Acts, zum Beispiel auch der *Cestui-Que-Vie-Act* entstanden. Zu beschreiben, wie das alles entstanden ist mit dieser perfiden Gesetzgebung, die immer enger geschnürt wurde bis heute, ist Stoff genug für ein eigenes Buch. Der UCC steht für das Handelsrecht, für das Handelsrecht dieser Firmen, die sich „Staaten" bzw. „Nationen" nennen, die übergeordnet sind. Natürlich gibt es diese Länder in ihren Grenzen noch, aber darüber sind diese Staaten alles Firmen – siehe deren Einträge bei *www.upik.de*. Dort sieht man, dass jede Institution in Deutschland eine Firma ist. So wurde über dieses Handelsrecht die Verfassung ausgehebelt, weil das Handelsrecht gilt, und das sind Firmen. Da gilt keine Verfassung mehr und auch kein sogenanntes „Grundgesetz".

Aber es geht noch viel, viel tiefer. Hinter dieser Flüchtlingssache gibt es ja noch einen ganz anderen Hintergrund, den der Normalbürger gar nicht versteht, gar nicht verstehen kann, weil er unwis-

send ist. Die Migration, die wir jetzt erleben, hat nicht nur ein Ziel. Die Illuminaten nutzen ein Ereignis immer für mehrere Zwecke. So ist es zum Beispiel ein Ziel: das Kollateral umzubuchen und so diese Länder ausbluten zu lassen. Ein Staat hat ja einen Wert – nehmen wir einmal Syrien. Dieser Staat wird von den großen Ratingagenturen bewertet, und hier sind selbstverständlich die Menschen mit einberechnet, nicht nur die Bodenschätze. Daraus wird der Ratingwert ermittelt, zum Beispiel A, AA oder AAA. Und wenn man dem Staat jetzt das Kollateral entzieht, die Menschen umgebucht werden, wo sie hingehen, dann blutet dieser Staat aus. Das heißt, wenn 100.000 Syrer nach Deutschland kommen, werden sie in Syrien abgezogen und bei uns kommen sie hinzu. Das heißt, Deutschland steigt im Wert und wird noch kreditwürdiger usw.
Syrien hingegen wird weniger kreditwürdig. Und das bedeutet wiederum, dass gewisse Kreise ganz billig an Rohstoffe kommen. Das hat doch der Ben Morgenstern Dir erklärt. Syrien muss dann Lizenzen fremd vergeben – an die Morgensterns –, die dann die Rohstoffe plündern, nur damit dieser Staat, der dann ausgeplündert wurde, über die Kollateral-Umbuchung wieder an Geld, an Kredit kommt. Genau so läuft es...

Und man versucht, die einzelnen Territorien in die *Neue Weltordnung* (NWO) zu führen, und zwar über das UCC. Das Ziel ist, dass es weltweit nur noch *ein* Gesetz gibt, es gibt keine Menschenrechte mehr, sondern Sachrechte, sprich Lebewesen werden zu „Sachen". Die Menschen werden gechippt und Bargeld wird es nicht mehr geben.

Hannes Berger: Exakt!

Länder- bzw. Staatsgrenzen gibt es dann nur noch fürs Volk, so nach außen hin?

Abb. 18: Andreas Ungerer, Jan van Helsing und Hannes Berger

Man kann Staaten nicht abschaffen, deswegen werden die Verfassungen unterwandert und umgewandelt in Firmen. Dann gilt Handelsrecht und nicht Staatsrecht. Zum Beispiel werden die europäischen Länder früher oder später gänzlich in der EU aufgehen, eine private Struktur. Und am Ende in der UNO als Weltregierung – ebenfalls eine private Organisation.

Und das größte Problem ist die amerikanische Verfassung, und die bekommt Rothschild nicht weg. Deswegen sollte China das neue Zentrum sein und die USA so ausgeblutet und die Produktion nach China verlagert werden. Dadurch sollte die USA zu Fall gebracht werden, und man wollte sagen: Hört zu, wir würden euch ja gerne helfen, aber eure Verfassung steht uns im Weg. Aber das habe ich ja lang und breit in unserem Audio-Interview erklärt.[143]

Themenwechsel: Hannes, was weißt Du über Corona?

Hannes: Es ist ein riesen Hype, aufgebauscht ohne Ende. Vorgestern kam schon die Meldung aus China, dass Starbucks schon 85% seiner Geschäfte wiedereröffnet hat und bei uns werden gerade die Grenzen zugemacht. Nun, ich weiß ja jetzt nicht, wann jemand diese Zeilen liest, das kann ja Jahre sein, nachdem all das geschehen ist, was sich gerade abspielt. Doch was man verstehen muss: Es gibt einen Plan bzw. Pläne. Zum Beispiel, dass man das Kriegsrecht ausrufen will oder noch mehr Kameras installieren, oder das Waffenrecht verschärfen. Dann ereignet sich etwas – sei es das Massaker in Hanau oder in Paris oder eben die Corona-Sache – und man nutzt das, um seine Ideen und Programme umzusetzen. Und hier kommen die Medien ins Spiel, sie sind das Transportmittel. Durch die Medien kann man die Menschen in Angst versetzen oder eben auch beruhigen.
Bei Corona – wir sprechen jetzt vom aktuellen Stand März 2020 – handelt es sich laut Aussage verschiedener Wissenschaftler weltweit um einen Virus, der weniger schlimm ist als eine Grippe oder Influenza. Es sind innerhalb von drei Wochen zwanzig Menschen daran gestorben. Die Grippetoten in derselben Zeit betragen ein Vielfaches. Und es ist nicht bekannt, wie krank oder wie alt die Opfer waren. Wie gut war ihr Immunsystem? 680.000 sterben jedes Jahr an der Grippe. Das ist kein Vergleich zu dem, was sich hier abspielt. Und bei den 680.000 Grippetoten wird keine Grenze abgeriegelt und die Leute kirre gemacht.

Andreas: Die erste Corona-Infizierte – das war in Bayern – hat sich übers Internet bitter beschwert, dass die Geschichte ihres Mannes, die sie dem Fernsehen geschildert hatte, komplett falsch wiedergegeben worden ist.

Hannes: Na, wenn man auch so dämlich ist, und denen ein Interview gibt. Also ich bitte Dich…

Andreas: Es ging ihm eigentlich gar nicht so schlecht, aber es war im Fernsehen total ausgeschlachtet und übertrieben dargestellt worden.

Nun, lasst mich hier auch noch was zum Besten geben. Es gibt definitiv wirtschaftliche Hintergründe. Man könnte es auch als einen Wirtschaftskrieg bezeichnen. Also, ich weiß seit 2019 im Frühjahr, dass man für 2020 etwas Heftiges geplant hatte. Unter anderem hatte ein deutscher Milliardär – dessen Namen ich nicht nennen möchte – Ende 2019 eine firmen-interne Besprechung, bei der er mitteilte, dass 2020 *„ein schlimmes Jahr"* werden würde, er alle geplanten Bauvorhaben gestoppt hat, und auch bereits aktive Bauvorhaben. Und ein weiterer Insider, der die höchste Beamtenposition in Bayern innehat und zuvor einen hohes politisches Amt besetzte, hatte sich Sommer 2019 auf die Frage, wieso er sich habe versetzen lassen, geäußert: *„Ich möchte nicht an dem beteiligt sein, was 2020 passieren wird."*
Inzwischen wissen wir, was er meinte, was beide meinten. Offenbar wusste man etwas, die Frage ist nur, was genau. Fakt ist, dass eine Rezession seit längerem im Gespräch ist, und vor allem, dass große Konzerne sowie Banken das Problem haben, im großen Maße Mitarbeiter kündigen zu müssen, weil kein Bedarf mehr besteht. Die neuen Technologien sowie die Roboterisierung machen viele Arbeitskräfte überflüssig. Auch in der Automobilindustrie. Die kann aber nicht einfach so die Mitarbeiter entlassen. Das wären gigantische Summen an Abfindungen, die die Unternehmen nicht stemmen könnten. Unter dem Vorwand einer Virus-Epidemie geht das aber schon. Man kann alles auf den Virus schieben.

Hannes: Interessant.

Ja, und es geht noch weiter! Stand heute (13.3.2020) ist der DAX um 30% in den Keller gegangen. Die einen sagen: *„Oh Gott, da wird Kapital vernichtet, die Aktien haben an Wert verloren."* Falsch! Es hat jemand gerade richtig Gewinn gemacht! Geld geht nicht verloren, es wechselt nur seinen Besitzer! Und weitergedacht: Wenn Unternehmen in Schieflage geraten, weil sie an der Börse gigantische Verluste verzeichnen mussten, dann können größere Konzerne kommen, und es für ein Butterbrot aufkaufen. Nichts anderes war ja die Lehmann-Pleite. Das war geplant – wie wir ja von dem britischen Freimaurer erfahren haben, und drei oder vier Großbanken haben über 100 kleinere Banken geschluckt. Marktbereinigung nennen das manche. Wie Du immer sagst, Hannes: *„Keine Krise ungenutzt verstreichen lassen."*

Mein Bestsellerautor Jason Mason hat noch ein paar weitere Aspekte des Corona-Virus gefunden – obwohl wir zu diesem Zeitpunkt nicht wissen, was daran dran ist und was nicht.

- Der Insider Cobra, den er in seinem ersten Buch „Mein Vater war ein MiB" zu Wort kommen lässt, hat auf seinem Blog Ende Februar 2020 erklärt, dass in diesem Jahr eine Form der biblischen Endzeit-Verrücktheit eintreten wird.[144]

- Außerdem behaupten ständig neue Insider, dass die Ausbreitung des Corona-Virus mit der Aktivierung von 5G-Funkstrahlung zu tun hat, und dass dies der Grund ist, warum im chinesischen Wuhan so viele Menschen sterben. Dort ist nämlich kurz zuvor 5G eingeführt worden.[145]

- Das Portal *Breitbart* hat berichtet, dass die Regierung des Iran behauptet, dass der Corona-Virus eine Kreation der Zionisten und des Staates Israel sei, um dem Iran und dem Rest der Welt zu schaden, während israelische Wissenschaftler erklärt haben, dass sie in wenigen Wochen einen Impfstoff gegen den Virus fertig entwickelt haben wollen.[146]

- Der amerikanische Journalist Dr. Kevin Barrett erklärt in einem Artikel auf *PressTV.com*, dass der Coronavirus als eine biologische Waffe gegen China und den Iran eingesetzt wird, denn eine neue Studie der Tongji-Universität in Shanghai enthüllt, dass das Virus dazu entworfen worden ist, hauptsächlich auf Ostasiaten zu wirken, eine andere modifizierte Version des Virus wurde im Iran freigesetzt. Auch Dr. Barrett vermutet, dass das Virus in Israel entwickelt worden ist und israelische Lobbys hinter diesen biologischen Angriffen stehen könnten, weil sie den Dritten Weltkrieg auslösen wollen. Der Iran versucht indessen vergeblich, Medizin und medizinische Ausrüstung aus dem Ausland zu beziehen und den Virus zu bekämpfen.[147]

- Laut den Informationen von Cobra soll das Gegenmittel (ein Impfstoff) sogenannte „Biochips" enthalten, mit deren Hilfe man die damit geimpften Menschen unter Kontrolle halten will, und das soll der Grund sein, warum der Coronavirus überhaupt freigesetzt worden ist, um der neuen 5G-Technologie den Weg zu ebnen. Das alles soll dann weiter mit dem neuen Sozial-Kredit-System und der Einführung einer digitalen Währung zusammenhängen, um die negative und dystopische Ära der Neuen Weltordnung einzuleiten. Außerdem will man mit der Einführung von 5G erreichen, dass große Teile der Weltbevölkerung sterilisiert werden können. Zusammen mit Smart-Metern und Zwangsimpfungen wirkt 5G sehr stark, denn es strahlt im gefährlichen und sehr gesundheitsschädlichen hohen Frequenzbereich zwischen 24-90 Gigahertz und ist somit äußerst schädlich für alle lebenden Organismen! Aus diesem Grund soll diese Technologie in Israel auch verboten sein und soll dort nicht eingesetzt werden, denn sie zerstört die menschliche Reproduktion und den ganzen menschlichen Körper.[148]

- Laut einem aktuellen Bericht im Millennium-Report wurde die Coronavirus-Pandemie ausgerufen, um die echte Gesundheitskrise zu verbergen, die tatsächlich durch die Aktivierung von 5G-Hotspots entstanden ist. Wuhan ist eine 5G-Testzone, in der tausende von 5G-Transmittern und Mikrowellentürmen aufgestellt worden sind, um das neue „Internet der Dinge" zu realisieren.

- Im Jahr 2019 hat die Stadt Wuhan mehrere Tausend 5G-Basisstationen errichten lassen! Kurz nach der Aktivierung kam es dann zur Entdeckung des Corona-Virus. Was hier wirklich geschehen sein soll, war, dass eine neue Variante des Virus freigesetzt worden ist, nachdem es bereits zu einer Epidemie gekommen war, nachdem das 5G-Syndrom um sich gegriffen hat.

Die 5G-Testsubjekte sind demnach wie die Fliegen umgefallen, sobald die tausenden 5G-Stationen eingeschaltet worden sind! Die 5G-Wissenschaftler reagierten sofort und beschlossen, diese Todesfälle dem neuen Virus zuzuschieben, der ähnliche Symptome erzeugt wie das 5G-Syndrom! Diese Informationen stammen von einem amerikanischen Analysten und ehemaligen US-Army-Offizier. Die Globalisten der Neuen Weltordnung werden alles in ihrer Macht stehende unternehmen, um die militärische Nutzung und flächendeckende Einführung von 5G weltweit umzusetzen. Überall in der Welt, in der die ersten großen 5G-Hotspots aktiviert worden sind, kam es zum Auftreten von Symptomen des Corona-Virus, und diejenigen Länder mit den meisten Corona-Fällen haben bereits 5G eingeführt. In Afrika, wo ein derartiges 5G-Netz nicht existiert, gibt es auf dem ganzen Kontinent nur einige wenige Fälle von Erkrankungen und darum steht die Frage im Raum, warum sich in Afrika trotz der oft schlechten hygienischen Bedingungen das Virus nicht schneller verbreitet. Das lässt sich vermutlich nur durch die Nichtexistenz von 5G-Technologie in Afrika erklären.[149]

- Besonders auf Kreuzfahrtschiffen haben sich viele Menschen mit dem Corona-Virus infiziert, und es ist kein Geheimnis, dass viele dieser Kreuzfahrtschiffe bereits die neueste und stärkste 5G-Technologie an Bord betreiben! Die Passagiere sind dort schon sehr stark in das „Internet der Dinge" eingebunden und senden viele Texte und Fotos ihrer Reisen zu ihren Freunden und Familien nach Hause. Laut dem Millennium-Report wurden diese Passagiere infiziert, weil sie den operativen Teil des 5G-Bereichs auf den Schiffen betreten haben und diesem längere Zeit ausgesetzt waren. Das führte dazu, dass ihre Gesundheit zusammengebrochen ist und ihre Abwehrkräfte so geschwächt wurden, dass sie die Symptome einer Grippe bekamen und auch die Symptome des Corona-Virus (5G COVID-19).

- Das erklärt auch, warum der Iran und die Staaten am Persischen Golf vermehrt Ausbrüche des Corona-Virus erleben, weil sie die neue 5G-Technologie und 5G-Hotspots ebenfalls flächendeckend aktiviert haben. Es handelt sich laut dem Millennium-Report um wahre „Todeszonen", die alles organische Leben abtöten und schädigen, die sich in diesem Frequenzbereich der Mikrowellenstrahlung befinden. Sollte man bereits an einer Grippe erkrankt sein, verstärkt 5G die Symptome und macht die Erkrankung schlimmer. Einige der Anzeichen machen sich durch Kopfschmerzen, Migräne, Klingeln in den Ohren, Taubheit im Gesicht und anderen Körperteilen, trockenen Augen und Sehproblemen, Konzentrationsschwäche, Hyperaktivität, Schlafstörung, Rötungen der Haut oder Trockenheit im Mund und im Hals bemerkbar. Auch chronische Erschöpfung zählt zu den Symptomen. Deshalb muss klargestellt werden, dass höchstwahrscheinlich die Aktivierung von 5G und die vielen Smartphones für die Verbreitung der sogenannten Corona-Fälle sorgen![150]

Andreas: Zu 5G kann ich auch noch etwas Spannendes berichten: Diese Strahlung ist generell gefährlich, denn es handelt sich um Mikrowellenstrahlung. Ich habe auch mehrere Artikel von Claire Edwards übersetzt. Sie hat früher bei der UN gearbeitet, unter anderem in Wien. Und dort hat man irgendwann das Gebäude mit WLAN ausgestattet und da ist die Dame krank geworden. Sie ist heute aktiv gegen 5G unterwegs.

Aber wieso wollen sie unbedingt das 5G haben? Wegen der flächendeckenden Überwachung? Um später das bargeldlose Bezahlen weltweit durchführen zu können? Und auch wenn alle Menschen einmal mit einem Mikrochip versehen sind...

Andreas: Auf jeden Fall, aber auch, um Gedanken zu kontrollieren, ja ihnen sogar Gedanken in die Köpfe zu setzen. Das klingt vielleicht ein bisschen nach Science-Fiction, lass mich aber Folgendes dazu berichten: Der Brite Dr. Barrie Trower ist ein ehemaliger Spezialist für Mikrowellentechnik der Royal Navy. Er hat in seiner Dienstzeit mit Mikrowellenwaffen gearbeitet und klärt in England darüber auf. Er berichtet, dass Mobiltelefone ursprünglich fürs Militär entwickelt worden waren und man dann feststellte, dass man sie nicht nur zur Kommunikation, sondern auch als Waffe benutzen konnte. Und dann haben sie gesagt: *„Das bringen wir auf den Markt! Wir benutzen es gegen die Menschheit."* Und es hat so eingeschlagen, wie es absehbar war und jeder Mensch sitzt mit diesem Ding da und schaut den ganzen Tag hinein... Man ist permanent dieser Strahlung ausgesetzt. Sie wissen, dass es die Menschheit schädigt und die Natur.

Andreas, wo und wie betrifft die Agenda 21 Deutschland und Österreich?

Andreas: Es wird getarnt. Wir haben doch den Text von dem Arzt Dr. Döllein im Buch. Der beschreibt es vortrefflich. Öffentliche Dienste werden immer mehr von privaten Unternehmen übernommen – in seinem Fall die Krankenhäuser. Im Gesundheitswesen ist es halt sehr offensichtlich, bei Post und Bahn ebenfalls, und betrifft auch immer mehr Schulen und Kindergärten (Bertelsmann). Generell sollen ehemals öffentliche Dienstleistungen privatisiert werden. Bertelsmann ist sehr im Bereich Bildung aktiv. Sie investieren in Bildungsprojekte in Kindergärten und Schulen. Ich weiß von einer Schule in Gütersloh, da hat Bertelsmann bereits Ende der 1990er-Jahre der gesamten Schule Laptops spendiert, um den Unterricht zu modernisieren. Dann gibt es Infrastrukturmaßnahmen, wie zum Beispiel das Projekt *InnovationCity Ruhr* im Ruhrgebiet. Da weiß ich von der Stadt Bottrop, dass die, wie alle ehemaligen Bergbau- und Industriestandorte im Ruhrgebiet hochverschuldete Stadt, Mitglied des ICLEI gewesen ist und im Jahr 2010 im Rahmen des Innovation City-Konzepts zum Pilotgebiet für die „Klimastadt der Zukunft" ausgewählt wurde. Die Stadt wurde in „Quartiere" aufgeteilt, die nun Stück für Stück „klimagerecht" saniert werden. Ziele sind die Einsparung von Energiekosten, die Verminderung von CO_2-Emissionen und die komplette Umgestaltung des Straßenverkehrs. Dort haben sie beispielsweise eine der Fußgängerzonen in der Innenstadt mit einem photokatalytischen Bodenbelag versehen, der klimaschädliche Stickoxide aufnehmen und umwandeln soll. Völlig idiotisch... Die bei der Umsetzung solcher Projekte profitierenden Partner bestehen, neben wenigen kleineren Unternehmen vor Ort, aus Konzernen wie der RAG, e.on, Gesenwasser, Siemens, Bosch, Banken, mittlerweile privatisierten Entsorgungsunternehmen etc. Eigenartig ist übrigens, dass in Deutschland nur etwa 19 Städte Verträge mit dem ICLEI haben sollen, obwohl sich in fast jeder Stadt- und Gemeindeverwaltung ein Agenda-21-Büro befindet.

Und dafür bekommen die Geld? Das heißt, wenn eine Stadt oder Kommune nach den Agenda-21-Richtlinien handelt, erhält es finanzielle Hilfen, Bezuschussungen?

Andreas: Genau. Finanziert wird das alles unter dem Deckmantel des Umweltschutzes mit Fördermitteln des Landes, des Bundes und der EU, also auf Kosten der Steuerzahler. Ich habe im Jahr 2014 eine sogenannte „Bürgermesse" in Osterfeld, einem Stadtteil meiner ehemaligen Heimatstadt Oberhausen, besucht, an der angeblich die Einwohner an der Planung der weiteren Modernisierung und Entwicklung ihres Stadtteils beteiligt werden sollten. Solche Veranstaltungen finden mittlerweile übrigens in ganz Deutschland statt. Veranstalter dort war die Stadtverwaltung, jedoch wurde diese Veranstaltung von einem Mitarbeiter einer Dortmunder Unternehmensberatung moderiert, die sich auf die Beratung von Städten bei der umweltgerechten Stadtentwicklung spezialisiert hat. Es schienen dort genau die korrupten Strukturen zu herrschen, wie in Kapitel 9 der Unterrichtsreihe von Eileen DeRolf beschrieben: Der Moderator war von diesem Privatunternehmen, und es wurden dann die Bewohner gefragt bzw. gebeten, Vorschläge zur Veränderung ihres Stadtteils zu machen. Im Hintergrund schienen mir die Ergebnisse jedoch bereits festzustehen. Daraufhin habe ich mir die Mühe gemacht, das Profil dieses Unternehmens und das seiner Berater, Moderatoren und Experten etwas näher zu beleuchten. Die Firma berät Städte zu den Themen Integration, Bildung, Gesundheit, Klimawandel, Verkehr, Energie, Umwelt und Planung, und die Lebensläufe seiner Mitarbeiter verraten, dass sie fast alle bereits bei Agenda-21-konformen Unternehmen, Instituten, politischen Parteien oder NGOs mit Schwerpunkt „Nachhaltige Entwicklung" beschäftigt gewesen sind oder dort ihr Handwerk gelernt haben. Da kommen diese Leute her. Hochverschuldete Städte und Gemeinden mit maroder Infrastruktur werden mit Fördermitteln aus dem Agenda-21-Topf für Nachhaltige Entwicklung geködert und sind dann gezwungen, diesbezüglich Vorschriften bei der städtebaulichen Sanierung und Erneuerung einzuhalten.

Das heißt, Städte werden umweltfreundlicher, das bedeutet, es wird für Autofahrer ungemütlicher. Neubauten, vor allem aber auch bestehende Häuser, müssen klimaneutral oder energiesparend umgebaut werden, was viele Hausbesitzer sich aber nicht leisten können. Vielleicht wird das irgendwann zur Pflicht. Sie müssen dann einen Kredit annehmen, können diesen eventuell nicht mehr bedienen und sind dann ihr Haus los.

Andreas: So in der Art, Jan. Ich bekomme das gerade bei einer Freundin in Niedersachsen mit. Die besitzt dort einen Bauernhof und die Gemeinde will dort ehemalige Feldwege asphaltieren und verbreitern, um sie für große Landmaschinen der Agrarindustrie befahrbar zu machen. Sie will das gar nicht, wird aber an den Kosten zwangsbeteiligt. Bei anderen Maßnahmen, etwa zur flächendeckenden Gebäudedämmung, verhält es sich ähnlich.

Aber nochmals: Was hat das für uns Deutsche oder Österreicher für eine Bedeutung? Was hat das für Grundbesitzer zu bedeuten?

Andreas: Es wird ihnen schwerer gemacht, diesen Grundbesitz zu halten. Es werden Umweltauflagen vorgegeben, die mit Kosten verbunden sind, die man sich irgendwann nicht mehr leisten kann. Es werden häufig unnötige Umweltstrukturmaßnahen durchgezogen, und die Kosten hat der Anwohner zu begleichen, oder er wird zumindest an ihnen beteiligt.

Wenn wir gerade bei Deutschland sind, wie sieht es mit unserer Souveränität aus? Können wir uns nicht dagegen wehren?

Hannes: Wir sind nicht souverän. Und wir haben auch keinen richtigen Friedensvertrag. Der Zwei-plus-Vier-Vertrag von 1990 ist ein Abkommen, aber kein Friedensvertrag. Die Regelungen des Vertrages waren offiziell folgende: 1. Die Souveränität wird vollständig wiederhergestellt, damit Deutschland zum eigenständigen Subjekt auf der internationalen Bühne wird, 2. die Vollmachten der vier Hauptalliierten in Bezug auf ganz Deutschland werden damit vertraglich beendet und die Reste des Besatzungsstatutes werden damit beseitigt. Aber es bleiben weiterhin die vier Einschränkungen der deutschen Souveränität in Kraft, die noch im ‚Deutschlandvertrag' von 1952 durch die Westalliierten festgelegt wurden.

Erste Einschränkung: Verbot von Volksentscheiden über militärpolitische Fragen des Landes. Die Deutschen haben kein Recht zu entscheiden, eine US-Militärbasis im Lande zu haben oder nicht zu haben. Die Deutschen haben kein Recht zu entscheiden, eine strategische Luftwaffe zu haben oder ihre eigene Armee zu vergrößern.

Zweite Einschränkung: Nach dem 2+4-Vertrag hat Deutschland kein Recht, den Abzug der ausländischen Truppen aus Deutschland zu verlangen bzw. zu fordern. Die Sowjetunion hatte ihre Truppen aus der DDR freiwillig abgezogen.

Dritte Einschränkung: Deutschland wird verboten, außenpolitische Entscheidungen zu treffen, ohne diese zuvor mit den Siegermächten abzusprechen.

Vierte Einschränkung: Sie verlangt, die Truppenstärke der Bundeswehr auf 370.000 Soldaten zu beschränken.

Diese vier Einschränkungen der deutschen Souveränität bleiben in Kraft bis zur Unterzeichnung des Friedenvertrages. Der wird aber aus Sicht der derzeitigen Regierung weiterhin ausbleiben, denn sobald ein deutscher Verteidigungsminister den Friedensvertrag nur erwähnt, bleibt er in der Regel nicht lange im Amt.

Bei Wikipedia heißt es dazu: *„Am 28. September 1990 ist vereinbart worden, dass der Überleitungsvertrag zusammen mit dem Deutschlandvertrag infolge der Unterzeichnung des Zwei-plus-Vier-Vertrags mit Wirkung vom Zeitpunkt der Vereinigung Deutschlands, dem 3. Oktober 1990, suspendiert und mit dem Inkrafttreten des letzteren ausdrücklich außer Kraft gesetzt wurde. Einzelne der im Überleitungsvertrag getroffenen Bestimmungen behalten jedoch ihre Geltung."* Genau dieser letzte Satz hat es in sich: *„Einzelne ... Bestimmungen behalten jedoch ihre Geltung."* Hier kann man die Punkte aus dem Überleitungsvertrag von 1954 einsehen, die laut BGBl 1990, Teil II, Seite 1386 ff weiterhin gültig sind (daran hat auch der 2+4-Vertrag nichts geändert)[151]

> Hannes: Auch wenn das jetzt etwas seltsam klingen mag, aber diese nicht-souveräne Situation mag in dieser jetzigen Situation gar nicht mal so schlecht sein. Warum? Die Bundeswehr wurde zusammengeschrumpft, von den Jungen, die jetzt nachkommen, kann ja ein großer Teil gar nicht mehr richtig sprechen, geschweige denn fehlerfrei schreiben, sind also schlecht gebildet. Panzer usw. sind marode. Und die paar Leute, die noch was taugen, sind in Afrika eingesetzt. Wenn es also zu einem Finanzkollaps und bürgerkriegsähnlichen Zuständen kommen sollte, wer bitte soll uns dann beschützen? Dafür sind dann die Besatzer zuständig.

Na, ob das gut für uns ist, mag ich bezweifeln. Aber gut, kommen wir nun zu der Geschichte mit dem Hochgradfreimaurer und Bill Ryan. Ihr habt ja beide mein Vorwort gelesen. Sie planen den Krieg Israels gegen den Iran, einen Virus gegen China usw... Hannes, was sagst Du dazu? Muss es soweit kommen?

Hannes: Da muss ich wieder ein bisschen ausholen. Ich weiß nicht, ob es nach dem Tod John F. Kennedys war, aber auf jeden Fall nach dem Tod seines Sohnes. Da hatten sich Militärs sowie mächtige Leute, allesamt Patrioten, zusammengetan und gesagt, dass es so nicht weitergehen kann. Einer davon war Donald Trump. Trump wurde gefragt, ob er bereit wäre, für das Präsidentenamt zu kandidieren, ansonsten würde das Militär das Land übernehmen. Und er hatte zugestimmt, jedoch nur auf Basis der amerikanischen Verfassung. Alles nach Recht und Gesetz. Deswegen dauert auch alles etwas lange...

Was mich wundert, ist, dass er ja öffentlich schon gesagt hat, dass er nicht an Flugzeuge glaubt, die in das World Trade Center geflogen sind, sondern dass diese gesprengt wurden. Warum hat er das nicht thematisiert, da er nun Präsident ist?

Hannes: Ich meine, weil es noch zu früh ist. Er muss seine Wiederwahl sichern. Er hat alles in Stellung gebracht, damit aufgeräumt werden kann mit dem ganzen Sumpf. So sehe ich das.

Vielleicht hat man ihm aber auch gedroht? Um auf den Freimaurer mit der „Angelsächsischen Mission" nochmals zurückzukommen: Es war ja schon lange geplant, dass Israel den Iran angreift. Es kam aber bislang nicht dazu. Ich bin überzeugt, dass wenn Hillary Clinton Präsidentin geworden wäre, das recht schnell vonstatten gegangen wäre. Ohne Trump und Putin hätten wir wohl bereits den Dritten Weltkrieg...

Hannes: Sehe ich genau so! Es war ja jetzt erst im Herbst 2019 wieder mal Spitz auf Knopf – und wieder war nichts passiert. Oder schau nach Nordkorea oder Afghanistan oder Syrien. Was hat denn Obama hinterlassen? Trump hat überall versucht, Frieden zu schaffen und Ordnung hineinzubringen. Alles war in Stellung für den großen Krieg, und keiner hatte damit gerechnet, dass Trump die Wahl gewinnt. Es gab den 16-Jahres-Plan zur Zerstörung der USA: 8 Jahre Obama und dann 8 Jahre Clinton, so war es geplant.

Ich hoffe, dass Du recht hast. Ich bin mir noch nicht ganz sicher, aber es sieht im Moment tatsächlich so aus...
Kannst Du etwas zu dem geophysikalischen Ereignis sagen, was die Illuminati erwarten, weswegen sie ihre unterirdischen Städte auf der Erde verteilt haben?

Hannes: Nein, ich weiß da nicht mehr als Du. Ich habe nur gehört, dass man einige dieser unterirdischen Anlagen zerstört haben soll. Dazu gibt es folgende Geschichte aus dem Iran: Es gab doch am 8. Januar 2020 ein Erdbeben im Iran mit einer Stärke von 4,9. Das war 4 Tage nach der Ermordung Quasem Soleimanis, was ja fast zu einer kriegerischen Handlung Irans geführt hätte. Das Erdbeben wäre wohl kaum von Belang gewesen, wenn Trump nicht getwittert hätte, sollte Iran den Irak oder die USA angreifen – als Racheaktion für die Tötung von Quasem Soleimani –, *„würde nicht nur die Wirtschaft, sondern auch die Kultur zerstört werden"*. So, hier muss man Folgendes vorwegschicken: Es gibt eine internationale Vereinbarung, dass im Falle eines Krieges, bei dem Bomben fallen, die alten Kulturstätten verschon bleiben sollen. Dass sie der Menschheit erhalten bleiben. Nun ist es aber auch so, dass einige der unterirdischen Anlagen des Deep State genau unter solchen Kulturstätten gebaut worden sind. Jetzt kam es zu diesem Erdbeben, und ich habe von meinen Informanten aus den USA die Information bekommen, dass man dort mit einer bunkerbrechenden Bombe die unterirdische Anlage zerstört hat. Und die Stärke dieser speziellen Bombe hat genau diese 4,9 wie das Erdbeben. Kurz darauf wurde das ukrainische Flugzeug „aus Versehen" vom Iran abgeschossen. Es war natürlich kein Versehen. Die Boeing 737 mit 176 Insassen war in der Nähe von Teheran abgeschossen worden. In der Maschine waren 63 Menschen mit einem kanadischen Pass. Es liegt nun die Vermutung nahe, dass dort Wissenschaftler oder sonst wer ausfliegen wollte, der in der unterirdischen Anlage tätig gewesen ist oder damit zu tun hatte. Und man wollte verhindern, dass diese zum Gegner überlaufen.

Sehr spannend! Kommen wir nun zur NWO...

Andreas: Wir befinden uns längst in der Neuen Weltordnung, und die Agenda 21 war die Blaupause dafür. Daran hatten sie lange gearbeitet.

Hannes: Ja, wir sind auf Messers Schneide. Und wenn ich WIR sage, meine ich die gesamte Menschheit. Jetzt im Moment. Wir haben die Türkei, die Europa mit den Flüchtlingen an der griechischen Grenze erpresst. Wir haben Flüchtlinge – es sind keine Flüchtlinge, denn Flüchtlinge werfen nicht mit Steinen auf die Grenzwärter – jedenfalls haben wir junge, aggressive Männer an der Grenze stehen, wir haben die Corona-Geschichte... Jetzt tut sich was, und es wird sich zeigen, ob die Wahrheitsbewegung sich durchsetzt oder die Illuminaten gewinnen.

Andreas: Sie führen die NWO durch die grüne Agenda ein.

Hannes: Das hätten sie gerne. Es wird nicht funktionieren. Es wird ihnen um die Ohren fliegen. Die Menschen wachen auf! Es sind zwei Lager, die gerade gegeneinander kämpfen. Und jeder will siegen. Und es gibt ein ungeschriebenes Gesetz in diesen Kreisen: Wer das Schlachtfeld verlässt, der hat verloren.

Rothschild und seine Leute werden bis zum Ende kämpfen und bis zum letzten Tag vor seiner Niederlage versuchen, zu gewinnen. Und genau das sehen wir jetzt, Corona gehört dazu.

Andreas: Mir sind auch mindestens zwei Lager bekannt, und man kann beide in den Hochfinanzkreisen festmachen.

Hannes: Hast Du von der vorletzten Papst-Bulle (Motu Proprio) gehört, wo er angeblich gesagt hat, dass, wenn die heilige Pforte geschlossen wird, der Planet an seinen rechtmäßigen Besitzer zurückgegeben wird?

Wer ist dieser Besitzer?

Hannes: Nun, wahrscheinlich jemand nicht von diesem Planeten.

Wen siehst Du auf der guten Seite?

Hannes: Es gibt ein Konsortium aus drei Leuten, das sind Putin, Xi Jinping und Trump. Sie werden die Wende einläuten oder es macht keiner mehr.

Andreas: Siehe die Bildung: Es ist auffällig, wie die Bildungsstandards zurückgefahren werden, die Leute verblöden. Das hat nicht nur damit zu tun, dass wir kulturfremde Menschen ins Land lassen, sondern auch unsere eigene indigene Bevölkerung, unser deutsches Volk, verdummt. Die Standards werden immer weiter herabgesetzt, dass diese Deppen – entschuldige – überhaupt noch einen Job bekommen.

Mein Großvater hätte gesagt, dass man mit diesem Gesindel keinen Krieg gewinnen kann – Kanonenfutter... Den Begriff hatte auch einer von der Agenda 21 verwendet.

Andreas: Die jungen Leute laufen mit Scheuklappen herum, vor allem mit ihren saublöden Handys, und nehmen kritiklos eine Ideologie an, die ihnen von den linken Lehrern eingeimpft wird. Und da glauben die ihr Leben lang dran. Du bringst diese Jungen nicht dazu, selber zu recherchieren, geschweige denn englische Originaltexte zu lesen oder zu hören. Wie sollen die sich ihr eigenes Weltbild erarbeiten?

Hannes: Ich höre jede Rede von Donald Trump im Original an! Erst dann versteht man, wer der Mann ist und was er repräsentiert.

Aber ich möchte noch etwas zum Corona-Virus sagen: Vor allem beim Corona-Hype sieht man, wenn man zwischen den Zeilen lesen kann, worum es geht. Man muss auf die Formulierung achten: Nicht zwei, vier oder fünf Milliarden Menschen sind betroffen, nein, der Virus bedroht die Weltwirtschaft. Und das wird so getrommelt, dass die Massen reflexartig, wie ein pawlowscher Hund, auf einen Wirtschaftszusammenbruch reagieren werden: *„Der Virus war es!"* Und genau das ist der Hintergrund – es geht um einen Wirtschaftscrash.

Wenn die Wirtschaft zusammenbricht, kann man sagen: *„Der Virus war es!"*

In unserem Interview im Herbst 2019[143] **hattest Du ja bereits erklärt, dass unser Finanzsystem auf Zinseszins-Basis eine begrenzte Lebensdauer hat, es muss nach ein paar Jahrzehnten kollabieren. Und bislang hatte man dann immer einen Krieg inszeniert, um das zu retouchieren. Doch diesmal kann man nicht einfach einen Krieg vom Zaun berechen, da kommt dann so eine „Virus-Krise" genau richtig...**

Hannes: Exakt! Die Firmen können auch Leute entlassen... Aber wenn es euch interessiert, hier meine Informationen, die ich von meinen Kontakten aus den USA bekommen habe.

Punkt 1: Man muss Folgendes vorausschicken: 2005 hat eine Firma in England, das Pirbright-Institute, ein Patent auf einen Corona-Virus (EP3172319B1) angemeldet, allerdings nicht den jetzt kursierenden Covid-19. Finanziert hat dieses Institut die *Melinda und Bill Gates Foundation* – ist schon irgendwie komisch. Im Mai 2018 hatte nämlich Bill Gates gegenüber der *Washington Post* vor einer Grippe-Pandemie gewarnt, die innerhalb eines halben Jahres 30 Millionen Menschen töten soll. Diese könnte so schlimm wie die Spanische Grippe und durch biochemische Waffen hervorgerufen werden. Er suche deswegen nach einem „universell wirksamen Impfstoff".

Punkt 2: Und dann gab es im Sommer 2019 ein Ereignis mit einem russischen Geheim-Uboot, ein AS-12 mit Atomantrieb, welches angeblich aufgrund eines Brandes gesunken sein soll. 14 Seeleute kamen dabei ums Leben. Dieses Uboot war ein Tiefsee-Uboot und konnte bis 6.000 Meter in die Tiefe gehen. Meinen Informationen nach war dort in der Nähe ein amerikanisches Uboot, und es sollte schon damals ein Konflikt zwischen den USA und Russland provoziert werden. Dieses russische Uboot soll demzufolge von einem sog. Schwarzen Satelliten abgeschossen worden sein, woraufhin die Russen diesen Satelliten einen Tag später vernichtet haben.

Wem gehört dieser Satellit?

Dem Deep State – sprich Rothschild, Israel und Konsorten. Dieser Satellit soll auch für die Brände im Villenviertel in Kalifornien verantwortlich gewesen sein. Damals hatten ja nur die Villen gebrannt, aber nicht die Bäume außen herum und auch nicht die Autos. Es gab damals viele Artikel zu diesen mysteriösen Umständen.

Punkt 3: Das Finanzsystem ist am Ende – das hatte ich ja ausführlich in unserem Audio-Interview[143] erklärt. Und wie Du bereits gesagt hast, hatte man dann immer einen Krieg inszeniert und dann gesagt, dass es zu einem Finanzcrash aufgrund des Krieges kam. Und das hinterfragt auch keiner. Die Leute sind froh, dass sie noch am Leben sind und werden kaum hinterfragen, ob das Finanzsystem am Ende war.

Punkt 4: Donald Trump und der chinesische Staatspräsident Xi Jinping haben 2019 einen unglaublichen Vertrag geschlossen. China sollte ursprünglich das neue Zentrum von Rothschild werden. Warum? Weil ohnehin alle Waren der Welt in China hergestellt werden. Und China hat eines nicht, nämlich die Verfassung der USA, welche die beste Verfassung der Welt ist. Und die bekommen die Rothschilds nicht los. Zudem ist China für Rothschild praktisch: Man hat sämtliche Produktion vorort, und wer beim NWO-Spiel nicht mitmachen will, wird einfach nicht mehr beliefert. Und der von Trump nun ausgehandelte Vertrag ist ausgeglichen, das heißt, die Chinesen liefern das, was die Amis brauchen und umgekehrt. Wie sie es verrechnen, weiß ich nicht, aber es soll so sein, dass bezahlt wird unter Umgehung des US-Rothschild-Dollars. Und dieses duldet Rothschild nicht. Diese Staaten werden abgestraft – immer! Der erste Staat war Deutschland. Hitler wollte das gleiche machen – Rohstoffe gegen Produkte: zum Beispiel mit Südamerika. Die hatten die Rohstoffe und keine Produkte, Deutschland benötigte welche und hat dann Waren nach Südamerika geliefert. So wollte Hitler den Versailler Vertrag umgehen. Die nächsten, die mir einfallen, sind Gaddafi und Saddam Hussein, die Öl gegen Gold verkauften, unter Umgehung von Rothschild und seinem US-Dollar. Was mit diesen Ländern geschehen ist, wissen wir. Entweder gibt es Krieg oder Dürren oder Brände, Überschwemmungen oder Erdbeben... Ausgelöst durch diesen Satelliten, und der ist jetzt weg.

Andreas: Ich bin mit dem Thema Wetterkriege vertraut...

Hannes: Und was kommt jetzt? Ein Virus! Die Auswirkungen wird man im Westen erst später sehen, denn es sind jetzt die letzten Containerschiffe angekommen. Die brauchen normalerweise so um die fünf Wochen von China zu uns, und zirka sechs bis sieben Wochen an die Ostküste der USA. So, und nun ist jetzt erst mal Schluss, da in China vier Wochen nicht produziert wurde. Nun soll es angeblich wieder anlaufen, man weiß es nicht genau, aber das wird zu Verwerfungen führen.

Das Rothschild-Motto ist jedenfalls: Keine Krise ungenutzt verstreichen lassen! Der Hintergrund dieses Virus ist: Zuerst sollte Panik erzeugt werden, nicht bei den Menschen, sondern bei den Anlegern. Nicht bei den kleinen Aktionären, sondern beim großen Kapital. Die großen Konzerne gehen in die Knie, es kommt zum Crash wie 1928 und Rothschild kann alles billig aufkaufen. Doch im Moment sieht es so aus, dass sich diese nicht haben beeindrucken lassen und die Börse ist trotzdem gestiegen. Also wurde es in den Medien weiter gehyped und die Leute in Panik versetzt. Jetzt, durch die Unterversorgung der Firmen, soll es zu Entlassungen kommen, Schließungen usw. Es sind jedenfalls mehr wirtschaftliche Gründe als andere hinter dem Corona-Virus. Denn der Virus ist zu schwach, um große Menschenmassen zu eliminieren.

Gut, aber wer weiß, vielleicht haben sie jetzt mit dem jetzigen Virus erst mal angefangen und sprühen später noch etwas anderes hinterher – und sagen dann, dass das Virus mutiert sein.

Hannes: Kann sein. Man kann es natürlich noch beliebig ausbauen. Man kann die Immobilienblase platzen lassen, zum Beispiel. Oder man kann den Menschen sagen, dass sie kein Bargeld mehr verwenden sollen, da sich auf den Geldscheinen auch Viren befinden können – also soll man sich weiter vom Bargeld abwenden. Zudem kann man eine Impfpflicht durchsetzen, kann die Bürgerrechte einschränken, wir werden uns an Polizei und Militär auf den Straßen gewöhnen, lassen uns freiwillig unter Quarantäne stellen, und das Thema Überwachung ist auch nicht zu unterschätzen...

Ja, und man bietet den Menschen gleich den Mikrochip unter der Haut an! So kann der Körper auf Krankheiten überwacht werden, es kann bezahlt werden – und man kann sehen, ob jemand die Ausgangssperren einhält oder illegal über eine Grenze will...

Hannes: Es kann auch das Kriegsrecht ausgesprochen werden. Trump kann die Wahlen verschieben lassen oder Putin oder wer sonst noch. Es kann beliebig benutzt werden und die Leute werden sich nicht wehren können.
Und meiner Meinung nach ist es ein erneuter Versuch, Präsident Trump loszuwerden. Weil er ein Rothschild-Feind ist, ein FED-Feind. Und alle Versuche bislang, Trump loszuwerden, sind gescheitert. Hinter Trump steht das Militär, und zwar hat das Militär eine eigene Agenda, und das seit der Ermordung von John F. Kennedy. Kennedy hatte versucht, die FED zu entmachten und einen eigenen US-Dollar zu drucken. Das wollten die privaten FED-Gründer nicht, allen voran Rothschild. Deswegen musste Kennedy sterben. Und den FED-Dollar gibt es ja immer noch, die Lage ist also genauso spannend wie damals.
Rothschild, Demokraten, Medien, Soros, das ist ein Paket. Und ich habe den Leuten schon hundert Mal erklärt: Wenn man verstehen will, was auf der Erde passiert, muss man zurückgehen zur Übernahme der *Bank of England* durch Rothschild. Das Netzwerk, das sich seither über die Welt gesponnen hat, ist unglaublich. Ob man das nun Deep State oder Rotschild nennt, oder Illuminati oder Schattenmacht. Es ist immer dasselbe. Und man muss begreifen, dass unsere Bundesregierung, egal welcher Partei der Bundeskanz-

ler/in angehören mag, die deutsche Abteilung des Deep State ist. Wenn man das nicht begreift, begreift man das Spiel nicht.

Andreas: Ich selbst betreibe ja die Seite *www.giftamhimmel.de*, auf der ich über Wettermanipulation sowie Geo- und Climateengineering berichte.

Also Versuche, das Wetter zu manipulieren, gibt es schon seit Jahrzehnten. Darauf deutet schon das Zitat von Präsident Lyndon B. Johnson aus dem Jahr 1962 hin: *„Es ist Absicht und Grundlage für die Entwicklung eines Wettersatelliten, der den Menschen in die Lage versetzt, die Wolkenschichten der Erde festzulegen und letztlich das Wetter zu kontrollieren. Der, der das Wetter kontrolliert, der kontrolliert die Welt."*

Andreas: Das, was man als Chemtrails bezeichnet, also was sie aus Flugzeugen versprühen, ist die sichtbarste Form davon. Alles andere verläuft stillschweigend und unsichtbar – mehr oder weniger. Weil die Menschen es nicht deuten können. Es ist aber nicht so, dass jedes einzelne Flugzeug Teil einer geheimen Agenda ist. Vor ein paar Jahren hatte ich noch gedacht, diese Chemtrails-Leute sind alle irre im Kopf, doch ich habe mich in die Sache extrem eingearbeitet – und bin leider über Erschreckendes gestolpert. Es gibt eindeutige Beweise dafür, dass das Militär Gründe für die Erzeugung von Wolken hat, und das ist inzwischen auch bewiesen.

Man verwendet beispielsweise Kohlenstaub und Ruß für die Bildung künstlicher Wolken. Dann gibt es auch richtige Wetterkriege. Foia-Dokumente und -präsentationen der US-Luftwaffe und Marine belegen das inzwischen. Dazu sage ich gleich noch mehr. Dann gibt es das klassische Geoenigineering, wobei Kohlenstaub, Ruß, Metalle und Schwefel sogar in die Stratosphäre befördert werden. Und es gibt den Kampf gegen Ozon: Kohlenstaub und Ruß schweben bis hinauf in die Stratosphäre, wo Metalle und Schwefel das Ozon zerstören.

Zwar wird Ruß wird beim Verbrennen von Treibstoff und Kohlenstoff sowie beim Versprühen durch Militärflugzeuge freigesetzt. Jedoch gibt es einen Unterschied zwischen Kohlenstaub und Ruß, aber das kann man gerne im Detail auf meiner Internetseite nachlesen[152].

Man kann jedenfalls eine Zunahme der Wolkendecke bewirken, die Niederschlagsmenge erhöhen oder vermindern oder Nebel auflösen. Man kann auch Wirbelstürme manipulieren, z.B. den Kurs verändern oder die Intensität verstärken oder vermindern. Inzwischen geht man mehr auf die Beeinflussung der Sonneneinstrahlung.

Es gibt beispielsweise ein Papier mit dem Namen „Spacecast 2020". Dabei handelt es sich um Informationen über vergangene Bemühungen der Russen zur Wetterkontrolle. Darin steht: *„Es demonstrierte schon vor langer Zeit die Möglichkeit, Wolken zu erzeugen, welche Infrarotstrahlen blockieren und so ein wirksames Mittel gegen die Spionagesatelliten darstellen."*[153]

Und es gibt ein weiteres Dokument aus dem Jahr 1994, welches auf Wettermanipulationen während des Vietnam-Krieges hindeutet. Es trägt den Titel: „Wettermanipulation durch die Verwendung von Kohlenstaub". Darin heißt es: *„…um eine Erhöhung der Niederschläge zu erreichen, Zirruswolken zu erzeugen sowie Nebel und niedrige Wolken aufzulösen. …es wurden Techniken zur Erhöhung der Niederschlagsmenge eingesetzt, um den Ho-Chi-Minh-Pfad zu verschlammen und den Nachschub aus Nordvietnam auf dem Wasserweg zu reduzieren."*

1995 und 1996 wurden dann Papiere der Air Force veröffentlicht, wovon das berühmteste den Titel trug: *„Weather as a Force Multiplier: Owning the Weather in 2025"* (Wetter als Machtmultiplikator: Die Herrschaft über das Wetter im Jahr 2025). Und wieso sollte man Wolken erzeugen – zum Beispiel Zirruswolken? Um Spionageflugzeugen oder -satelliten die Sicht zu nehmen und somit deren Arbeit vorzubeugen! Durch die Möglichkeit, Wolkendecken zu erzeugen, verhindern sie Bodenaufnahmen von chinesischen, russischen oder anderer ausländischer Spionagesatelliten oder -flugzeugen, wie etwa der U2.

Und dann gibt es aber noch den richtigen Wetterkrieg. Es gibt ein Zitat von Major der U.S. Air Force, Michael C. Boger, der erklärt: *„die Erzeugung von örtlich begrenztem Nebel oder Stratuswolkenformationen zum Schutz wichtiger Einrichtungen vor Angriffen mit weltraumgestützten Energiewaffen".*

Wie gesagt gibt es mehr dazu auf meiner Internetseite[152]. Auch in Kuba hatte man das Wetter manipuliert. Während der *Operation Popeye* in Vietnam haben Henry Kissinger und die CIA die US Air Force und die US Navy dazu missbraucht, dort einen Wetterkrieg zu führen und haben nicht einmal den damaligen Verteidigungsminister, Melvin Laird, davon in Kenntnis gesetzt. Im selben Zeitraum haben Henry Kissinger und die CIA gemeinsam mit der US Air Force und die *US Navy Cloud Seeding*-Operationen über dem Golf von Mexiko durchgeführt, um die Regenmenge auf Kuba zu reduzieren. Sie ließen es über dem Ozean regnen, damit die Wolken Kuba nicht erreichten und so die Zuckerrohrernte dort ausfiel. Dies wurde Operation *Nile Blue* genannt.

Lassen wir das nun gut sein, denn das ist ein schier endloses Thema. Wenn heute ein Staat nicht mitspielt, bekommt er eine Dürre oder wie Japan ein Erdbeben.

Genau. Der ehemalige japanische Finanzminister Heizo Takenaka hatte in einem Interview mit Benjamin Fulford das bestätigt. Fulford hatte ihn in einem Interview gefragt: *„Warum haben Sie die Kontrolle über das japanische Finanzsystem an eine Gruppe von amerikanischen und europäischen Oligarchen ausgehändigt?",* **woraufhin Takenaka geantwortet haben soll:** *„Weil Japan von einer Erdbebenmaschine bedroht wurde!"*

> Andreas: Wer die Technologie besitzt, kann Länder erpressen. Zum Beispiel leidet Kalifornien seit Jahren unter einer extremen Dürre, und die ist künstlich herbeigeführt. Das Wasser regnet im Pazifik vor der Küste ab, und die sind in der Lage, Hoch- und Tiefdruckgebiete zu schaffen.

Und wer macht das? Und wieso?

> Hannes: Sie selbst machen es – also der Deep State –, um Abhängigkeiten zu schaffen. Kuba und Kambodscha waren die ersten großen Fälle, wo es ihnen gelang, auch politisch einzugreifen. Und der Iran hat sich beschwert, dass die Dürre künstlich herbeigeführt wird. Damals sind ja im Iran ganz plötzlich Flammen aus dem Boden gekommen – ganz unnatürlich. Auch Russland hat sich immer wieder beschwert, dass in sein Wetter eingegriffen würde und dass Strahlenwaffen am Werk sind, das sagte Putin. Und das ist so…
> Und ganz seltsam sind Brände – das kann man vom Satellit aus sehen –, die ein quadratisches Format haben. Das gibt es in der Natur nicht. Die quadratischen Brände gab es in Kalifornien als auch im brasilianischen Regenwald 2019. Das kann nur durch diese Technologie erklärt werden.

Vielen Dank, meine Herren für diese interessanten Informationen. Mögen sie dazu beitragen, dass noch mehr Menschen verstehen, was sich im Hintergrund des Weltgeschehens abspielt. Oder um es noch einmal mit David Rockefellers Worten zu sagen: *„Wir stehen am Beginn eines weltweiten Umbruchs. Alles, was wir brauchen, ist eine richtig große Krise und die Nationen werden die Neue Weltordnung akzeptieren."* **Das ist es, was wir gerade erleben, wir sind genau in dieser Krise!**

Wir sind Zeugen dessen, was als die „Endzeit" in den Prophezeiungen beschrieben wird, es beginnt jetzt! Es kommen die Plagen über die Menschheit, der Krieg im Nahen und Mittleren Osten wird wohl kommen, wir hatten einen Winter, der kein Winter war… All das hatten die Propheten der letzten Jahrhunderte vorhergesehen – siehe mein Buch „Der Dritte Weltkrieg". Ich kann nur sagen: Leute, bereitet euch auf das Schlimmste vor. Es muss nicht dieses oder nächstes Jahr ganz schlimm werden, aber es wird generell immer schlimmer werden. Es werden mehr Flüchtlinge kommen, die Politiker, die Parteien und die Menschen sind zerstritten, die Jugend verblödet, die

Menschen allgemein (ich sage nur „Hartz-4-Generation"), die Bundeswehr ist kaputt... Mein Rat daher: Zuhause vorsorgen, in den Schützenverein gehen, ein Häuschen oder eine Wohnung auf einer Insel oder irgendwo in den Bergen kaufen oder mieten... Man sollte die Prophezeiungen lesen, da steht alles drin, was kommen wird und wie und wo man in Sicherheit ist.

Aus diesen Prophezeiungen erfährt man zudem auch, dass es nicht „das Ende" sein wird, sondern es nach einer großen Reinigung weitergeht, und zwar mit einer Menschheit, die endlich in Freiheit leben darf! Freuen wir uns darauf!

In diesem Sinne: Gehabt euch alle wohl! Folgt eurer Intuition und nutzt den scharfen Verstand, das Erkannte umzusetzen!

Euer *Jan van Helsing*

Anhang 4 – Zitate zur NWO

„Geld reicht nicht aus, um den Durst und die Gier der Superreichen zu stillen. Viele von ihnen verwenden deshalb ihren großen Reichtum und den Einfluss, um noch mehr Macht zu erwerben. Macht in einer Größenordnung, von der die Tyrannen und Despoten früherer Zeitalter nicht einmal träumen konnten. Macht im Weltmaßstab. Macht über Völker. Ich bin überzeugt, dass ein solches Komplott besteht, international in seinen Ausmaßen, seit Generationen geplant und unglaublich böse in seiner Zielsetzung."

Der US-Kongressabgeordnete Lawrence P. McDonald

„Die wahre Bedrohung unserer Republik stellt die unsichtbare Regierung dar, die wie ein gigantischer Krake ihre schleimigen Arme über unsere Stadt, unseren Staat und unsere Nation ausbreitet. Ganz oben befindet sich eine kleine Gruppe von Finanzinstituten, die man im Allgemeinen als internationale Bankiers bezeichnet. Dieser kleine exklusive Zirkel machtvoller, internationaler Bankiers beherrscht tatsächlich unsere Regierung, um eigene egoistische Ziele zu erreichen."

John F. Hylan (Rede während seiner Amtszeit als Bürgermeister von New York)

„Die supranationale Souveränität einer Elite aus Intellektuellen und internationalen Bankern ist sicher besser als die nationale Selbstbestimmung der letzten Jahrhunderte."

David Rockefeller

„Die herrschende Elite wird gezwungen, zu ihrem eigenen Schutz Privatarmeen zu unterhalten. Um ihre Herrschaft zu sichern werden diese Eliten frühzeitig den totalen Überwachungsstaat schaffen, eine weltweite Diktatur einführen. Die ergebenen Handlanger dieses Geldadels sind korrupte Politiker... Haben wir das so gewollt?"

Carl Friedrich von Weizsäcker

„Über ein Jahrhundert lang haben ideologische Extremisten von beiden Seiten des politischen Spektrums gut publizierte Ereignisse wahrgenommen, die Rockefeller-Familie für den übermäßigen Einfluss anzugreifen,

den wir ihrer Meinung nach auf amerikanische politische und wirtschaftliche Institutionen ausüben. Manche glauben gar, wir seien Teil einer geheimen Kabale, die entgegen den besten Interessen der USA arbeitet, charakterisieren mich und meine Familie als „Internationalisten" und Verschwörer, die gemeinsam mit anderen weltweit eine integriertere globale politische und wirtschaftliche Struktur schaffen - eine Weltregierung, wenn Sie so wollen. Wenn das die Anklage ist, dann bin ich schuldig, und ich bin stolz darauf."

David Rockefeller in seiner Biografie „Memoiren", 2006

„Wir sind der Washington Post, der New York Times, dem Time Magazine und anderen großen Publikationen dankbar, deren Chefredakteure an unseren Treffen in der Vergangenheit teilnahmen und die Zusage der Vertraulichkeit fast 40 Jahre lang respektierten. Es wäre unmöglich für uns gewesen, unsere Pläne für die Welt zu entwickeln, wenn wir all die Jahre im Rampenlicht der Öffentlichkeit gestanden hätten. Nun ist unsere Arbeit jedoch soweit durchdacht und bereit in einer Weltregierung zu münden. Die supranationale Souveränität von Welt-Bankern und einer intellektuellen Elite ist sicher der nationalen Selbstbestimmung, welche in den letzten Jahrhunderten praktiziert wurde, vorzuziehen."

David Rockefeller

„Der Drang der Rockefellers und ihrer Verbündeten ist es, eine Weltregierung zu kreieren, welche Kapitalismus und Kommunismus vereint - unter ihrer Kontrolle. Meine ich eine Verschwörung? Ja, das tue ich. Ich bin überzeugt davon, dass so ein Plan existiert – [die Eliten] planen es und ihre Absichten sind unglaublich bösartig."

Larry P. McDonald

„Wir werden eine Weltregierung haben, ob wir es wollen oder nicht. Die einzige Frage ist nur, ob die Weltregierung durch Eroberung oder durch die Zustimmung der Menschen erreicht werden wird."

Paul Warburg, Architekt des Federal Reserve Systems

„Derjenige muss in der Tat blind sein, der nicht sehen kann, dass hier auf Erden ein großes Vorhaben, ein großer Plan ausgeführt wird, an dessen Verwirklichung wir alle als treue Knechte mitwirken dürfen."
Winston Churchill, Britischer Premierminister

„Kurz, das ‚Haus der Weltordnung' wird man eher von unten nach oben hin statt von oben nach unten herab aufbauen müssen. Es wird wie ein großes ‚boomendes, geschäftiges Durcheinander' aussehen, um einmal William James' berühmte Beschreibung der Realität zu zitieren. Denn wenn es darum geht die nationale Souveränität zu zerstören ist es viel effektiver, sie Stück für Stück erodieren zu lassen als den altmodischen Frontalangriff durchzuführen."
Richard N. Gardner, im CFR-Magazin Foreign Affairs April 1974

„Eine Handvoll Menschen kontrollieren die Medien der Welt. Heute gibt es nur eine Meinung, die zu formen vier, fünf Tage dauert – dann ist sie jedermanns Meinung. Wir Journalisten sind Werkzeuge, Phase für reiche Männer hinter der Szene, wir sind Marionetten, sie ziehen die Fäden und wir tanzen. Unsere Talente und Möglichkeiten, unser Leben ist das Besitztum dieser Menschen, wir sind intellektuelle Prostituierte. Wir haben eine Struktur der Manipulation, die die Fäden der Politik durch alle politischen Farben, Medien, Geheimdienste, großen Firmen und globalen Bankensystemen ziehen. Es ist so, dass die Presse zur größten Macht geworden ist in der westlichen Welt, mächtiger als der Gesetzgeber, die Regierung und die Justiz. Man möchte fragen, von wem sie gewählt wurde und wem sie Rechenschaft schuldet?"
Mike Nichols, 1999

„Die Welt wird von ganz anderen Personen regiert, als diejenigen es sich vorstellen, die nicht hinter den Kulissen stehen."
Benjamin Disraeli (1804-1881)

„Gebt mir die Kontrolle über die Währung einer Nation, dann ist es für mich gleichgültig, wer die Gesetze macht."
Mayer Amschel Rothschild (1744-1812)

"Die Staatsmänner dieses (19.) Jahrhunderts haben nicht allein zu tun mit Regierungen, Kaisern, Königen und Ministern, sondern auch mit den geheimen Gesellschaften, Elementen, denen man Rechnung tragen muss. Sie können schließlich alle Arrangements zunichte machen. Sie haben überall Agenten, skrupellose Agenten, die Morde schüren, und sie können ein Blutbad herbeiführen, wenn sie es für zweckentsprechend halten."
Benjamin Disraeli am 20.9.1876 zu Aylesburg

"Das Wort ‚Geheimhaltung' ist in einer freien und offenen Gesellschaft abstoßend; wir stehen als Volk historisch und von Natur aus gegen Geheimgesellschaften, gegen Verschwörungen und gegen geheime Verhandlungen. Unsere Lebensweise wird angegriffen. Diejenigen, die sich uns zum Feind machen, verteilen sich rund um den Globus. Kein Krieg stellte jemals eine größere Bedrohung für unsere Sicherheit dar als dieser. Wenn Sie nach einer klaren und gegenwärtige Gefahr suchen, dann kann ich nur versichern, dass die Gefahr niemals größer und präsenter war als jene, die uns unmittelbar bevorsteht. Denn wir werden auf der ganzen Welt von einer gigantischen und rücksichtslosen Verschwörung angegriffen, die sich in erster Linie auf verdeckte Mittel zum Ausbau ihres Einflusses stützt. Auf Infiltration statt Invasion, auf Umstürze statt Wahlen, auf Einschüchterung statt Selbstbestimmung, auf Guerillas in der Nacht satt Armeen am Tag. Es ist ein System, das große menschliche und materielle Ressourcen für die Errichtung einer engmaschigen, hocheffizienten Maschinerie verwendet hat, die militärische, diplomatische, geheimdienstliche, wirtschaftliche, wissenschaftliche und politische Operationen kombiniert. Die Vorbereitungen sind verdeckt, nicht öffentlich. Fehler werden vertuscht, statt bekannt gemacht. Ihre Kritiker werden zum Schweigen gebracht, statt gewürdigt. Keine Aufwendung wird in Frage gestellt, kein Gerücht wird gedruckt, kein Geheimnis wird enthüllt."
John F. Kennedy (Rede vor dem amerikanischen Verlegerverband am 27. April 1961)

"Es gibt eine Schattenregierung mit einer eigenen Luftwaffe, eigener Marine, eigener Geldbeschaffung sowie der Fähigkeit, ihre eigenen Vorstellungen in nationalem Interesse durchzusetzen, frei von allen Kontrollen und Bilanzen und frei vom Gesetz selbst."
Daniel K. Inouye bzgl. der Iran-Contra-Affäre, US-Senator aus Hawaii, 1986

„*Das Ziel der Eliten ist der Weltstaat und damit die totale und absolute Herrschaft. Und das setzt voraus, dass alle nationalen Souveränitäten natürlich aufgegeben werden müssen.*"
Prof. Hans J. Bocker, Rohstoffmesse München, 4. November 2011

„*Falls sich die globale Währungskrise entfaltet, dann wird zwangsläufig eine globale Weltregierung eingeführt werden, eine neue globale Währung und eine Neue Weltordnung…*"
Damon Vickers, Chief Investment Officer von NPCP, cnbc.com, 6.11.2009

„*Im technotronischen Zeitalter bildet sich schrittweise eine immer stärker kontrollierte Gesellschaft heraus. Eine solche Gesellschaft wird von einer Elite beherrscht, die sich nicht an traditionelle Werte gebunden fühlt. Bald wird es möglich sein, jeden Bürger praktisch ständig zu überwachen und in umfassenden und ständig aktualisierten [elektronischen] Akten selbst die persönlichsten Informationen über die Bürger zu sammeln. Auf diese Akten wird von den Behörden unmittelbar zugegriffen werden.*"
Zbigniew Brzeziński (1928-2017)

„*In der technotronischen Gesellschaft wird der Trend in Richtung einer Zusammenführung der Millionen einzelner und unkoordinierter Bürger gehen, die leicht durch charismatische und attraktive Persönlichkeiten beeinflusst werden können, die die modernsten Kommunikationstechniken einsetzen, um die Gefühle zu manipulieren und das Denken zu kontrollieren.*"
Zbigniew Brzeziński (1928-2017)

„*Ist aber nicht eigentlich längst ‚alles unter Kontrolle' – beherrscht von einem Dutzend Finanzmagnaten und Bankkonzernen, die Staaten und Regierungen wie die Puppen tanzen lassen können, weil sie an ihrem Tropf hängen? In Deutschland kommen mittlerweile fast 50% des gesamten Staatshaushalts nicht mehr der Bevölkerung zugute, sondern gehen als Schuldzinsen an die Banken. Die Hälfte von jeder Steuermark: ab durch den Schornstein. In anderen Ländern sieht es noch viel dramatischer aus. Wie immer man das System nennt, das dahinter steckt – es läuft auf eine fatale Katastrophe hinaus. Und die Schere zwischen Arm und Reich geht ständig weiter auseinander. Der Verdacht, dass tatsächlich bald alles unter der zentralistischen Kontrolle einiger Finanzmogule steht, kann da nicht länger einfach als wilde Verschwörungstheorie abgetan werden."*

Mathias Bröckers, deutscher Journalist[143]

Quellenverzeichnis

(1) www.br.de/nachrichten/deutschland-welt/im-sog-der-verschwoerungstheorien,RWOS3Gh

(2) www.kopp-verlag.de/a/tragoedie-und-hoff-nung?ws_tp1=kw&ref=googlemc&subref=pool/shopping&gclid=Cj0KCQjw9ZzzBRCKARIsANw-XaeK_ddcJ7xfpcJNKJfOyES9LS2CB7G1dH6j8HIAhZTFz4B0ZGSNgh9QaArfnEALw_wcB

(3) www.kopp-verlag.de/a/tragoedie-und-hoff-nung?ws_tp1=kw&ref=googlemc&subref=pool/shopping&gclid=Cj0KCQjw9ZzzBRCKARIsANw-XaeK_ddcJ7xfpcJNKJfOyES9LS2CB7G1dH6j8HIAhZTFz4B0ZGSNgh9QaArfnEALw_wcB

(4) Jan van Helsing, „Whistleblower", Amadeus Verlag 2016

(5) www.youtube.com/watch?v=shl0K0V4EVU

(6) www.youtube.com/watch?v=lgSnC0QoUps

(7) https://ef-magazin.de/2012/10/31/3803-in-memoriam-aaron-russo-warnungen-eines-grossen-amerikaners

(8) https://dieunbestechlichen.com/2019/05/sie-haben-angst-vor-uns-jan-van-helsing-im-interview-mit-insider-hannes-berger-video-interview/

(9) http://de.scribd.com/doc/101240390/10-25-11-UNCED-1992-Document-Scan-From-George-W-Hunt

(10) Im Video ab Min: 12:35 oder gegen kleine Gebühr unter https://timesmachine.nytimes.com/browser

(11) http://nwodb.com/main

(12) www.sourcewatch.org/index.php/American_Water_Development_Inc.

(13) Im Video ab Min. 28:42

(14) https://youtu.be/r8c-NKjOOA0 und www.wild.org/main/world-wilderness-congress/accomplishments-of-the-4th-world-wilderness-congress/

(15) https://de.wikipedia.org/wiki/Kyoto-Protokoll#1992:_Rio_und_die_Klimarahmenkonvention

(16) https://de.wikipedia.org/wiki/Biodiversitätskonvention

(17) https://de.wikipedia.org/wiki/Rio-Erklärung_über_Umwelt_und_Entwicklung

(18) https://en.wikipedia.org/wiki/United_Nations_Forum_on_Forests

(19) www.ihk-nuernberg.de/de/wir-ueber-uns/ehrbarer-kaufmann-csr/lexikon-der-nachhaltigkeit/

(20) www.un.org/depts/german/conf/agenda21/agenda_21.pdf

(21) www.govinfo.gov/content/pkg/WCPD-1993-07-05/pdf/WCPD-1993-07-05-Pg1201.pdf

(22) www.bueso.de/klimahysterie-finsteren-urspruenge-umweltlobby
(23) www.juraforum.de/lexikon/vorsorgeprinzip
(24) https://en.wikipedia.org/wiki/Keystone_Pipeline
(25) www.scu.edu/environmental-ethics/short-course-in-environmental-ethics/lesson-four/
(26) www.earthfirst.org/
(27) www.amazon.com/Agenda-21-Summit-Strategy-Planet/dp/093575511X
(28) www.democratsagainstunagenda21.com/uploads/4/4/6/6/4466371/iclei.local-agenda-21.planning.guide.pdf
(29) www.iclei.org/
(30) www.agenda21course.com/cgi-sys/suspendedpage.cgi#more-430
(31) https://de.wikipedia.org/wiki/Programm_der_Vereinten_Nationen_für_menschliche_Siedlungen
(32) https://nwri.org/the-wildlands-project/
(33) https://giftamhimmel.de/wp-content/uploads/2020/01/Biodiversity-Map.1-1024x743.jpg
(34) www.dailycamera.com/2012/12/08/usda-secretary-tom-vilsack-says-rural-us-becoming-less-relevant/
(35) https://americanpolicy.org/
(36) https://de.wikipedia.org/wiki/Rocky_Mountain_Institute
(37) https://smartgrowthamerica.org/program/national-complete-streets-coalition/
(38) Foodshed analysis and its relevance to sustainability (2008) by Christian J. Peters, Nelson L. Bills , Jennifer L. Wilkins , Gary W. Fick / Cambridge University Press, 08. December 2008 / https://citeseerx.ist.psu.edu/viewdoc/summary?doi=10.1.1.517.4300
(39) https://de.wikipedia.org/wiki/Tim_Wirth
(40) https://de.wikipedia.org/wiki/United_Nations_Foundation
(41) www.planning.org/growingsmart/
(42) www.heritage.org/
(43) https://cefs.ncsu.edu/wp-content/uploads/stateactionguide2010.pdf?x47549
(44) www.freedomadvocates.org/download/research/USD-A21-pamphlet_2012.pdf
(45) https://newswithviews.com/DeWeese/tom194.htm
(46) www.ncleg.net/Sessions/2009/Bills/Senate/PDF/S1067v5.pdf
(47) https://cefs.ncsu.edu/wp-content/uploads/stateactionguide2010.pdf?x47549
(48) www.sonnewindwaerme.de/photovoltaik/solyndra-duennschicht-hersteller-gibt-auf
(49) https://nationalcenter.org/ncppr/2011/12/11/five-myths-about-the-federal-incandescent-light-bulb-ban-by-amy-ridenour/
(50) www.doellein.de/blog-dr-doellein/
(51) https://nepis.epa.gov/Exe/ZyPDF.cgi/P1000QXY.PDF?Dockey=P1000QXY.PDF
(52) www.govinfo.gov/content/pkg/FR-1998-08-24/pdf/98-22655.pdf

(53) http://narc.org/about/about-the-association/
(54) www.belomar.org/
(55) www.bhjmpc.org/
(56) https://buckeyehills.org/
(57) www.clarktcc.com/
(58) www.eastgatecog.org/
(59) www.erie-county-ohio.net/planning/planning.htm
(60) www.lacrpc.com/
(61) www.lcats.org/
(62) www.mvrpc.org/
(63) www.morpc.org/
(64) www.noaca.org/
(65) www.oki.org/
(66) www.rcrpc.org/
(67) www.tmacog.org/
(68) www.socog.org/
(69) www.co.stark.oh.us/internet/HOME.DisplayPage?v_page=rpc_SCATS
(70) https://en.wikisource.org/wiki/Executive_Order_13602
(71) www.gpo.gov/fdsys/pkg/PLAW-111publ117/pdf/PLAW-111publ117.pdf
(72) www.amazon.com/Spreading-Wealth-Robbing-Suburbs-Cities/dp/1595230920
(73) www.nationalreview.com/2012/10/obamas-plan-ohio-stanley-kurtz/
(74) www.un.org/depts/german/conf/agenda21/agenda_21.pdf
(75) www.newswithviews.com/iserbyt/iserbyt13.htm
(76) www.freedomadvocates.org/what-is-a-soviet/?_20050629134/
(77) https://newswithviews.com/Shaw/michael134.htm
(78) http://ada.ky.gov/stw_opp_act.htm
(79) www.smarterbalanced.org/assessments/development/
(80) https://en.wikipedia.org wiki/PARCC
(81) www.ed.gov/news/speeches/greening-department-education-secretary-duncans-remarks-sustainability-summit
(82) https://resources.newmeridiancorp.org/
(83) https://de.wikipedia.org/wiki/American_Recovery_and_Reinvestment_Act
(84) https://en.wikipedia.org/wiki/Race_to_the_Top
(85) https://de.wikisource.org/wiki/Verfassung_der_Vereinigten_Staaten_von_Amerika#Zusatzartikel_X
(86) www.spiegel.de/lebenundlernen/schule/lehrerin-gibt-nur-noch-gute-noten-a-1246916.html
(87) https://whatiscommoncore.wordpress.com/2013/07/31/fox-news-common-core-is-a-risky-experiment-on-children-by-james-milgram-and-emmett-mcgroarty/
(88) https://whatiscommoncore.wordpress.com/2013/12/03/stotsky-common-core-math-not-preparing-high-school-students-for-stem/

(89) https://de.wikipedia.org/wiki/Bildungssystem_in_den_Vereinigten_Staaten#Colleges_und_Universit.C3.A4ten
(90) www.nzz.ch/wissenschaft/bildung/lernen-ohne-schule-1.17704257
(91) https://de.wikipedia.org/wiki/K-12
(92) www.foxnews.com/opinion/should-the-white-house-control-what-your-kids-learn
(93) www.cirp.org/library/legal/dwyer2/
(94) https://familywatch.org/
(95) https://edition.cnn.com/2012/09/24/us/new-york-plan-b
(96) https://en.wikipedia.org/wiki/Comprehensive_sex_education
(97) www.americanthinker.com/articles/2013/02/welcome_to_your_21st_century_global_educational_system.html
(98) www.bmz.de/de/ministerium/wege/bilaterale_ez/akteure_ez/nros/
(99) www.unric.org/de/aufbau-der-uno/85
(100) https://en.wikipedia.org/wiki/Smart_growth#Basic_concept
(101) *Tom DeWeese / American Policy Center from the Stop Agenda 21 Tool Kit*
(102) https://eagleforum.org/
(103) www.mnforsustain.org/media_delphi_technique_of_disinformation_stuter_l.htm#How%20the%20Delphi%20Technique%20Works
(104) https://americanpolicy.org/
(105) www.newswithviewsstore.com/mm5/merchant.mvc?Screen=PROD&Store_Code=NWVS&Product_Code=DV10&Category_Code=DVD
(106) https://americanpolicy.org/2011/03/03/how-to-fight-back-against-sustainable-development/
(107) www.agenda21course.com/
(108) https://giftamhimmel.de/die-unced-konferenz-der-vereinten-nationen-ueber-umwelt-und-entwicklung-rio-de-janeiro-brasilien-vom-1-12-juni-1992/
(109) https://de.wikipedia.org/wiki/Zweiter_Golfkrieg
(110) http://de.scribd.com/doc/101240390/10-25-11-UNCED-1992-Document-Scan-From-George-W-Hunt
(111) https://giftamhimmel.de/bezahlen-sie-jetzt-oder-es-ist-um-die-erde-geschehen/
(112) www.de-ipcc.de/media/content/SR1.5-SPM_de_181130.pdf
(113) https://edition.cnn.com/2018/10/07/world/climate-change-new-ipcc-report-wxc/
(114) www.washingtonpost.com/gdpr-consent/?next_url=https%3a%2f%2fwww.washingtonpost.com%2fenergy-environment%2f2018%2f10%2f08%2fworld-has-only-years-get-climate-change-under-control-un-scientists-say%2f%3fnoredirect%3don%26utm_term%3d.a12b84133571&noredirect=on www.theguardian.com/environment/2018/oct/08/global-warming-must-not-exceed-15c-warns-landmark-un-report
(115) www.nature.com/news/three-years-to-safeguard-our-climate-1.22201

(116) www.theguardian.com/environment/2017/jun/28/world-has-three-years-left-to-stop-dangerous-climate-change-warn-experts
(117) https://report.ipcc.ch/sr15/pdf/sr15_spm_final.pdf
(118) https://report.ipcc.ch/sr15/pdf/sr15_spm_approved_trickle_backs.pdf
(119) www.ipcc.ch/site/assets/uploads/2018/11/pr_181008_P48_spm_en.pdf
(120) www.de-ipcc.de/media/content/SR1.5-FAQs_de_barrierefrei.pdf
(121) www.de-ipcc.de/media/content/SR1.5-FAQs_de_barrierefrei.pdf
(122) http://gergs.net/wp-content/uploads/2014/03/All_palaeotemps_rev7.png
(123) www.corbettreport.com/what-is-the-average-global-temperature/
(124) http://joannenova.com.au/2018/10/first-audit-of-global-temperature-data-finds-freezing-tropical-islands-boiling-towns-boats-on-land/
(125) https://en.wikipedia.org/wiki/Climatic_Research_Unit
(126) https://edition.cnn.com/2018/10/07/world/climate-change-new-ipcc-report-wxc/
(127) www.washingtonpost.com/gdpr-consent/?next_url=https%3a%2f%2fwww.washingtonpost.com%2fenergy-environment%2f2018%2f10%2f08%2fworld-has-only-years-get-climate-change-under-control-un-scientists-say%2f%3fnoredirect%3don%26utm_term%3d.fee0353ecb5b&noredirect=on
(128) www.theguardian.com/environment/2018/oct/08/global-warming-must-not-exceed-15c-warns-landmark-un-report
(129) https://de.wikipedia.org/wiki/Sonderbericht_1,5_°C_globale_Erwärmung
(130) https://unfccc.int/about-us/contact-and-directions
(131) https://iclei.org/en/About_ICLEI_2.html
(132) https://de.wikipedia.org/wiki/Klimarahmenkonvention_der_Vereinten_Nationen
(133) www.umweltbundesamt.de/themen/klima-energie/internationale-eu-klimapolitik/klimarahmenkonvention-der-vereinten-nationen-unfccc
(134) www.nytimes.com/2018/10/08/climate/carbon-tax-united-nations-report-nordhaus.html
(135) www.corbettreport.com/bigoil/
(136) www.corbettreport.com/pay-up-or-the-earth-gets-it-propagandawatch/
(137) www.bitchute.com/video/RJ7mMqVbX37M/
(138) www.youtube.com/watch?v=eMSF8mCR6M0&feature=youtu.be
(139) http://kahudes.net/
(140) www.rechtslexikon.net/d/bewegliche-sache/bewegliche-sache.htm
(141) www.bitchute.com/video/RJ7mMqVbX37M/
https://youtu.be/eMSF8mCR6M0
(142) www.heise.de/tp/features/Das-Internet-Naehrboden-fuer-Konspiration-und-Garant-dezentraler-Kontrolle-und-die-Geldverschwoerung-3449891.html
(143) www.youtube.com/watch?v=mt0U11XBdWY
(144) http://2012portal.blogspot.com/2020/02/endtime-madness-continues.html

(145) www.newstarget.com/2020-02-26-5g-rollout-in-wuhan-damage-the-innate-cellular-defense-cells-coronavirus.html
https://phibetaiota.net/2020/02/yoda-global-5g-map-correlates-to-all-virus-cases/
www.breitbart.com/national-security/2020/03/09/iran-zionists-developed-the-coronavirus/

(146) www.zerohedge.com/geopolitical/israeli-scientists-say-they-will-have-corona virus-vaccine-few-weeks
www.strategic-culture.org/news/2020/03/05/who-made-coronavirus-was-it-us-israel-or-china-itself/?fbclid=IwAR166QxGYk7JlsIjl40coqjkzWCvUOSGFxOxYnYkWji1qMKYO7Fi32beK_c
www.presstv.com/Detail/2020/03/07/620357/US,-Israel-waging-biological-warfare-on-massive-scale

(147) https://i1.wp.com/www.zachdrewshow.com/wp-content/uploads/2020/02/ Coronavirus_Real-Death-Toll-5G-Botched-Vaccine-Experiment_-More.jpg?fit=1154%2C649&ssl=1
https://en.globes.co.il/en/article-5g-mobile-revolution-designed-in-israel-1001207153

(148) https://prepareforchange.net/2019/03/09/5g-was-created-in-israel-and-is-part-of-sterilizing-the-goyim-non-jew-not-allowed-in-israel/
https://rense.com/general96/5g-is-an-israeli-creation-of-mass-mind-control.htm
http://themillenniumreport.com/2020/03/coronavirus-hoax-fake-virus-pandemic-fabricated-to-cover-up-global-outbreak-of-5g-syndrome/
www.verityweekly.com/wp-content/uploads/2020/03/74164/the-coronavirus-hoax-640x360.jpg

(149) www.ccn.com/africa-may-be-spared-from-coronavirus-no-thanks-to-its-leaders/
www.thesouthafrican.com/news/what-is-coronavirus-latest-updates-first-case-reported-in-africa/

(150) www.thelibertybeacon.com/wp-content/uploads/2020/01/5G-open-to-virus-feat-1-29-20.jpg

(151) www.deutsches-reich-heute.de/html/index2.php?http://www.deutsches-reich-heute.de/html/gesetze/ueberleitung.htm
www.bgbl.de/xaver/bgbl/start.xav#__bgbl__%2F%2F*%5B%40attr_id%3D%27bgbl290s1386.pdf%27%5D__1584198554502

(152) www.giftamhimmel.de

(153) https://weathermodificationhistory.com/foia-reveals-usaf-paper-counterforce-weather-control-spacecast-2020/

(154) www.oberhausen.de/de/index/stadtentwicklung-umwelt/news/stadtentwicklung_material/dokumentation_stadtteilmesse-osterfeld.pdf

Bildquellen

(1) Wikipedia, Georgia Guide Stones
(2) Privatarchiv Jan van Helsing
(3) www.youtube.com/watch?v=xSQ73NQPNmA,
UNCED (United Nations Committee For Enviroment And Development) Earth Summit '92- UN Agenda 21
(4) http://2.bp.blogspot.com/-6AiaHKQEphk/UyKwMLpwmxI/AAAAAAAAAH8/_CvFkMU9Qiw/s1600/3Ds_logo-300x175_deutsch.png
(5) http://3.bp.blogspot.com/-Nw1GwUdVNmU/UyfWQ-fENLI/AAAAAAAAAKM/7HSSMvtxmSs/s1600/Biodiversity_Map_de.png
(6) https://giftamhimmel.de/wp-content/uploads/2020/01/Biodiversity-Map.1-1024x743.jpg
(7) https://wildlifecorridorsblog.wordpress.com/2016/02/26/north-american-wildways/
(8) www.agenda21course.com/wp-content/uploads/2013/03/Star-Communities.pdf
(9) http://de.scribd.com/doc/101240390/10-25-11-UNCED-1992-Document-Scan-From-George-W-Hunt
(10) http://de.scribd.com/doc/101240390/10-25-11-UNCED-1992-Document-Scan-From-George-W-Hunt
(11) http://de.scribd.com/doc/101240390/10-25-11-UNCED-1992-Document-Scan-From-George-W-Hunt
(12) http://de.scribd.com/doc/101240390/10-25-11-UNCED-1992-Document-Scan-From-George-W-Hunt
(13) http://de.scribd.com/doc/101240390/10-25-11-UNCED-1992-Document-Scan-From-George-W-Hunt
(14) http://de.scribd.com/doc/101240390/10-25-11-UNCED-1992-Document-Scan-From-George-W-Hunt
(15) http://gergs.net/wp-content/uploads/2014/03/All_palaeotemps_rev7.png
(16) https://www.youtube.com/watch?v=uTQC-uW07tk
(17) Youtube-Beitrag „Trump And JFK Jr The Plan To Free The World With Truth"
(18) Privatarchiv Jan van Helsing

MEIN VATER WAR EIN MiB – Band 3

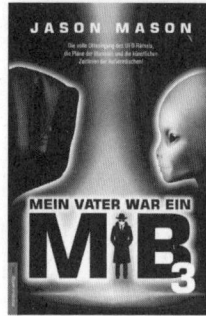

Jason Masons

Die Illuminati sind in Panik – neueste Informationen der Raumflotte

In „MiB –Band 3" dreht sich alles um die große Meta-Verschwörung und die Pläne der Lichtkräfte und Dunkelmächte und viele bis jetzt offen gebliebenen Fragen werden nun endlich aufgelöst. Antike Mysterien verbinden sich mit Quantenphysik und rätselhaften religiösen Prophezeiungen. Setzt man alle Bausteine dieses kosmischen Rätsels zusammen, ergibt sich ein erstaunliches und völlig neues Bild unserer Realität, die wie eine subtile Kontroll-Matrix aufgebaut ist.

- Neues über die Themen Antarktis, Hohlwelt, Mitternachtsberg, Atlantis, Operation Highjump und dem Geheimnis der verschollenen deutschen U-Boote
- Erlebnisse von UFO-Kontaktleuten mit deutsch sprechenden Ufo-Piloten und Nordics
- Die Verbindung von fliegenden Untertassen zu Atomwaffen und Roswell, freigegebene Dokumente über Majestic-12 und die Top-Secret-Verträge mit Greys und Reptiloiden

ISBN 978-3-938656-84-6 • 33,00 Euro

UNSICHTBAR

Martina Heise

Haben Sie nicht auch schon einmal Geschichten über eine verborgene Welt gehört – eine unsichtbare Welt, in der sich Verstorbene aufhalten, aber auch Geister und Dämonen? Oder haben Sie möglicherweise sogar selbst etwas sehr Außergewöhnliches erlebt, das sie nicht mit dem Verstand alleine erklären konnten?

Es gibt Menschen, die haben die Gabe – oft seit Geburt –, diese Welt wahrzunehmen und mit den dort lebenden Wesen und Verstorbenen zu kommunizieren. Martina Heise ist eine von ihnen. Nach dem Erfolg ihres Buches „Schutzengel & Co." lässt Martina uns teilhaben an zahlreichen Phänomenen, die sie mit Engeln, Verstorbenen und der geistigen Welt erlebt hat und greift dabei Phänomene auf, die viele von uns bereits erlebt haben, jedoch bislang nicht zuordnen konnten.

Spannend erzählt Martina nicht nur ihre Erlebnisse mit dem Übersinnlichen, sondern bietet gleichzeitig eine wunderbare Hilfe zur Lösung vieler Probleme an, unter anderem zum Thema Gesundheit, Partnerschaft, Indigokinder und unheimliche Phänomene in unserem Zuhause. Wie wichtig ist beispielsweise ein energetisch harmonisches Umfeld, speziell in Häusern und Wohnungen? Sieht unser Kind Geister oder Verstorbene oder hat es Visionen?

ISBN 978-3-938656-51-8 • 26,00 Euro

DIE KENNEDY-VERSCHWÖRUNG

Dan Davis

War es eine Freimaurer-Hinrichtung?

Etwa 2.800 bislang geheime Dokumente zum Mord an John F. Kennedy wurden von Präsident Donald Trump zur Veröffentlichung freigegeben. In diesem Buch werden die neusten Erkenntnisse über den Mord an JFK am 22. November 1963 in Dallas, Texas, thematisiert und aufgelistet. Neben den brandaktuellen Fakten werden weitere offene Fragen erstmals beantwortet: Warum waren alle Entscheidungsträger, die mit der „Aufklärung" des Mordes zu tun hatten, Freimaurer? Welche von JFK geplanten Gesetzesänderungen verschwanden nach dem Attentat umgehend wieder? Warum kam es zu einem Massensterben von Augenzeugen? War es reiner „Zufall", dass Kennedys Sohn 1999 mit seinem Flugzeug abstürzte, wenige Tage vor einer geplanten Kandidatur zum US-Präsidenten? Und was weiß Donald Trump darüber? Wussten Sie, dass John F. Kennedys Grabstätte die Form eines Q aufweist? Wer ist der Whistleblower QAnon? Gibt es einen großen Rachefeldzug?

ISBN 978-3-938656-52-5 • 21,00 Euro

SKLAVENPLANET ERDE

Gabriele Schuster-Haslinger

Es ist Zeit, aufzuwachen!

Die Völker der Erde werden ganz bewusst belogen, und das in allen Bereichen: Seien es unterdrückte Verfahren zur Stromerzeugung, Krebs-Therapien, die nur bestimmten Kreisen zugänglich sind, die wahre Abstammung des Menschen oder die geheime Besiedelung unserer Nachbarplaneten – aber auch Themen wie Massenmigration, Gender-Ideologie oder Klimaschwindel. Wir werden durch ein Konstrukt aus Konsumgesellschaft, Zinssystem und bewusster Irreführung durch die Massenmedien derart beschäftigt, dass wir gar nicht mitbekommen, in welchem Stadium der Kontrolle und Überwachung wir uns bereits befinden. Doch nicht nur von staatlichen und Geheimdienstorganen, sondern mehr und mehr durch Künstliche Intelligenz. Und diese ist nicht nur dabei, unsere Gehirnleistung zu übernehmen, sondern sie auch zu steuern – uns allen droht ein vollkommen manipuliertes Sklavendasein. Doch neben diesen gibt es auch noch andere besorgniserregende Entwicklungen auf der Erde, von denen der Bürger nichts mitbekommt – aus gutem Grund!

ISBN 978-3-938656-51-8 • 26,00 Euro

MEIN VATER WAR EIN „MiB"

Jason Mason

Das geheime Weltraumprogramm und die Antarktis-Deutschen

Wer sind diese rätselhaften Men in Black (MiB), die seit den 1950er-Jahren nach UFO-Sichtungen bei Zeugen auftauchen und diese befragen, deren Fotos konfiszieren oder sie sogar bedrohen? Nur sehr wenig wurde bislang über sie bekannt. Einer dieser MiB kontaktierte kurz vor seinem Tode seinen Sohn, um diesen als Nachfolger in die Organisation einzuführen und berichtete ihm von einer Welt, die sich im Hintergrund des uns bekannten Geschehens abspielt – von einer Welt voller Geheimorganisationen, eine Technologie, die wir nur aus Science-Fiction-Filmen kennen sowie über geheime Machtstrukturen, die unseren Planeten fest im Griff haben.

ISBN 978-3-938656-81-5 • 33,00 Euro

NUTZLOSE ESSER

Gabriele Schuster-Haslinger

Die Menschheit wird in den nächsten Jahrzehnten massiv dezimiert! Was ist zu erwarten, was können wir tun - und wer steckt dahinter?

Es ist ja nun kein Geheimnis, dass immer mehr Menschen auf diesem Planeten immer weniger Rohstoffen gegenüber stehen. In den kommenden Jahren kommt hinzu, dass Maschinen, Roboter und Drohnen menschliche Arbeitskraft überflüssig machen. Was zurückbleibt, sind aus Sicht der rational-kaufmännisch denkenden "Elite" sog. "Nutzlose Esser" – Menschen, die entweder arbeitslos, zu ungebildet oder zu alt sind und dem produktiven Teil wertvolle Rohstoffe und Nahrungsmittel wegnehmen und zu viel kosten. Die Situation ist jedem logisch denkenden Menschen bewusst, doch mag ein christlich-sozial eingestellter Mensch nicht aussprechen, was unausweichlich scheint, um das Dilemma zu lösen: eine Dezimierung der Weltbevölkerung! Das haben nun jene übernommen, die im Hintergrund die Weltgeschicke steuern, und nicht nur entsprechende Pläne geschmiedet – nein, sie setzen sie bereits um! Wie steht es um den Plan, vor allem das deutsche Volk "auszurotten"? Die Autorin erläutert in diesem Buch nicht nur die verschiedensten Methoden, mit denen dies bereits geschieht und was uns noch bevorstehen wird, falls sich nicht etwas gravierend ändert. Sie deckt ebenso auf, wer im Hintergrund wirklich die Fäden in der Hand hält.

ISBN 978-3-938656-42-6 • 21,00 Euro

MEIN VATER WAR EIN MiB – Band 2

Jason Mason

Die „Götter" haben die Erde nie verlassen!

In MiB – Band 1 kamen Whistleblower zu Wort, die ausführlich von einem abenteuerlichen geheimen Weltraumprogramm berichteten. In Band 2 behandelt Jason Mason nun folgende Themen:
- Einen „Missing Link" gibt es nicht – die ganze Kette fehlt!
- Menschen und Dinosaurier lebten zur gleichen Zeit auf der Erde!
- Die Menschheit ist eine geheimnisvolle Hybriden-Spezies!
- Bis vor kurzer Zeit gab es eine alte Kultur von Riesen in Amerika!
- Die echte Arche Noah wurde gefunden, doch warum versuchte man sie zu zerstören?
- Neue, sensationelle Erkenntnisse über die mysteriöse Spezies der menschlichen Langschädel!
- Die Wahrheit über unsterbliche Meister und den Grafen von Saint Germain!
- Es existieren Maschinen, die es ermöglichen, durch die Zeit zu schauen!
- Insider berichten von Besuchen bei den Zivilisationen der Inneren Erde!
- Ein Whistleblower berichtet über die Rückkehr der Anunnaki mit dem Planeten X!

ISBN 978-3-938656-82-2 • 33,00 Euro

SCHUTZENGEL & CO

Martina Heise

Jeder Mensch hat einen Schutzengel

Wir werden von Engeln und anderen geistigen Wesen begleitet – jeden Tag. Doch nur wenige können diese bewusst wahrnehmen und mit ihnen kommunizieren. Martina Heise (ehem. Krämer) wurde mit dieser Gabe geboren und konnte von klein auf nicht nur ihren Schutzengel sehen, sondern auch die Seelen Verstorbener. Von ihrem Schutzengel wurde sie zum einen über den Sinn des Erdendaseins unterrichtet und zum anderen über die Mechanismen des Lebens, vor allem aber darüber, was im Jenseits auf uns wartet und wie wir uns das vorstellen können. In diesem Buch schildert Martina, wie sie lernte, mit den geistigen Wesen zu kommunizieren, welche Unterschiede es bei den feinstofflichen Wesen gibt, wie sie mit uns in Kontakt treten, uns Botschaften übermitteln und wie wir diese verstehen können. Sie erklärt auch die Gefahr, die von Besetzungen, Dämonen und anderen dunklen Wesen ausgeht und wie man diese beseitigen und unsere Häuser von solchen dunklen Energien befreien kann. Außerdem stellt sie Übungen zur Verfügung, wie man sich vor Negativem schützen und die eigene Intuition stärken kann.

ISBN 978-3-938656-38-9 • 21,00 Euro

ILLUMINATENBLUT

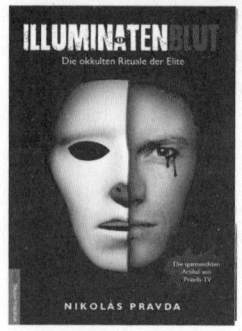

Nikolas Pravda

Die Täuschung und Menschenverachtung der Eliten enttarnt!

Angeblich leben wir in einer aufgeklärten, humanistischen und christlichen Gesellschaft, der sog. westlichen Wertegemeinschaft. Doch unsere Werte werden allzu oft mit Füßen getreten und zwar nicht nur von Kriminellen, Hochstaplern und Terroristen, sondern auf besonders drastische Weise gerade auch von der Oberschicht, den Eliten und den sog. Illuminaten. Die Eliten werden in den Medien häufig als selbstlos, humanistisch und religiös dargestellt, als Menschen-freunde, Helden oder Heilige. Doch hinter der freundlichen Maske des Gutmenschen verbirgt sich nicht selten die hässliche Fratze des rücksichtslosen Ausbeuters. Nikolas Pravda widmet sich diesen dunkelsten Schattenseiten unserer Gesellschaft und ihren mächtigsten Akteuren, wobei er schonungslos aufdeckt, wie sehr die scheinbar transparenten Strukturen unserer Gesellschaft von okkulten Ritualen durchdrungen sind, der Rechtsstaat von elitären Geheimgesellschaften im Würgegriff gehalten wird und das Machtgefüge von immergleichen Blutlinien durchzogen ist, die für eine kontinuierliche Verdummung des Rests der Bevölkerung sorgen.

ISBN 978-3-938656-49-5 • 19,00 Euro

GIFTDEPONIE MENSCH

Katja Kutza

Der ungewöhnliche Heilungsweg einer Amalgamvergiftung,
die Hintergründe moderner Volkskrankheiten und
die wundervolle Hilfe aus der geistigen Welt!

„Sie sind austherapiert. Wir können keine körperlichen Erkrankungen bei Ihnen feststellen und vermuten eine psychische Störung." Das waren die Worte, mit denen Katja Kutza aus den meisten schulmedizinischen Praxen entlassen wurde. Am Ende eines langen Leidensweges stand die Autorin mit einem nicht mehr funktionieren wollen-den Körper und allein gelassen von Ärzten vor den Trümmern ihres einst glücklichen Lebens. Völlig verzweifelt an diesem Punkt angekommen, bekam ihr Leben endlich eine glückliche Wende. Durch innige Gebete gab es für Katja Kutza plötzlich außergewöhnliche Fügungen des Schicksals – meist in Form von alternativen und spirituellen Heilmethoden. Nicht nur ihre Grunderkrankung – eine Amalgamvergiftung – wurde aufgedeckt, auch spirituelle, geistige und energetische Heilsysteme ebneten ihr den Heilungsweg.

ISBN 978-3-938656-47-1 • 21,00 Euro

WENN DAS DIE MENSCHHEIT WÜSSTE...

Daniel Prinz

Wir stehen vor den größten Enthüllungen aller Zeiten!

Der neue Blockbuster von Daniel Prinz – 720 Seiten! Der Inhalt dieses Buches wird Sie aus den Schuhen hauen! Im Folgeband des Bestsellers „Wenn das die Deutschen wüssten..." hat Daniel Prinz im ersten Teil in aufwendiger Recherchearbeit brisante Hintergründe zu den beiden Weltkriegen aufgedeckt, die mit dem gefälschten Geschichtsbild der letzten 100 Jahre mit eisernem Besen gründlich aufräumen. In Teil 2 geht es um Chemtrails, die Dezimierung der Menschheit, Zensur und Gedankenpolizei, Impfungen und das Krebsgeschäft, und in Teil kommt die kosmische Variante mit ins Spiel: das geheime Weltraumprogramm!

ISBN 978-3-938656-89-1 • 33,00 Euro

GEHEIMSACHE „STAATSANGEHÖRIGKEITSAUSWEIS"

Max von Frei

Wussten Sie, dass ein Reisepass oder ein Personalausweis nicht dazu ausreicht, Ihre deutsche Staatsangehörigkeit nachzuweisen? Wenn Sie beispielsweise als Deutscher in den USA oder Russland eine Firma gründen wollen, verlangen die dortigen Behörden Ihren "Staatsangehörigkeitsausweis" als Nachweis, dass Sie Deutscher sind. Noch nie davon gehört? Diesen Ausweis erhalten Sie beim Landratsamt, und er kostet nur 25 Euro. War Ihnen bekannt, dass Sie nur mit dem "Staatsangehörigkeitsausweis" die Bürgerrechte – laut Grundgesetz die sog. „Deutschenrechte" – beanspruchen können? Aber wieso wissen wir das nicht, und wieso erhält man dieses Dokument nicht ganz automatisch mit der Geburt ausgehändigt? Wieso macht die BRD den Staatsangehörigkeitsausweis zur Geheimsache? Könnte die Offenbarung dieses Geheimnisses über die Zukunft Ihres Vermögens entscheiden? Könnte diese neue Erkenntnis darüber hinaus vielleicht sogar zu einem von Deutschland ausgehenden, weltweiten Frieden führen?

Max von Frei beantwortet diese Fragen im Detail – belegt durch geltende und gültige Gesetze sowie zahlreiche Dokumente – und erklärt darüber hinaus, wieso die BRD nicht wirklich souverän ist und weshalb die „Menschenrechte" in „Handelsrecht" und „Staaten" in „Firmen" umgewandelt werden.

ISBN 978-3938656-61-7 • 21,00 Euro

WELTVERSCHWÖRUNG

Thomas A. Anderson

Wer sind die wahren Herrscher der Erde?

Immer mehr Menschen stellen fest, dass sie von den Regierenden belogen und betrogen werden und dass die Volksvertreter nicht das Volk vertreten, sondern die Interessen von Großkonzernen, von Militär und Wirtschaft. Große, weltumspannende Firmen und Organisationen leiten unsere Welt. Diese Familienclans nennen die Rohstoffe auf Erden ihr Eigen, bestimmen den Goldpreis und verleihen astronomische Summen an kriegführende Länder. Aber geht es diesen wirklich nur um wirtschaftliche Interessen, oder steckt etwas ganz anderes dahinter?

ISBN 978-3-938656-35-8 • 23,30 Euro

WHISTLEBLOWER

Jan van Helsing

Insider aus Politik, Wirtschaft, Medizin und Geheimdienst packen aus!

Der Whistleblower Edward Snowden und der Sprecher der Whistleblower-Plattform *Wikileaks*, Julian Assange, haben im Ausland Asyl beantragt, weil sie geheime Regierungsdokumente veröffentlicht hatte. Man will sie jedoch nicht bestrafen, weil sie Unwahrheiten oder Lügen verbreitet haben – nein: Man will sie bestrafen, weil sie den Menschen die Wahrheit gesagt haben, die Wahrheit darüber, dass wir alle von unseren Regierungen und deren Geheimdiensten überwacht und ausspioniert werden. Ist es das, wofür wir unsere Volksvertreter gewählt haben? Ist es nicht viel eher so, dass sie inzwischen ganz anderen Interessen dienen? Für dieses Buch haben *Jan van Helsing* und *Stefan Erdmann* 16 Whistleblower interviewt, die u.a. zu folgenden Themen auspacken:

- Wie geht es in deutschen Asylantenheimen wirklich zu?
- Ist Deutschland souverän? Ist die BRD ein Staat oder eine Firma?
- Was ist *Geomantische Kriegsführung*?
- Es werden viele alternative sowie schulmedizinische Therapieformen unterdrückt!
- Gibt es das „Geheime Bankentrading" wirklich? Wie sparen Großunternehmen und soziale Einrichtungen über Stiftungen Steuern?
- Der Ruanda-Kongo-Krieg war wegen Rohstoffen angezettelt worden!
- Warum es bei Film und Radio nur „Linke" geben darf...
- Ein Schottenritus-Hochgradfreimaurer spricht über UFOs und Zeitreisen.

ISBN: 978-3-938656-90-7 • 23,30 Euro

WAS SIE NICHT WISSEN SOLLEN!

Michael Morris

Einigen wenigen Familien gehört die gesamte westliche Welt – und nun wollen sie den Rest!

Eine kleine Gruppe von Privatbankiers regiert im Geheimen unsere Welt. Das Ziel dieser Geldelite ist kein Geringeres als die Weltherrschaft, genannt die *Neue Weltordnung*!
Michael Morris erklärt über die Zukunft der Finanz- und Wirtschaftswelt: *„Die Ländergrenzen werden bleiben, aber die Währungsgrenzen fallen! Ich habe in diesem Buch den Fokus auf die Wirtschaft, auf Geld und das Bankwesen gelegt, denn die Mechanismen des Geldes sind der Schlüssel zur Macht dieser Bankier-Clans. Seit fast zweihundert Jahren sind wir immer wieder auf dieselben Tricks hereingefallen... Jeder Börsencrash war geplant und so ist es auch der nächste – und der kommt sehr bald!"*

ISBN 978-3-938656-13-6 • 21,00 Euro

WENN DAS DIE DEUTSCHEN WÜSSTEN...

Daniel Prinz

...dann hätten wir morgen eine (R)evolution!

Wussten Sie, dass Ihr Personalausweis oder Ihr Reisepass nicht Ihre deutsche Staatsangehörigkeit bestätigt und fast alle Deutschen in ihrem eigenen Land staatenlos sind? Nein? Es gibt tatsächlich ein Dokument, welches die rechtmäßige Staatsangehörigkeit bescheinigt, aber es ist keines der beiden zuvor genannten. Nur wenige Deutsche sind im Besitz dieser speziellen Urkunde, z.B. viele Staatsanwälte, Notare, Bundespolizisten oder Politiker. Wussten Sie zudem, dass Gerichtsvollzieher in der BRD seit 2012 keine Beamten mehr sind oder dass die BRD selbst gar kein Staat ist – und auch nie war –, sondern eine von den Alliierten installierte Verwaltung, die großteils innerhalb einer „Firmenstruktur" operiert? War Ihnen geläufig, dass wir bald in die „Vereinigten Staaten von Europa" übergehen und die Menschen in „handelbare Waren" umfunktioniert werden? Haben Sie sich nicht auch schon gewundert, wieso aus dem Arbeitsamt eine „Agentur für Arbeit" geworden ist oder warum Sie vor Gericht als „Sache" behandelt werden und nicht als Mann oder Frau? Der Autor beantwortet nicht nur diese Fragen ausführlich, sondern zeigt zudem auf, welche höchst raffinierten und hinterhältigen Mechanismen eingesetzt werden, die uns alle versklavt haben und dafür sorgen sollen, dass wir aus dem gegenwärtigen, riesigen Hamsterrad nie ausbrechen.

ISBN 978-3938656-27-3 • 21,00 Euro

SELBSHEILKRAFT

Klaus Medicus

*Die Schlüssel zur Entfaltung höchster Potentiale
gesundheitlich – psychisch – spirituell*

»Selbst-Heilkraft« ist das innovative Praxisbuch eines wirklichen Medicus unserer Zeit, das sich mit Leichtigkeit über künstlich gesetzte Grenzen klassischer Medizin, konventioneller spiritueller Leitfäden und des herkömmlichen Denkens hinwegsetzt. Wir sind frei, eine Revolution des Geistes zu erleben, mit der wir die Fesseln alltäglicher Propaganda hinsichtlich Gesundheit, Spiritualität, Gesellschaft, Umwelt und Politik sprengen. In jedem Menschen liegt ungeahntes Potential eigener Schöpferkraft verborgen, das es zu entdecken gilt. Der Medicus nimmt seine Leser mit auf eine faszinierende Reise in Weiten menschlichen Bewusstseins, auf der sich durch die Aktivierung der Zirbeldrüse Zugänge ins universelle Quantenfeld öffnen und die Kraft erlebter Gegenwärtigkeit direkt erfahrbar wird.

ISBN 978-3-938656-74-7 • 21,00 Euro

HITLER ÜBERLEBTE IN ARGENTINIEN

Jan van Helsing & Abel Basti

Augenzeugen kontra Geschichtsbücher

„*So ein Unsinn*", werden Sie über den Titel denken. „*Hitler ist im Berliner Bunker gestorben. Man hat die verkohlten Leichen von ihm und Eva Braun gefunden, und das dort aufgefundene Gebiss wurde als das von Hitler identifiziert.*"

Nun ja, diese Darstellung des Ablebens von Adolf Hitler ist zwar offiziell anerkannt und wurde kürzlich auch recht aufwendig verfilmt, ist aber selbst unter Historikern umstritten – nicht zuletzt deshalb, weil das angebliche Schädelfragment Hitlers im Jahre 2010 untersucht wurde und sich nach einem DNS-Test als das einer Frau herausstellte. Und wieso berichten die größten Tageszeitungen Paraguays im Jahre 2010, dass Hitler lange in Südamerika gelebt hat und auch dort gestorben ist? Nun stellen Sie sich bestimmt die Frage: „*Ja und, was soll's? Jetzt ist er aber bestimmt tot! Was soll ich mich damit noch beschäftigen?*" Richtig, genau das sollte man meinen. Allerdings werden in diesem Buch Personen präsentiert – die namentlich genannt werden –, die nicht nur behaupten, Adolf Hitler persönlich in Südamerika angetroffen zu haben, und das über einen längeren Zeitraum hinweg – bis ins Jahr 1964 –, sondern auch, dass er die letzten zwanzig Jahre seines Lebens nicht untätig war – ganz im Gegenteil!

ISBN 978-3-938656-20-4 • 26,00 Euro

GEFÄHRLICH!

Stefan Müller

Du bist viel mächtiger, als Du denkst!

Es gibt Strukturen in unserer Gesellschaft – sei es in Politik, Wirtschaft oder Religion –, die haben ein starkes Interesse, dass Du Dich für einen unbedeutenden und hilflosen Menschen hältst. Dieses Buch ist für diese Kreise äußerst gefährlich, denn es enthält Geheimnisse, die Du nicht kennen sollst. Diese Informationen können Dich befreien! Vor allem machen sie Dich stark und selbstbewusst. Das Leben ist einfach zu kurz, um es unbewusst und vor dem Karren einer anderen Autorität zu verbringen. Es ist Dein Leben! Lebe dieses Leben „Like a Boss", nicht wie ein Bittsteller. Gehe erhobenen Hauptes durch die Welt, denn dazu hast Du jede Berechtigung: Du bist ein unglaublich machtvoller Schöpfer! Willst Du Deine körperlichen und geistigen Fesseln sprengen und endlich das Leben führen, das Dir zusteht? Dann triff eine Entscheidung. Und ich helfe Dir dabei.

ISBN 978-3-938656-08-2 • 17,80 Euro

VERRATEN – VERKAUFT – VERLOREN?

Gabriele Schuster-Haslinger

Der Krieg gegen die eigene Bevölkerung

Wir Menschen werden – speziell in der westlichen Welt – gezielt manipuliert. Wir wissen, dass die Politiker unfrei sind und selten zum Wohle des Volkes entscheiden. Medien werden für Propaganda genutzt. Es ist mittlerweile auch bekannt, dass Konzerne politische Entscheidungen diktieren. Dass wir jedoch in sämtlichen Alltagsbereichen absichtlich verraten, belogen und betrogen werden, ist der Bevölkerung meist nicht bekannt. Wussten Sie beispielsweise, dass Ex-Papst Benedikt vom *Internationalen Tribunal für die Aufklärung der Verbrechen von Kirche und Staat* (ITCCS) wegen angeblichem rituellen Kindesmord angezeigt wurde? Oder dass Fluorid bereits vor 75 Jahren eingesetzt wurde, damit die Menschen stumpfsinnig wurden und nicht auf die Idee kamen, zu rebellieren? Es ist ein unvorstellbar großes Netzwerk, das alle Lebensbereiche durchdringt und beeinflusst. Wer sind die Drahtzieher?

ISBN 978-3-938656-32-7 • 26,00 Euro

Alle hier aufgeführten Bücher erhalten Sie im Buchhandel oder bei:

ALDEBARAN-VERSAND

Tel: 0221 – 737 000 • Fax: 0221 – 737 001

Email: bestellung@buchversand-aldebaran.de

www.amadeus-verlag.de